U0942863

经治
财法

期货及衍生品法律评论 第二卷

Futures and Derivatives Law Review

总　编◎胡　政
主　编◎曹　越
副主编◎张啸尘　程红星

期货及衍生品法律评论（第二卷）

主办单位：中国金融期货交易所

期货及衍生品法律评论
第二卷，第 1～2 页

序　言

20 世纪 90 年代初期，我国现代期货业开始起步。经过 20 多年的探索发展，我国期货市场的发展取得了斐然成绩。截至 2017 年，我国共有 3 家商品期货交易所和 1 家金融期货交易所，已上市 55 个期货品种，包括 5 个金融期货品种、1 个金融期权品种、47 个商品期货品种、2 个商品期权品种；全国共有 149 家期货公司，下设 65 家风险管理子公司、11 家资产管理子公司；行业总资产 5500 余亿元，全市场资金总量和投资者分别为 4900 多亿元和 120 多万个。商品期货成交量已连续 8 年居世界第一，金融期货重要性日益显现，市场运行日趋规范，监管有效性不断提升。期货市场在发现价格、风险管理等方面发挥了积极作用。

我国期货及衍生品的发展，离不开法律制度的保障。随着我国期货市场的发展和依法治国、依法治市理念的深入，目前我国期货市场已经形成了以国务院发布的《期货交易管理条例》等相关行政法规为核心，中国证监会发布的《期货交易所管理办法》等部门规章和规范性文件为主体，期货交易所、中国期货业协会制定的自律管理规则等为重要组成部分的制度规范体系。此外，司法机关还针对期货市场的特殊性，制定并发布了关于审理期货纠纷案件的专项司法解释。

不过，对比期货市场的发展和期货法治建设进度，可以发现我国期货法治建设与期货市场发展速度之间还存在一定差距。我国期货市场在国际上已经享有一定的影响力，但相应地，我国期货市场基础性法律制度一直是缺失的。2008 年国际金融危机后，世界银行和国际货币基金组织在对我国金融体系稳定性评估后明确指出,我国期货市场法律层级不足。我国期货和其他衍生品市场迫切需要一部基础性法律。制定期货法是提升我国期货市场的法律位阶、统筹场内场外衍生品市场发展、保护投资者合法权益、推进期货市场对外开放的必然要求。

党的十九大报告明确将全面依法治国作为新时代坚持和发展中国特色社会主义的基本方略,要求深化依法治国实践,推进科学立法、严格执法、公正司法、全面守法。科学立法必然要求我们要以科学理论为立法指导,以深入研究为立法前提。中国金融期货交易所(以下简称中金所)作为一家经国务院同意,中国证监会批准设立,专门从事金融期货、期权等金融衍生品交易与结算的交易所,长期致力于推动我国期货及衍生品法律研究,特别是与金融期货相关的法律问题的研究:配合中国证监会和全国人大开展期货法立法工作,组织相关学者对期货法的调整范围等12个期货及衍生品市场的基础性问题进行研究。每年还会根据业务需要组织专题研究;非定期组织来自学术界和实务界的专家共同探讨相关法律问题,跟踪境外的情况,组织翻译了境外期货及衍生品监管的法规和书籍等。此外,中金所还积极参与筹备上海市法学会金融研究会期货及衍生品法律专业委员会,搭建期货及衍生品法律研究平台。

为更好地推广研究成果,吸引更多的专家、学者关注期货及衍生品法治建设,中金所组织出版了《期货及衍生品法律评论》。《期货及衍生品法律评论》定位为期货及衍生品法治研究的专业性出版物,兼具理论性和实务性。我们希望《期货及衍生品法律评论》能为从事期货及衍生品法律研究的专家提供更广阔的平台,成为我国期货及衍生品法治建设的重要理论平台,为制定我国期货法和实现期货及衍生品市场依法治市发挥切实的作用。

中国金融期货交易所党委书记、董事长

胡政

2018年3月

期货及衍生品法律评论
第二卷,第1~5页

卷首语

作为国内第一本专注于期货及衍生品法律问题的学术出版物,《期货及衍生品法律评论》(第一卷)自出版以来,受到了业内外人士的普遍关注和好评,这也坚定了我们持久地、稳定地、高质量地办好本出版物的信心。本卷为第二卷,包括如下栏目及文章:

【前沿探讨】收录了四篇论文。

在我国资本市场体系中,金融基准主要指证券期货指数。在金融市场定价、分配资本和风险的过程中,金融基准至关重要。《境外金融基准立法监管实践情况研究——对我国指数行业监管的启示》一文认为,随着市场不断对外开放,金融产品不断丰富,仅依靠交易所的自律监管,已不能完全满足资本市场指数产品发展和监管的需要。根据现行证券期货法律法规,该文提出结合我国指数产业和指数监管的实际情况,借鉴境外经验,加快完善指数管理制度。

金融基准本土化是金融基准发展的重要环节。《金融基准及其衍生品分层分类监管的欧洲经验及启示》一文探讨在"上海价格"体系建立中亟待完成的制度建设,如以大数据全样本的思维改进"以收市价做盘"的抽样式的基准计算方法。该文提出设计风险可控的监管红利、拓展"上海价格"的运用场景等,并建议借鉴《欧盟基准条例》,对中国目前的金融基准及其衍生品分层分类,改进颇为粗放的中央监管模式、实行精细化管理。

期货立法是促进期货市场高质量发展的法律保障,近年来受到各界重点关注。《期货法立法:以风险管理为核心》一文认为,期货法的核心是风险管理,本质上是一部风险管理法。期货立法应当以风险管理为核心,防范跨市场风险和系统风险,夯实以中央对手方制度为核心的风险管理体系,充分发挥自律监管机构的市场核心组织功能,构建一部期货及衍生品市场基本法,为我国风险管理市场的市场化、国际化和法治化奠定法治基础。

近年来,我国期货交易所中央对手方的法律地位逐渐明晰,从《期货交易管理条例》中的"为期货交易提供集中履约担保",到《境外交易者和境外经纪机构从事境内特定品种期货交易管理暂行办法》中的"承担结算职能的期货交易所作为中央对手方,统一组织境内特定品种期货交易的结算",再到铁矿石、原油国际化进程中交易所将中央对手方地位明确写入规则,我国期货交易所中央对手方的法律地位已基本达成市场共识。《合格中央对手方制度发展实践及对我国期货交易所的影响》一文通过纵向考察合格中央对手方制度的起源及界定,并横向比较各国合格中央对手方及其监管者的实践做法,试图对现阶段我国期货交易所争取合格中央对手方地位的必要性及具体路径提出可行性建议。

【监管研究】收录了四篇论文。

期货市场内幕交易是期货市场违法行为的重要类型,期货市场内幕交易与证券市场内幕交易理论的关系既有联系又有区别。《期货市场内幕交易:理论基础与构成要件》一文以我国期货市场法律法规为基础,结合域外法制,主要对期货市场内幕交易的理论基础及其构成要件进行探讨。

破坏性交易指就监管证券期货市场上高频交易不当滥用问题而提出的一种新型违法行为。《证券期货市场破坏性交易的法律规制》一文认为,破坏性交易主要通过高频交易技术获得临时信息优势,破坏市场公平,依据行为方式的不同可以分为试单交易、延迟交易和直连交易。破坏性交易不同于市场操纵,现有市场操纵理论不能有效监管破坏性交易,需要构建新的破坏性交易理论来规制。从较高的立法层级上规定破坏性交易,以此作为监管破坏性交易的基础,同时在监管实践中细化错单的认定标准,规定临时市场信息优势的认定标准和利用临时市场信息优势和所得利益的因果关系认定标准,以此来规制破坏性交易,确保证券期货市场的公平,维护投资者对证券期货市场的信心。

在程序化交易浪潮的冲击下,由计算机产生的订单信息流的快速增长增加了交易所基础设施的压力,甚至降低了市场的有效运转和功能发挥。从各交易所的实践经验来看,通过经济手段遏制市场交易过热,并对客户频繁报撤单行为进行约束,是国际上通行的一种做法。《境外交易所订单信息量监管的经济手段对比研究》一文认为,在高频程序化交易快速发展的环境下,此类经济手段也起到了增加高频交易者交易成本,促使其主动控制报单数量和质量的作用,从而避免过多的订单信息冲击交易系统安全和降低市场效率。

期货交易所自律监管是期货交易所基于会员或市场参与者一致授权而进行的监管。较之政府监管,期货交易所自律监管更灵活高效。《期货交易所自律监管权研究》一文认为,从我国当前的期货市场法律制度对监管权的配置和监管实践来看,期货交易所监管权主要是对私法上契约让渡、经立法认可、保护并予以规制的自律监管权。目前,司法实践中出现了部分针对证券交易所履职行为提起的行政诉讼案件,且在审判实践中存在将交易所履职行为纳入行政诉讼审查范围的倾向,可能影响自律监管独特优势的发挥。从保障期货交易所自律监管职能的即时高效履行的角度出发,该文提出,在立法和司法政策上进一步确认期货交易所监管权的自律属性,旨在完善期货市场监管工作体制,明确对自律监管的司法审查途径。

【制度分析】收录了四篇论文。

强行平仓和强制减仓是我国期货交易所普遍采用的风险控制措施。其中,强行平仓(违约强平)是中央对手方处置清算会员违约方面国际通行的强制措施,而强制减仓是我国期货交易所应对行情剧烈波动、市场流动性缺失而出现结算风险时采取的具有本土特色的风控手段。在实践中,我国强行平仓与强制减仓制度常常在合法性与合理性方面面临质疑。《期货交易所强平强减法律问题研究》一文认为,在我国法律背景下,强行平仓与强制减仓在合法性方面并无问题。但在期货市场深化对外开放的背景下,可借鉴境外经验进一步完善相关规则安排。针对强行平仓制度,我国应进一步丰富客户账户模式,补充对非违约客户的移仓安排,增加强行平仓的方法。强制减仓作为我国期货市场特色的风控制度,近期不宜废除,但应少用、慎用,并通过推进《期货法》立法、细化强制减仓操作细则来实现制度优先。

期货交易所规则体系是期货交易所为履行自律管理职责,依照国家法律、行政法规、规章和交易所章程制定的一系列规则。《境外期货交易所规则体系比较与借鉴》一文对境内外主要的期货交易所,包括芝加哥商品交易所、欧洲期货交易所、ICE美国期货交易所、新加坡交易所等的交易和结算业务规则体系进行了深入研究,分析其业务规则体系概况,比较其业务规则体系特点,旨在为完善我国期货交易所业务规则体系提供借鉴。

有价证券充抵保证金制度作为一项特殊的担保制度,目的在于提高资本的流动性和使用效率。持有有价证券的投资者大多是机构投资者,有价证券充抵期货保证金业务的设立符合改善期货市场投资者结构、期货市场为实体经济服务的监管思想。《我国信用债充抵金融期货交易担保品的法律问题研究——以国债与信用债的区别为分析视角》一文认为,以国债充抵期货交易担保品,可以提高市场效率,降低机构投资者持有头寸的成本,并提高金融期货市场的服务水平。在此基础上,信用债以其流动性强、价值稳定、易于估值等特点天然地具有成为担保品的可能性,其在提高资源配置效率、盘活存量资源等方面蕴藏着巨大的市场价值。因此,我国信用债充抵期货交易担保品具有可供探索的空间。

惩罚性违约金作为"金钱罚"的一种,是期货交易所在日常监管中有权针对违规、违约市场参与者实施的重要纪律处分措施。《期货交易所收取惩罚性违约金的法律问题探析》一文认为,目前市场各方对期货交易所惩罚性违约金制度的必要性、正当性尚未达成共识,交易所对是否采取该项措施也较为慎重。该文分析了惩罚性违约金的法律性质以及法理基础,并在比较境内外期货市场相关实践的基础上明确该制度存在的价值,并探讨如何在自律监管中发挥惩罚性违约金的效用。

【域外法制】收录了四篇论文。

限仓制度是期货市场为了防止市场风险过度集中于少数交易和防范操纵市场行为,对会员和客户的持仓数量进行限制的制度。《美国期货市场限仓制度研究》一文结合美国期货市场持仓限制相关规则更新内容,对美国期货市场限仓制度进行相关研究分析,试图进一步厘清美国期货市场限仓制度最新发展概况,提出我国期货市场发展建议。

美国证券期货"吹哨人"制度,是检举人法律制度在证券期货领域的特别安排。《多德-弗兰克法案》设立证券期货"吹哨人"制度,鼓励掌握证券期货违法活动原始信息的个人向证券交易委员会和商品期货交易委员会检举,由监管部门在满足特定条件的前提下,对检举人支付奖金,并对其提供保护。"吹哨人"制度对打击并震慑证券期货违法活动、维护市场正常交易秩序发挥了积极作用。《美国证券期货"吹哨人"制度变革及其启示》一文重点介绍美国证券期货"吹哨人"制度的核心规则与最新变革,详细阐述近年检举规则的重要修改,进一步完善证券期货违法行为举报程序和奖励认定,强化对检举人的反报复保护。

《多德-弗兰克法案》第7条修改了《商品交易法》,为互换和证券互换建立了新的全面监管框架,以降低风险、提高透明度并提升金融体系内的市场诚信。译作《商品期货交易委员会打击扰乱性行为的权力》一文重点介绍商品期货交易委员会于2013年5月发布的《打击扰乱性行为的权力》的解释性指南和政策声明,以提供对有关《多德-弗兰克法案》第747条的指南,该法案禁止《商品交易法》中新的第4c(a)(5)条下规定的扰乱性交易、做法或行为。针对第4c(a)(5)

条规定,《打击扰乱性行为的权力》的解释性声明将为市场参与者和公众提供法定禁止的适用范围和指南。

利用重大未公开信息进行期货交易是各国期货市场监管重点规制的违法违规行为。译作《利用重大未公开信息进行期货交易的性质、程度和影响》(上)一文重点介绍商品期货交易委员会于1984年发布的研究报告,主要讨论期货市场上基于重大、非公开的信息的可能的交易性质、影响以及主要应对方式。

编　者

2019年8月

期货及衍生品法律评论　第二卷

【域外法制】

【前沿探讨】

期货及衍生品法律评论
第二卷，第3～15页

境外金融基准立法监管实践情况研究

——对我国指数行业监管的启示

陈黎君* 余 猛**

摘要：为确保金融基准能够准确、客观、可信赖地发挥功能，国际证监会组织发布了《金融基准原则》，形成了指数监管的国际标准。在此基础上，欧盟和澳大利亚等成熟市场构建了基准监管的法律体系。目前，我国证券期货指数行业尚未形成市场化运作，指数监管规则基本空白，已不能适应资本市场改革发展和对外开放的需要。为此，建议借鉴国际标准和欧盟、澳大利亚的立法经验，尽快落实国际证监会组织的要求，谋划指数行业顶层制度设计，出台系统性的指数监管规范。

关键词：金融基准原则 金融基准立法 指数监管

在金融市场定价、分配资本和风险的过程中，金融基准[1]（以下简称基准）至关重要。伦敦银行业同业拆借利率、欧洲银行业同业拆借利率等全球金融行业的基准操纵丑闻被揭发后，基准成为全球主要市场监管的重点。为了科学合理地监管基准，国际证监会组织（International Organization of Securities Commissions，IOSCO）于2013年7月发布了《金融

* 中国证监会法律部。

** 中国证监会法律部。

[1] 金融基准是指符合条件的指数，包括证券期货价格指数。例如，道琼斯工业指数、上证综指、沪深300指数等。在我国资本市场体系中，金融基准主要是证券期货指数。故本文存在以指数代称基准的情况。

基准原则》(Principle for Financial Benchmarks,以下简称《原则》),[2]并作为全球监管标准,向各成员方推荐。在《原则》的基础上,欧盟、澳大利亚、新加坡、[3]印度、[4]日本、我国香港特别行政区等国家和地区纷纷响应,全面加强基准监管。[5] 目前,我国证券期货指数行业尚未完全形成市场化运作,指数监管规则基本空白,有必要在借鉴成熟市场经验的基础上,尽快完善基准的监管规则,规范和发展本土指数市场。

一、《原则》制度框架和实施情况

根据《原则》,基准是指具有下列特征的价格、估算、利率、指数和价值:(1)有偿或者无偿向使用者开放;(2)定期测算,全部或者部分通过适用计算公式或者其他方法评测一项或者多项基础权益的价值;(3)功能是计算金融合约项下应当支付的利息、其他金额等,评价某只金融工具的表现或者形成某只金融工具交易的价格。2013 年 1 月,国际证监会组织在其咨询报告中提出,金融基准的公正性和供给的稳定性严重影响市场的效率和投资者信心,必须引起高度重视。可信赖的金融基准应当具有下列特征:一是代表性,金融基准应能够准确反映基础权益的经济实质;二是可靠性,用以生成基准的数据应当充足,能够代表基础权益,且数据应当真实、合法;三是透明度,基准编制方法、测算方法和数据录入应当具有较高的透明度,用户能够理解基准如何生成以及潜在的局限性;四是基准应该受到科学的管理制度和问责机制的约束。[6] 在经过广泛征求意见后,国际证监会组织发布了正式报告。

---

〔2〕 IOSCO,Principles for Financial Benchmarks,available at https://www. iosco. org/library/pubdocs/pdf/IOSCOPD415. pdf,accessed Jan 10th,2019.

〔3〕 Cap. 289,Securities and Futuers Act,Part VIAA,financial benchmarks.

〔4〕 SEBI,Discussion paper on Draft Code of Conduct for Index Providers,available at https://www. sebi. gov. in/reports/reports/may – 2017/discussion-paper-on-draft-code-of-conduct-for-index-providers_34996. html,accessed Jan 10th,2019. 印度证券和交易理事会自 2017 年 5 月 31 日就《指数提供者行为准则》(Code Conduct for Index Provider)公开征求意见,但目前仍未发布正式规则。

〔5〕 美国暂未按照国际证监会组织的倡议,制定指数监管规定,而是鼓励美国行业遵守《金融基准原则》。See CFTC,Opening Statement of Commissioner Brian Quintenz before the CFTC Market Risk Advisory Committee Meeting,available at https://www. cftc. gov/PressRoom/SpeechesTestimony/quintenz statement 071218,accessed Jan 10th,2019.

〔6〕 The Board of IOSCO,Financial Benchmark Consultation Report,available at https://www. iosco. org/library/pubdocs/pdf/IOSCOPD399. pdf,accessed Jan 9th,2019.

(一)制度框架

《原则》分四个部分:基准治理、基准质量、基准编制方法的质量和问责,共19项原则。该标准框架以基准管理者的职责为中心,以明确数据提交者和其他相关主体的权利(力)义务为主要内容,旨在构建普遍适用的、全球通用的基准管理框架,消除潜在的利益冲突、防范市场操纵、提高市场透明度和增强市场信心。其中,基准管理者一般是指数服务提供商,例如,明晟、富时和标普等指数公司;基准数据提供者一般是证券期货交易场所,有时也存在市场参与者提供数据的情形;基准使用者一般是指利用指数开发金融产品或者利用指数来结算交易结果的机构,例如,基金公司利用指数开发指数型基金,期货交易所利用证券指数开发股指期货产品等。

1. 基准管理

基准应当有合理的管理安排,以确保公正,消除利益冲突。无论何种类型的基准,基准管理者都必须对基准生成的各个环节承担总体责任。如果在基准的生成过程中,某个环节是由第三方完成的,如原始数据的收集、基准出版发布、基准的计算等,基准管理者应当对该第三方保持合理的、必要的监督。如果该第三方是受到监管的交易场所,则基准管理者的此项管理义务可以被豁免。

为了保护基准生成过程的独立性和公正性,基准管理者应当建立、实施和执行"识别、披露、管理、消除和避免利益冲突的规定和程序"。基准管理者应当在必要时检视和更新该规则和程序,如有必要,还应当及时披露任何重大利益冲突。同时,基准管理者应当制定和实施有效的内控机制,用以解决利益冲突,确保基准生成的公正性和质量,明确违规行为的揭发检举程序。为了增强基准生成各环节的专业性,基准管理者应当加强对员工的培训。此外,基准管理者还应当设立合规管理部门,以保证基准设计、生成以及控制框架的公正性。该部门可由独立委员会充任,也可以通过合理的内部治理安排来实现。

2. 基准质量

在设计基准时,应当寻求并促成基准能够准确、可信赖地反映经济实际情况,并消除可能产生的扭曲。为达到上述目的,应当充分考虑以下因素:用于代表基础权益样本的充足性;相关市场的规模和流动性;市场交易的集中度;市场变化;以及,相对参考该基准的市场交易量、基础市场的规模。

《原则》对用于生成基准的基础数据提出了要求。比如,基础数据应当是充足的,能够准确地且可信赖地反映权益状况;同时,基础数据还应当是由竞争性的供求形成的,不受利益冲突的影响。也就是说,基准数据必须依托于可观测的、真实的、无利害关系交易的活跃市场。

一般来说,可用于生成基准的基础数据来源可能是多样的。对于使用和输入这些数据的顺序,《原则》要求,基准管理者应当建立并发布在基准生成过程中基础数据的输入顺序,以及实施专业判断的指引。一般来说,数据输入顺序应当包括:(1)如基准依赖于其他主体提交数据,提交者自身确定的无利害关系的交易数据;(2)观测到的或者报告的,确定的无利害关系的,在基础权益上的交易数据;(3)观测到的或者报告的,确定的无利害关系的,在相关市场上的交易数据;(4)市场主体(可执行)的买卖订单数据;(5)其他市场数据或者专业判断。但最终使用数据的顺序,应依照既定的基准编制方法执行。

为提高基准的透明度,基准管理者应当在规定的截止日期前向合理范围描述并公布有关基准生成的下列情况:(1)准确并充分描述基准生成的过程,确保相关利益人员和监管机构能够理解;(2)在基准生成过程中,有多大程度的专业判断以及专业判断基础是什么。

基准管理者应当定期检视基础权益的状况,判断基础权益是否发生结构性变化,是否需要对编制方法进行相应的变化,以及基础权益是否已经消失或者丧失功能,以至于它不能作为基准测算基础。

3. 基准编制方法的质量

基准管理者应当记录并公布编制方法,并说明采取该编制方法的原因。编制方法应当包含充分的细节,能够使利益相关人能够理解该基准生成过程,评价其代表性、与特定利害关系人的相关性以及作为某个金融工具参考的合理性。如编制方法发生重大变化,管理者应当及时公布,通知客户,并予以解释。

管理者还应当制定明确的、适当的规则和程序,用以应对可能出现的基准终止的情形。这些情形可能是由于市场结构发生变化、产品定义发生变化,或者其他导致基准不再适合代表基础权益的情形,等等。这些规则和程序的制定可以考虑以下要素:(1)指导选择其他可信赖的、替代性的基准;(2)运营两个平行基准的可行性;(3)如果在没有替代性的基准情形下,基准管理者可能采取的措施;(4)如果该基准彻底不能持续运行,基准管理者可以明确过渡期,允许现有合约转移至其他基准;等等。

基准管理者应当制定数据提交者的行为准则,并采取合理的措施监控和记录提交者遵守该行为准则的情况。该行为准则应当向监管机构和利害关系人公开。如数据提交者不遵守此准则,则基准管理者不能使用其提供的数据。但是,数据提交者是受监管的交易场所时,可以豁免此项要求。

如果基准管理者从外部渠道收集数据,则管理者应当确保有严格的内部控制程序,以管理这些数据的收集和传输。

4. 问责

基准管理者应当制定并公布利害关系人的投诉程序。同时,基准管理者还应当聘任一个独立的专业审计机构定期进行审计。该审计机构应发表基准管理者遵守《原则》和其他准则情况的报告。该审计记录应当由基准管理者保存5年。一经监管机构要求,基准管理者应当及时提供有关档案资料、审计记录等其他相关资料。

(二)《原则》实施情况

《原则》规定了12个月的过渡期,基准管理者应当在2014年7月之前遵守《原则》,并每年公开披露遵守《原则》的情况。同时,《原则》还创设了"遵守或者解释"的规则,即基准管理者要么全部遵守原则,要么对未能遵守的部分原则给出合理的解释,并说明为什么其采取的其他行为能够实现《原则》的目标和功能。《原则》还敦促成员方尽快采取必要的监管措施促使其得到实施。此外,考虑到《原则》覆盖证券、期货、利率、商品、汇率等特征各异的基准,并且全球各个监管辖区制度各异,《原则》明确指出,各利益相关者应根据基准的特征、基准所带来风险等实际情况灵活应用,而不是"削足适履"。

2013年9月,20国集团(G20)领导人在圣彼得堡峰会宣言明确提出,"批准《原则》实施,支持对于那些跨国使用的基准进行必要的改革"。[7] 同时,针对利率类基准,金融稳定理事会(Finanicial Stability Board,FSB)还专门成立了督导组,协调各方力量提高利率基准的质量。目前,全球主要的指数服务提供商已经发布了遵守《原则》的情况。目前,中证指数有限公司于2018年11月发布了实施和遵守《原则》的情况。[8] 目前,我国资本市场尚未制定法律法规以系统实施和落实《原则》的要求。

二、欧盟监管规定

2016年5月,欧盟通过了《基准条例》(Benchmarks Regulation)。[9] 《基准条

---

〔7〕 G20 Declaration, Accessed Jan 10th, 2019. http://www. g20. utoronto. ca/2013/Saint_Petersburg_Declaration_ENG. pdf, accessed.

〔8〕 中证指数有限公司,Report on Adherence to the IOSCO Principles for Financial Benchmarks as at 30 September 2018, http://www. csindex. com. cn/zh-CN/about/iosco。

〔9〕 EUR-Lex – 32016R1011 – EN, available at https://eur-lex. europa. eu/legal-content/EN/TXT/? uri = CELEX:32016R1011, accessed Jan 9th, 2019.

例》绝大部分条款已于 2018 年 1 月 1 日生效。《基准条例》主要立法目的是增强对基准形成程序的监管,特别是防范基准形成过程中的利益冲突,提高数据输入和编制方法的质量,确保数据提供者(data contributor)受到适当的监管,通过更高的透明度、更好的救济措施等充分保护投资者的合法权益。《基准条例》调整范围涉及基准生成过程中的各个环节,通过对基准提供服务、基准基础数据输入的提交(contribution)、在欧盟境内基准使用等行为进行监督,达到立法目的。[10]

(一)调整范围

根据《基准条例》,基准是下列任一种指数:(1)用以参考金融合约或者金融工具项下支付金额或者决定某类金融工具价值的指数;(2)用以测算某类投资基金的表现,达到跟踪此类指数基金收益,确定投资组合的资产配置或者计算佣金费率。而指数是指具有下列特征的统计数字:(1)向公众公开;(2)部分或者全部通过适用某种计算公式、计算方法或者通过估算来定期计算。按照重要性,《基准条例》将基准分为三类:关键基准(critical benchmark)、重要基准(significant benchmark)和非重要基准(non-significant benchmark),并分别课予不同的监管要求。

1. 关键基准

关键基准是指符合下列条件的基准:(1)使用该基准的资产总额超过 4000 亿欧元,计算范围包括挂钩的投资基金、据此定价的金融合约和金融工具等;(2)该基准没有或者几乎没有合适的市场导向的替代基准;(3)如果该基准不能正常发挥作用,则会对市场完整性、金融稳定性、投资者、实体经济或者金融资产产生巨大的、负面的影响。即使某些基准不符合第(1)项条件,仅满足其余两项条件,相关监管机构仍可以认定其为关键基准。由于关键基准在金融市场中的极端重要性,《条例》对此课予了较多的监管要求。

(1)相关监管机构,包括对基准有监管权的监管机构、数据提供者的监管机构及欧盟证券和市场监管局(European Securities and Markets Authority,ESMA),应共同建立针对任一关键基准的监管合作机制。

(2)如果该基准管理者拟停止提供该基准,必须立即通知监管机构,并在 4 周之内提交评估报告,报告内容包括,如该基准停止,如何转交至其他基准管理者以及如何停止提供。在这 4 周之内,基准管理者不得停止提供该基准。即使 4 周期限结束,监管机构仍然有权要求该基准管理者继续运行该基准,直到该基准

〔10〕 European Securities and Markets Authority, Benchmarks, available at https://www.esma.europa.eu/policy-rules/benchmarks, accessed at January 29th, 2019.

移交至其他合适的基准管理者。但该期限不得超过 12 个月。

(3)基准管理者应当按照要求采取足够的措施,确保该基准能够公平地、合理地、透明地并且不歧视地供所有用户使用。

(4)基准管理者应当每两年向监管机构提供该基准测算市场或者经济利益能力的评估报告。

(5)如果该基准数据的提供者停止提供该基准的相关数据,则该提供者应当立即向基准管理者报告,而基准管理者应当立即向监管机构报告。基准管理者应当在 14 日内向监管机构提交评估报告,监管机构有权在数据提供者继续提供该数据,期限不超过 12 个月。

2. 重要基准和非重要基准

重要基准具有下列特征:(1)利用该基准的资产总额不少于 500 亿欧元,包括挂钩的投资基金、据此定价的金融合约和金融工具等;(2)如果该基准不能正常发挥作用,则会对市场完整性、金融稳定性、投资者、实体经济或者金融资产产生巨大、负面影响。关键基准和重要基准之外的基准是非重要基准。对于重要性,对于重要基准和非重要基准,监管机构可以按照《基准条例》的要求,根据实际情况灵活决定豁免针对关键基准的部分要求。

(二)基准管理者

基准管理者是提供基准服务的法律实体。所谓提供基准是指管理基准生成,收集、分析或者处理基础数据,并通过适用计算公式、其他计算方法或者评估生成基准。根据《基准条例》,基准管理者属于被监管实体(supervised entity),应当按照要求注册或者批准。按照指数类型和重要性,管理者的义务也有所区别,一般来说,基准管理者的主要义务如下。

(1)确保基准未受既有的或潜在的利益冲突影响。如果在基准生成中存在自由量裁(discretion),自由裁量不可避免地存在于计算公式的构造、计算的执行、基础数据如何输入过程中,这些过程存在人工干预,相应地,可能会带来基准被操纵的风险。故自由裁量必须公正地、独立地实施。(2)应当有清晰明确的组织架构,该组织架构关于基准生成过程中的各个环节都有透明的、一贯的岗位职责,履行该等职责的人员拥有专业技能和实践经验,并受到有效监督。(3)成立常设合规部门(包括一个独立的委员会)每年对基准的定义进行检视,并监管实施内控机制以及指数生成过程中第三方的行为。(4)基准要基于充足的数据,以及稳健、可靠的计算方法来计算,并能够真实可信地代表市场或者经济现实情况。(5)应当为每一个基准发布基准声明(benchmark statement),在声明中应当包括规定的信息:核心术语的解释,采取编制方法的理由和程序,生成基准的标准和程序,约束自由裁量的内控规则和程序,异常情况处置,数据错误的处置,在数据集中度过高、流动性不足等情况下基准的潜在限制,等等。(6)制定一套行为准则,列明数据提供者的义务。(7)制定并公布基准改变或者终止时采取措施的程序。(8)向监管机构报告操纵行为和试图操纵行为。(9)公开地、透明地开发、运营和管理基准的数据和编制方法。(10)公布或者提供关于编制方法的要素,以及批准和内控的细节。(11)保存所有与基准有关的资料5年。

另外,《基准条例》要求监管机构必须在国内法授予监管和调查职责,可以对违反监管规定的行为,采取包括行政处罚在内的处罚,处罚金额至少是100万欧元或者违法主体年度营业总额的10%。值得注意的是,该监管执法措施不仅针对管理者,还针对提交者和用户。

(二)数据提供者

前文已经提到,管理者应当制定一套行为准则,明确提供者的职责,并确保该行为准则能够得到落实。该行为准则应当包括以下信息:(1)所提供数据的清晰描述。(2)数据提供者的身份识别及确认该提供者身份的程序。(3)确保数据提供者能够提供一切相关信息的规则。(4)按照管理者的要求建立系统和控制体系,至少含有:提供数据的程序(识别该数据是交易数据,以及该数据符合管理者的要求);在数据提供中进行自由裁量的规则;在提供给基准管理者前,确认该数据有效性的要求;记录保存规则;关于异常数据的报告要求;利益冲突管理的要求。

另外,对于受监管者的数据提供者还应当符合下列要求:(1)确保数据不受潜在和既有的利益冲突的影响;(2)建立一套内部控制的框架,确保数据公正性、准确性和可靠性;等等。

(三)基准使用者

根据《基准条例》,受监管的实体(持牌金融机构、金融基础设施等)使用的基准应当是由经批准或者注册的管理者发布的基准。使用者应当事先制定一套计划,该计划主要明确如果某基准发生重大改变或停止提供,则其可能采取的措施。应监管机构的要求,使用者应当向监管机构提供该计划。而基准的使用(use of benchmark)行为是指:(1)发行参考某个基准或者多个混合基准的金融工具;(2)通过参考某个基准来确定某项合约或者金融工具的应付金额;(3)成为某个金融合约的一方,该金融合约价值参考某项基准;(4)测算与某个指数挂钩的投资基金的表现;等等。

(四)非欧洲基准(Non-EU benchmarks)的监管

欧盟之外的基准管理者发布的基准能否在欧盟境内继续使用成为《基准条

例》立法中争议的焦点。由于欧盟领先其他主要市场的立法,如果允许非欧盟基准在欧盟境内使用,会导致大量非欧洲基准实际上免于适用《基准条例》,也会使《基准条例》的立法效果大打折扣,达不到立法目的。为了解决此项担忧,《条例》构建了一套监管机制。对于《基准条例》生效前,已经在欧盟境内使用的非欧盟基准,《基准条例》对于参考此基准的金融工具、金融合约和投资基金设定了过渡期,期限为生效后的 42 个月。非欧洲基准可通过相当性(equivalence)、承认(recognition)和担保(endorsement)三种方式来实现在欧盟境内使用。无论采取何种方式,非欧洲基准的管理者拟在欧盟境内进行提供基准服务,都必须经过较严格的程序。

三、澳大利亚监管标准

2015 年 7 月 8 日,澳大利亚证券及衍生品监管机构——证券和投资委员会发布了有关基准的报告。[11] 此报告发布的背景,一方面是呼应国际证监会组织的《原则》;另一方面是证券和投资委员会已经对澳大利亚银行、澳大利亚和新西兰银行集团等几家金融机构操纵银行票据互换利率(Bank Bill Swap Rate)的行为进行了调查。[12] 报告分析了基准操纵和类似不当行为等问题,论证了基准及其稳健运行的重要性,拟加强对基准的监管,并提出了针对基准管理者、数据提交者以及财富管理机构在基准各环节的改革措施。2018 年 4 月,澳大利亚立法机关通过了《2018 年财政法律修正案》(以下简称《修正案》),对《2001 年公司法》进行了完善,构建全新的基准监管体系。[13] 根据《修正案》的授权,证券和投资委员会出台了《金融基准(管理者)规则》。从主要内容来看,澳大利亚的改革举措很大程度上借鉴了《原则》。具体来说:

(一)重要基准的定义

《修正案》参考了《原则》关于基准的定义,并将基准分为重要基准和非重要

---

〔11〕 ASIC,Financial benchmarks,https://download. asic. gov. au/media/3285136/rep440 – published – 8 – july – 2015. pdf,accessed Jan 10th,2019.

〔12〕 Celeste Skinner,ASIC Slaps Commonwealth Bank of Australia with $20 Million Fine,https://www. financemagnates. com/institutional-forex/regulation/asic-fines-the-commonwealth-bank-of-australia – 20 – million/,accessed Jan 10th,2019.

〔13〕 Treasury Laws Amendment(2017 Measures No. 5)Bill 2017,available at https://www. aph. gov. au/Parliamentary_Business/Bills_Legislation/Bills_Search_Results/Result? bId = r5962,accessed Jan 10th,2019.

基准两类。所谓重要基准应当具有下列其中一个特征:(1)对澳大利亚金融体系具有系统重要性;(2)如该基准的完整性或者可得性被扰乱,则对金融稳定性造成系统性影响,或者造成重大金融风险的连锁反应;(3)如该基准的完整性或者可得性被扰乱,则会对投资者造成重大影响。重要基准由证券和投资委员会宣布,并经财政部长同意。但是,在紧急情况下,为保护投资者合法权益、公共利益以及澳大利亚金融系统的完整性、稳定性和效率,澳大利亚证券和投资委员会可不经同意,直接宣布某个基准为重要基准。

(二)重要基准的管理者应当持牌经营

管理重要金融的单位和个人应当依法向证券和投资委员会申请行政许可,否则,可能构成犯罪行为,最高可处5年监禁。《修正案》和《金融基准(管理者)规则》明确规定了行政许可的条件和程序。对于非重要基准的管理者,也应遵守底线监管要求,例如,不得操纵基准,不得有欺诈性、误导性行为等。重要基准的管理者作为被监管机构,实施机构监管和日常行为监管。总体来看,重要基准的管理者应当勤勉、忠实和公平地开展经营活动,不得危害与其管理基准相关市场的公正性,违反规定最高罚款5550个处罚单位(penalty unit,每个处罚单位大概为210澳元)。在具体要求中,《金融基准(管理者)规则》更多参考了《原则》的标准,从基准的治理框架、服务外包、利益冲突、人力资源、设计和数据、编制方法、商业持续运营和风险管理以及问责等方面对指数管理者和指数数据提供者的行为作出规定。

此外,《修正案》禁止操纵基准行为、以提供虚假或者误导性的陈述或者信息来影响基准的行为,并规定了刑事、行政和民事法律责任。《修正案》《金融基准(管理者)规则》对域外效力作出规定,明确具体适用的制度安排。

四、我国证券期货指数行业发展及规则体系现状

从指数行业发展情况来看,沪深交易所下属中证指数有限公司、深圳证券信息有限公司编制的指数占有绝对的市场份额,市场影响力较大。全国中小企业股份转让系统也编制了创新成指(899003)、三板龙头(899301)、三板制造(899302)、三板服务(899303)、三板医药(899304)等5个引领指数。[14] 同时,

[14] 全国中小企业股份转让系统有限责任公司《股转公司发布指数管理办法和三板引领指数系列编制方案》,载全国中小企业股份转让系统网:http://www.neeq.com.cn/important_news/200005084.html,最后访问日期:2019年3月22日。

申万宏源研究所、腾讯公司、明晟和富时等境内外机构都发布了相关证券指数，这些指数都有规模不等的挂钩基金等产品。并且，各期货交易所也发布了商品指数，如大商所发布了农产品、工业品系列多商品指数和系列单商品指数，部分还挂钩了指数产品。[15] 但与国外相比，我国指数行业还处于起步阶段，指数服务基本是由交易所或者交易所附属公司提供的，指数数据提供者和指数管理者高度融合，指数行业仍处于垄断状态且尚未完全市场化运作。指数监管也主要依靠交易所的自律监管，存在市场服务和自律管理重合的情形，可能产生利益冲突，与国际主流的指数管理体制不一致。

不言而喻，指数在我国资本市场中扮演着极为重要的地位。但我国指数行业市场化程度低，不发达的现状很大程度上受制于我国指数的行业监管和规则体系。我国指数规则已经不能完全适应指数行业的改革发展和对外开放的需要，具体如下。

（一）法律法规缺乏对指数监管的直接规定

《证券法》《期货交易管理条例》均从行情信息和公开市场、透明度的角度规定了交易所应当公布行情信息。我国 2014 年《证券法》第 113 条规定："证券交易所应当为组织公平的集中交易提供保障，公布证券交易即时行情，并按交易日制作证券市场行情表，予以公布。未经证券交易所许可，任何单位和个人不得发布证券交易即时行情。"《期货交易管理》第 27 条也作出了类似的规定。第 81 条还允许上市交易以相关指数产品为标的的期货合约。但是，这些规定旨在增强市场的透明度、提高市场效率、明确行情数据的民事权利，并非指数监管的专门规定，缺乏对指数行业监管和发展的顶层制度设计。也正是由于基础法律中没有专门的授权规定，监管缺乏依据，一旦发生操纵基准或者其他违法行为，可能影响巨大，但在现行制度框架下难以直接认定和打击。

（二）效力层级较低，调整范围有限

目前，中国证监会尚未出台规章和规范性文件管理指数。现行规则多是交易所及其附属单位出台的指数管理规则，效力层级较低、调整范围窄，不能全面支撑指数行业的发展。以上海证券交易所为例，上海证券交易所 2007 年发布了《上海证券交易所证券指数管理细则》，规定了指数管理的基本原则，调整交易所或者其授权机构（中证指数有限公司）编制指数的行为，同时配套出台了《上证样本系列指数编制细则》《上证综合及分类系列指数编制细则》等规则。这些规

〔15〕 参见大连商品交易所："期货指数"，载大连商品交易所网：http://www.dce.com.cn/dalianshangpin/sspz/qhzs/index.html? indexCode=pfm00，最后访问日期：2019 年 3 月 23 日。

则只能约束交易所及其附属指数公司,对其他指数公司不具有约束力,对指数利益相关方也缺乏明确的权利义务安排。提供指数服务的行为也没有监管抓手。

(三)缺乏对指数行业开放的整体性安排

以我国证券期货交易数据为基础开发的指数及挂钩产品得到全球投资者的青睐。同时,境外指数挂钩产品同样在我国得到不同程度的应用。但我国法律法规和中国证监会的规定未对指数行业的开放进行规范,影响了指数行业的对外开放。

五、工作启示

随着市场不断对外开放,金融产品不断丰富,仅依靠交易所的自律监管,已经不能完全满足资本市场指数产品发展和监管需要。有必要根据现行证券期货法律法规,结合我国指数产业和指数监管的实际情况,借鉴境外经验,加快完善指数管理制度。为此,笔者建议:

1. 提高规则层级,加快出台指数的专门监管规则。在《证券法》修订和《期货法》制定中,增加指数监管的专门条款,授予国务院证券期货监督管理就对指数编制、发布和使用的监管职责,明确作为指数管理者的指数服务提供机构的法律地位(可将其作为证券期货服务机构进行备案监管)以及相应的罚则,构建指数监管的顶层制度设计,解决法律上依据不足的问题。同时,出台统一调整场内场外证券市场、期货市场指数各类行为的专门规章,明确指数管理、数据提交、测算等各个环节的监管要求。

2. 对指数进行分类监管。目前,我国已经形成了较丰富的指数产品线,可以借鉴欧盟和澳大利亚的经验对指数按照对金融市场和投资者的重要性进行分类,参考挂钩产品的金额大小和对市场的影响等角度对指数进行分类,同时,对不同类型的指数提出差异化监管要求。

3. 明确各相关主体的权利义务。无论是国际证监会组织推荐的原则,还是欧盟和澳大利亚的监管法律,都明确了指数涉及的各个主体的权利义务,相应地提出监管要求。而从我国指数管理现状来看,交易所和其附属机构在指数管理过程中存在角色定位不明、职责不清的问题。有必要在借鉴《原则》基础上,将交易所定位为数据提供者,而指数公司定位为管理者,厘清两者的法律关系,择机将两者从管理体制上彻底分离,打造独立的指数服务机构。同时,要求各相关主体完善涉及指数的内部治理结构,加强内部控制,防范利益冲突。此外,考虑到基准被扭曲情形下的危害性，建议明确将基准操纵行为列为一种操纵类型，予以严厉打击。在此基础上，按照市场化运营的方式，积极鼓励支持竞争，推动我国证券指数产业发展。

4. 明确其他境外指数公司及其指数的监管要求。随着证券期货市场不断对外开放，特别是明晟公司、富时集团等全球影响力的境外指数公司逐步进入我国指数市场，沪深港通开通，境外指数公司向境内机构提供指数服务不断增多。境外指数公司以中国境内的交易数据编制指数，并授权其他机构在境外开发衍生品、基金等金融产品，有可能对我国市场造成影响。这些行为尚未得到有效监管，一旦产生法律合规风险，将会对市场造成较大影响。为此，有必要拓宽指数监管规则域外适用效力，对其他境外指数公司及其相关指数提出明确监管要求。

5. 尽快推动落实《原则》要求。随着资本市场不断开放，境外挂钩我国证券期货指数的基金逐步增多。为了满足各基金母国的监管要求，建议要求相关指数公司按照《原则》的要求进行评估，并定期披露《原则》的执行情况，增强指数使用者的信息，推动我国指数产业走出去。

期货及衍生品法律评论
第二卷,第16~29页

金融基准及其衍生品分层分类监管的欧洲经验及启示*

宋　澜**

摘要:自伦敦银行间拆解市场利率(Libor)被操纵以来,全球基准改革如火如荼。根据2016年《关于在金融工具和金融合约中使用指数作为基准或以之衡量投资基金表现的条例》(European Business Register,EBR,以下简称《欧盟基准条例》),基准是将一种或多种资产的价值或价格、通过公式计算或其他提取方式进行编撰,向公众公布或付费可得的任何费率(rate)、指数(index)或数字(figure)。《欧盟基准条例》不仅是迄今为止最全面的有关基准的成文法律,涉及基准的来源数据、生成编制、衍生品开发与整个链条中各方责任等方面,而且,其确定了豁免适用的范围,并以重要性等为依据,制定了详细的分类原则、配之以不同的监管方案。早在2014年,英国就展开旨在规范金融一级市场行为的"公平及有效市场审查",最终将固定收益、货币及商品市场中的7个关键基准列入监管范畴。相较之下,中国尚未明确各类基准的监管框架,基准衍生品的运用逻辑也混沌不清。欧洲对金融基准强制与谦抑相结合、管制与激励相衔接的监管模式值得探讨。

关键词:基准　指数　三分法　审批权　大数据

---

* 项目来源:上海市哲学社会科学办公室《上海新型智库成果要报》成果。本文仅代表作者个人观点,与工作单位无关。

** 上海证券交易所资本市场研究所博士后、法学博士。

引言、研究的外部环境与内在需求

2012年6月,伦敦银行间拆解市场利率(Libor)操纵丑闻暴发。[1] 在大西洋两岸的监管部门调查Libor案时,截获了大量的数据终端,通过分析交易员间的即时信息,监管部门发现涉案银行不仅操控了Libor价格,在外汇市场也组成了卡特尔联盟:全球外汇现货市场最广泛使用的"WM/R汇率"[由世界市场公司(World Markets Company)和汤森路透(Thompson Reuters)公司联合发布]也遭受了人为干预。[2] 同时,黄金(伦敦黄金指数)、[3]石油(北海布伦特原油基准)、[4]铝[5]等诸多市场亦发生了信任危机。2017年7月27日,英国金融行为管理局(Financial Conduct Authority,FCA)总裁安德鲁·贝利宣布,从2021年起不再强制要求Libor报价行开展报价,届时Libor将退出历史舞台。国际金融市场正经历着轰轰烈烈的定价基准改革。

反观国内,探索金融基准供给及管理制度改革亦已刻不容缓。我国基准在市场化及国际化、在实现公允性及稳定性、在实现区域乃至全球范围内的辐射带动能力等诸多方面存在不足。同时,以央行、证监会为代表的中央监管机构对各类基准及挂钩基准产品的上市实行严格的管控,这对于保证金融稳定、防范系统性风险有积极的意义。但随着改革进入深水区,上述模式无疑限制了指数供给、

---

〔1〕 事件肇始于2012年6月26日、27日,美国司法部(Department of Justice,DOJ)、美国商品期货交易协会(U.S. Commodity Futures Trading Commission,CFTC)、英国金融服务监管局(Financial Service Authority,FSA)先后公布的各自与巴克莱银行集团的不起诉协议。随后,8月18日英国众议院公布首份针对该事件的报告:Fixing LIBOR:Some Preliminary Findings,Second Report of Session 2012-13。

〔2〕 *In re Foreign Exchange Benchmark Rates Antitrust Litigation.*,2015 WL 363894(S.D.N.Y. January 28,2015).

〔3〕 2015年3月,由于操控黄金市场价格及长时间的内控失败导致客户损失,英国金融行为监管局(FCA)对巴克莱罚处2600万英镑的罚款。实际上,巴克莱涉案交易员丹尼尔·詹姆斯·普伦基特是在2012年6月监管当局因LIBOR丑闻对巴克莱实施惩罚后的第二天操控金价的。See Financial Conduct Authority,"*Barclays Fined £ 26m for Failings Surrounding the London Gold Fixing and Former Barclays Trader Banned and Fined for Inappropriate Conduct*",Press Release (March 24,2015),https://www.fca.org.uk/news/barclays-fined-26m-for-failings-surrounding-the-london-gold-fixing.

〔4〕 *In re North Sea Brent Crude Oil Futures Litig.*,1:13-md-02475(S.D.N.Y.).

〔5〕 *In re Aluminum Warehousing Antitrust Litig.*, No. 13-md-2481(KBF),2014 WL 4277510(S.D.N.Y. August 29,2014).

市场创新以及建设国际金融中心的进程。对此,精细化管理定价基准的矛盾已非常突出。

总之,鉴于外部环境与内在需求的叠加效应,笔者深感写作本文并快速付铅之紧迫:介绍国际社会对金融基准的最新规定、提升中国定价的话语权有着时不我待的历史意义。

一、“金融基准”的概念与厘清

术语是认识现象和构建制度的切入点,其不仅要标识现象本质、统摄基本类型,还应反映体系理念,引领制度建构。本文最核心的一组概念是基准与指数,对应的英文分别是 Benchmark 与 Index。《现代汉语字典》对“基准”的定义是,“测量时的起算标准。泛指标准”。《立信英汉财会大词典》对基准的解释是,“可以作为数据比较基础的某一特定时期的实际经验数据。例如,企业实际调查数据”。相较之下,我们对“指数”似乎更熟悉,如沪深 300 指数、居民消费价格指数(consumer price index,CPI)。“指数”是“统计中反映各个时期某一社会现象变动程度的相对数,通常与报告基期的数值相对比”。〔6〕经济工作中常用的指数有生产指数、物价指数、生活费指数、货币购买力指数等。这些通识类文献对基准与指数进行了宏观描述。然而,在金融市场中,“基准”与“指数”需要更准确的界定。

(一)基准的定义及范畴

2016 年 6 月 8 日,欧盟通过了《欧盟基准条例》,〔7〕其第 3 条第 1 款第 3 项〔8〕对 benchmark、“基准”的定义是,将一种或多种资产的价值或价格、通过公式计算或其他方式,周期性或不间断地向公众公布或付费可知的任何费率(rate)、指数(index)或数字(figure),可能是评估的、预测的价值或真实的交易价格。〔9〕

---

〔6〕 指数最明显的特征是其计算一般有个基期数值,如上证 50 的基日是 2003 年 12 月 31 日,我国 CPI 的计算以 1995 年的物价水平为基数;而基准则没有。

〔7〕 Regulation(EU)2016/1011 of the European Parliament and of the Council of 8 June 2016 on Indices used as Benchmarks in Financial Instruments and Financial contracts or to Measure the Performance of Investment Funds.

〔8〕 EBR, Art. 3(1)(3).

〔9〕 Art. 2(39), Regulation(EU) No 600/2014 of the European Parliament and of the Council of 15 May 2014 on Markets in Financial Instruments.

EBR 也对“指数”给出了明确的定义，“指数”是任何符合下列条件的数字：

a. 向公众公布或通过其他渠道可以获悉；

b. 持续性地通过下列方式得出：

（i）完全或部分通过公式或其他方法计算或评估而得的；

（ii）基于一种或多种价格或基础资产的价值，包括预测的价格，预测或真实的利率、报价及承诺的报价，或者其他的调查或价值。[10]

2014 年欧盟《金融工具市场监管条例》（MiFIR）第 2 条第 39 款对“基准”给出了类似的定义。同时，欧盟在公布该条例的 1 个月后，于 4 月 16 日修正了其 2003 年原有的《市场滥用条例》（Market Abuse Regulation，MAR）。MAR 2014 年第 3 条第 29 款对基准的定义似乎更直接：[11] 基准是费率（rate）、指数（index）或数字（figure），可用于决定金融工具的价值或应交割金额。

英国《2012 金融服务法案》（Financial Services Act 2012）对基准的定义与上述文件一致，但对基准的用途界定得更清晰：（1）在借贷合同或其他投资协议中，决定待支付的利息或其他待结清的余额；（2）决定资产的价值；（3）衡量投资的表现。

我国尚且缺乏系统分析金融基准的文献，唯一一本翔实介绍 Libor 操纵事件及影响的著作是中国人民银行编撰的《金融基准：LIBOR 改革引发的全球博弈》一书。该书使用了“金融基准”一词，[12] 对笔者的研究有很大启发。然而，笔者所谓的“金融基准”（Financial Benchmark）最直接的出处源于 2013 年国际证监会组织（International Organization of Securities Commissions，IOSCO）对金融基准原则的数份报告，[13] 不仅包含利率基准，还涉及外汇基准、黄金基准、石油基准等。

---

〔10〕 EBR 第 3 条第 1 款第 1 项。

〔11〕 Regulation（EU）No 596/2014 of the European Parliament and of the Council of 16 April 2014 on *marketabuse*（*marketabuse* regulation）and repealing Directive 2003/6/EC of the European Parliament and of the Council and Commission Directives 2003/124/EC，2003/125/EC and 2004/72/EC Text with EEA relevance. 参见欧盟法律库：http://eur-lex. europa. eu/legal-content/EN/TXT/? qid = 1527318978712&uri = CELEX：32014R0596，最后访问日期：2018 年 5 月 26 日。

〔12〕 参见纪志宏、雷曜：《金融基准：LIBOR 改革引发的全球博弈》，机械工业出版社 2015 年版。

〔13〕 2013 年 7 月 IOSCO 发布《金融基准原则（最终报告）》The Board of the International Organization of Securities Committees，*Principles for Financial Benchmarks*（Consultation Report，Feb. 2013 and Final Report，July，2013）；随后在 2015 年、2016 年、2017 年及 2018 年每年的 2 月持续公布《金融基准原则（最终报告）》的落实情况、WM/r 汇率基准的专项报告及使用金融基准的注意事项等等。资料来源：国际证监会组织网：http://www. iosco. org/library/pubdocs/pdf/IOSCOPD409. pdf；http://www. iosco. org/library/pubdocs/pdf/IOSCOPD415. pdf，最后访问日期：2018 年 5 月 22 日。

(二)基准与指数的关系:基准是指数的应用

其实,《欧盟基准条例》的全称已很好地阐释了指数与基准的关系:指数本不是基准,指数一旦被援引便成了基准;所以,基准是指数的运用场景。具体而言,(1)指数是基准的一种细分类别,基准除了指数,还包括其他形式的费率或数字;(2)当一种指数被金融产品或金融协议引用、以决定待支付的金额或决定产品的价值,或用以判断某类投资行为的回报率、资产组合等情况时,指数便成了基准。比如,我们用罗素3000指数来衡量美国3000家最大市值的公司股票的表现。又如,如果有交易型开放式指数基金(Exchange Traded Fund,ETF)跟踪上证50,那么此时上证50就不再是指数,而成为跟踪上证50的股指型基金计算净值的基准。

既然基准与指数是包含与被包含的关系,那么,为什么一定要强调“基准”的概念?这是因为,指数是否被援引的法律关系是极为不同的。基准从生成、使用到监管,涉及基准的发布者、基准的使用者及基准的监管者,涉及各主体适格性及权责关系的讨论;仅生成基准就又涉及数据采集、获取、提炼,加工、交易、应用等各个环节。总之,基准关乎恰当的计算方法、关乎基础信息的来源、关乎发布的频率以及管辖上述所有要素的程序或规则;而指数倘若没有成为协议确定待支付余额的对标或标准化产品确定产品价值的依据,也就不会成为本轮危机后国际金融市场翻云覆雨的焦点。

二、操纵与监管

信息偏差促成做市商对金融基准的操纵,严重的市场失灵要求国家权力的介入。良法之治不但依赖于法律规则,还依赖于执法机制。我们对基准操纵不仅要建立健全的规则,还必须有适格的执法机制、恰当的行政权分配,以保证法律以合理的成本、准确且迅速地认定违法行为,从而获得最大限度地遵守。每一次监管内容的变化,都渗透着成本与效益的考量,体现着安全与创新的权衡,充斥着各国间的监管竞技以及社会整体利益与部分成员利益的博弈。

(一)监管的强制性:明确基准为监管对象

自Libor事件开始,国际社会对基准的稳健性进行卓有成效的改革。当FCA的CEO被问及为何花费如此长的时间才发现汇市的不当行为时,安德鲁·贝利坦言,即期汇率交易并不是我们传统上的监管对象。国际清算银行每隔3

年才会在各中央银行的协助下统计一次外汇市场的总体数据。对于非监管市场,我们尚缺乏规律性的报告,因而没有审查的依据。[14] 所以,金融监管需要牙齿。

长期以来,国际金融基准不受监管机构的直接管理。原因是多重的。

一方面,基准的编制者大致通常可以分为两类:一类是以道琼斯公司、标准普尔公司为代表的专业信息服务机构;另一类是英国银行家协会、交易所这样的自律组织,或协会、交易所授权的金融数据服务商基于报价或场内交易产品而提供的各种指数。比如,法兰克福证券交易所(Frankfurt Stock Exchange)的 DAX 指数,欧洲证券交易所(Euronext)的 CAC40 指数,以及纳斯达克证券交易所的 Nasdaq100 指数。无论是哪种类型的主体,在编制指数时都不涉及公权力的行使,所以金融基准的供给通常属于自由市场的范畴。

另一方面,很多基准的基础交易,如即期外汇交易(Spot FX Trading),其本质上只是契约而非金融工具——两个市场主体(通常是银行)协议以一种货币兑换另一种货币并立即交割(至于交割的具体时间则可能是 T+1、也可能是 T+2,以两天后为常态),其间地点、价格、数量之选择受控于市场主体的自由意志。另外,传统的观点认为,规模大、流动性强的市场,单个市场主体操纵的可能性微乎其微。事实证明这是错误的。2012 年至今,轰轰烈烈的基准改革中最为广泛的共识是,将基准纳入金融监管的范畴,并从理念、原则与规则上都进行了强化。

1. 树立监管标准、采纳 IOSCO 基准原则

基准操纵事件爆发后,IOSCO 对此给予了高度的关注。从目前英国及欧盟的改革举动来看,金融基准的监管标准基本遵循了 IOSCO 的建议。为了建立统一的行为标准、增强基准的真实性、可信度和监管力度,IOSCO 主张从内控措施、指数质量、编制方法、会计责任等 4 个大方面、19 个小方面衡量一个基准的品质,简称"IOSCO 原则"(见表 1)。[15]

---

〔14〕 Press Conference, in Press Release, Fin. Conduct Authority, FCA Fines Five Banks fl. 1 Billion for FX Failings and Announces Industry-wide Remediation Programme, (Nov. 13, 2014), http://www.fca.org.uk/news/fca-fines-five-banks-for-fxfailings, September 12, 2018.

〔15〕 当然,统一的框架标准也会基于不同基准的不同特性而决定不同的适用范围。

表1 IOSCO基准原则

管理框架健全	基准质量优先
• 基准编制者承担全面责任 • 基准编制者避免利益冲突 • 基准编制者健全内控措施 • 合理的股权与管理框架 • 独立第三方的参与和监督	• 基准设计 • 来源数据充分 • 来源数据分层管理(瀑布准则) • 基准判定过程透明可追溯 • 定期审核
编制方法科学	**责任制度明悉**
• 方法内容公开 • 方法变动公开 • 方案可移交 • 提交行为准则 • 数据收集采取内控措施	• 会计合规程序 • 审计 • 审计结果可追溯 • 与监管部门合作

根据IOSCO基准必须具备4方面的特质:代表性、透明度、可信任及可追责。[16] 所谓代表性(representative),即基准能够"清晰地向使用者传达出其试图测量的经济状况";所谓透明度(transparency),即使用者通过了解基准的生成机理、使用算法及数据输入,能够知道"基准是怎么来的、又有着怎样的局限";所谓可信任(reliability),即构建基准的数据来源应当是充足且真实善意的;所谓可追责(accountability),即基准的提供者必须接受明确的管理和问责机制,从而保证基准的客观性、避免利益冲突。

2. 增强一级市场管理、英国推进"公平及有效市场审查"

英国在国际金融市场上仍然占据重要的地位。比如,国际基准外汇交易在地域上呈现高度集中之势。国清银行的统计显示,全球5大金融中心占整体交易的比重高达75%:伦敦(41%)、纽约(19%)、新加坡(5.7%)、东京(5.6%)、我国香港特别行政区(4.1%)。[17] 也就是说,世界范围内超过1/3的外汇交易是在英国完成的。这也就不难理解为什么英国在以货币市场为代表的一级市场的改革中发挥着积极,甚至主动的作用。

加强对以做市商为主体的一级市场的管理是本轮危机后全球金融改革的重点之一。这是一项更新监管理念、弥补监管空白的创新之举。《多德－弗兰克法

〔16〕 International Organization of Securities Commission, *Principles for Financial Benchmarks* (Final Report, FR07/13, Feb. 2013), 15－29.

〔17〕 Bank of Int'l Settlements, Triennial Central Bank Survey: Foreig Exchange Turnover in April 2013; Preliminary Global Results 8(2013).

案》第七章第701～774条收录了《2010年华尔街透明度和问责法案》的主要内容,将场外衍生品的市场主体分为交易商、主要参与者和最终用户等不同层次,加强了对交易商、主要参与者的管理要求,而对最终用户加以豁免。[18]

2014年6月,英国财政部、英格兰银行及英国金融行为监管局联合展开"公平及有效市场审查"(Fair and Effective Markets Review,FEMR),共同研究如何规范金融一级市场的行为准则。[19] FEMR将目光集中在固定收益、货币及商品即上文提及的FICC市场中。最终决定首先选取下列7个基准列入监管范畴:

- 英镑隔夜拆借平均指数(Sterling Overnight Index Average,SONIA)
- 隔夜回购平均指数(Repurchase Overnight Index Average,RONIA)
- WMR即期汇率伦敦下午4点收盘[WM/Reuters(WMR)4pm London Closing Spot Rate]
- 国际互换及衍生品协议价格(International Swaps and Derivatives Association Fix,ISDAFIX)[20]
- 伦敦金基准(London Gold Fixing benchmark)
- 伦敦金银市场协会之白银价格(LMBA Silver Price)
- 洲际交易所布伦特原油基准(ICE Brent)

上述7个基准经过了严格的筛选,并具有以下特征。(1)系统重要性。上述基准涉及利率、汇率、衍生品、贵金属及石油,都是FICC市场运用广泛、对一级和二级市场的投资者都具有深远影响的重要标杆。(2)基础交易市场尚处于监管空白。在英国"公平及有效市场审查"的效力下,很多不受监管的领域进入了监管者的视域。以即期外汇市场为例,虽然外汇交易在全球范围内全天候不间断地运作,但并没有一个全球性的机构管理或者协调管理相关事宜。如今,为了购买某种受监管的金融工具(如债券)而兑换货币,或者操纵即期交易影响了受监管的外汇衍生品或外汇基准的价格,都已经进入了监管的范畴。[21] Spot FX虽然不是一个传统意义上受监管的市场,但并不代表该市场中可以执行更低的行

---

〔18〕 鲍晓晔:《场外衍生品市场法律监管制度研究》,华东政法大学2014年博士论文。《多德－弗兰克法案》在定义CFTC管理的契约型互换交易商(contract-based swap dealer)和SEC管理的证券型互换交易商(security-based swap dealer)时,采用了列举加概况的方法,包括(1)在互换交易中,自称为交易商;(2)做市商;(3)为自营账户经常性与对手方达成互换(或证券互换),并以此为业;(4)从事的业务使其在行业中被普遍认为是交易商或做市商。

〔19〕 参见FCA官网,https://www.bankofengland.co.uk/markets/fair-and-effective-markets.

〔20〕 2015年4月更名为ICE Swap Rate,洲际交易所互换费率。

〔21〕 See Edwin Schooling Latter, Conduct risk in FX markets, https://www.fca.org.uk/news/speeches/conduct－risk－fx－markets, Sep 11th, 2018.

为标准,也并不代表其不是监管者的关切。

在监管职能分配上,改革后的英国基准监管体系由英国中央银行英格兰银行和FCA共同实施。2012年,英国修订《金融服务与市场法案》(Financial Services and Markets Act),明确FSA对Libor报价和运营行为的监管权力,并授权FSA对操纵或试图操纵Libor的行为提起诉讼。危机结束后,在英国建设金融双峰监管的改革中,FSA一分为二,对Libor的直接监管改由FCA负责。英格兰银行对金融市场的介入主要集中于执行货币政策、保证金融稳健。〔22〕于2021年将停止Libor的强制报价而代之以英镑隔夜拆借平均指数作为市场利率基准,直接监管英国金融行为监管局。

虽然"公平及有效市场审查"只是英国的国内改革,但是由于英国在金融基准一级市场上的显著地位,上述在英国产生的汇率、衍生品、贵金属及石油基准实则是国际FICC市场的定价指标。英国的国内法也可以看作金融基准领域法律规制的风向标。

(二)监管的谦抑性:分层管理之欧盟经验

金融基准操纵是一种新型的、具有严重社会危害后果的市场操纵方式。所以,欧盟对基准操纵作出了特别规范,这是世界首例。2013年9月,欧盟委员会向欧盟议会及欧盟理事会提交了《关于在金融工具及金融合同中使用指数作为基准的监管立法建议》。〔23〕2016年6月,上述立法建议经欧盟议会审议通过,《欧盟基准条例》〔24〕问世。其大多数的条文已于2018年1月1日生效。鉴于在欧盟发布的基准不一定只在欧盟国家交易和使用,所以EBR还有相当的域外效力。因此,各主要资本主义国家已经掀起了学习EBR的热潮。〔25〕

《欧盟基准条例》的可圈可点之处甚多。这不仅是迄今为止最全面的关于基准的成文法律,涉及基准、基准的来源数据、基准的生成过程、基准的编制与使用等各个方面;而且,《欧盟基准条例》确定了自身不适用的范围,并以基准的重要性为依据,制定了详细的分类原则,将基准分为三类,并配之以不同的监管方案

〔22〕 参见英格兰银行官网:https://www.bankofengland.co.uk/markets/sonia-benchmark。

〔23〕 Proposal for a Regulation of the European Parliament and the Council on Indices Used as Benchmarks in Financial Instruments and Financial Contract, http://ec.europa.eu/internal_market/securities/docs/benchmarks/130918_proposal_en.pdf, April 2nd, 2017.

〔24〕 Regulation on Indices used as Benchmarks in Financial Instruments and Financial Contracts or to Measure the Performance of Investment Funds.

〔25〕 如哈佛法学院公司治理和金融监管论坛的讨论:欧盟金融市场基准监管及其美国影响。参见哈佛法学院公司治理和金融监管论坛:https://corpgov.law.harvard.edu/2017/11/01/eu-financial-market-benchmark-regulation-and-us-impact,最后访问日期:2018年9月20日。

(比如,为了防范系统性恐慌,只对关键基准实施强制供给要求)。同时,为了更好地贯彻落实,《欧盟基准条例》还授权欧盟证券市场协会在数据提供者的内控程序、基准及算法的信息提供等方面构建更精准的技术标准。总之,《欧盟基准条例》在保证基准真实、可信的同时,完美体现了监管的谦抑性。

1. 金融基准监管的除外情形与豁免特征

《欧盟基准条例》第3条表明了该条例的适用范围,包括"所有为了估值目的或被金融工具使用的"基准,以及基准来源数据的提供、基准的发布和使用过程。同时,第2条又对《欧盟基准条例》不适用的主体和情形进行了排除:

(1)所有的中央银行;

(2)为了衡量就业、经济运行及通胀等公共政策目的而发布的基准;

(3)中央对手方为了风险管理或结算目的而提供的参考价格或结算价格;

(4)报社或其他媒体在其新闻报道中公布或援引基准,但对基准的生成完全没有控制力;

(5)通过唯一报价渠道生成的大宗商品基准,且使用该基准的金融产品的总市值不超过1亿欧元;

(6)银行等金融机构为了评议客户的信用等级而内部使用的评估指标;

(7)基准提供者不知晓、在尽了合理注意义务后仍然不应当知晓基准被协议或金融工具援引时。

由此可以看出,属于监管范畴的基准至少具有如下特性:

(1)非公共目的性:对于中央银行制定、执行货币政策,以及政府机构公布的CPI、GDP等用于公共目的或中央对手方等基于清算目的而制定、公布的数字、指数或费率不在监管序列中。

(2)社会公开性:机构内部运行使用、不向公众免费公开或不对外销售的指标或指数也不在监管序列中。

(3)重要性与控制力:总市值不超过1亿欧元且交易数据可控的大宗商品基准可以豁免监管,基准的分层管理模式笔者在下文还将详细介绍;同时,受监管主体对基准也应当具有控制力,如新闻报道中新闻记者对基准的单纯使用行为并不受到监管者的关注。

2. 关键基准、重要基准与非重要基准的三分法

为了避免监管资源的浪费、节约各方合规成本,《欧盟基准条例》采取了"量化标准"与"性质判断"相结合的分析方法,在该条例第20~26条中以市场规模为主要依据,将基准划分了三个等级,不同层级的基准自然适用不同的监管方法。

(1)符合下列任何条件之一的,为关键基准(critical benchmarks):

1)有市值超过5000亿欧元的协议或产品援引或间接援引该基准;

2)对于报价驱动型的基准,如果大多数报价机构都位于欧盟境内且相关基准监管机构都认为其对于市场诚信、金融稳健及消费者保护具有显著影响;

3)援引或间接援引该基准的市值在4000亿欧元至5000亿欧元,且市场上无其他替代品,且相关基准监管机构都认为其对于市场诚信、金融稳健及消费者保护具有显著影响。那么,对于这种在成员国家具有系统重要性的基准也应被认定为"关键基准"。

可见,在"关键基准"的过程中,监管部门的认定非常重要。《欧盟基准条例》规定,当不同成员国监管部门的意见不一致时,基准管理者所在国的监管部门之意见占主导地位。同时,ESMA还需对该主导意见进行评估。

同时,《欧盟基准条例》要求关键基准实施强制供给。关键基准的管理者如果意欲停止发布某一基准,那么该管理者应当:首先,立即通知其相关监管机构;其次,在通知后的4周内,就该基准是否/怎样移交给新的管理者,还是停止发布,提交评估报告。在相关监管机构接到上述通知后需要立即告知ESMA及其他监管机构(若有),且4周内其也需要就此事作出自己的评估。在所有的评估未完成及监管机构未达成一致意见时,监管机构有权强制要求基准管理者继续发布基准直至下列任一条件成就:

a. 该基准的供给事宜已经移交给新的基准管理者;

b. 该基准能够有次序地停止供给;

c. 该基准不再属于关键基准。

当然,上述过渡时期的强制供给一般不能超过12个月。如果在1年内上述条件都未能达成,那么监管机构可以将强制供给的时间再延长12个月,总计不超过24个月。

(2)符合下列条件之一的,为重要基准(significant benchmarks):

1)直接或间接援引该基准的金融产品或金融协议之市场规模达到或超过500亿欧元,且存续时间超过6个月;

2)市场上没有或只有少量的替代性基准,且相关基准监管机构都认为其对于市场诚信、金融稳健及消费者保护有影响。

重要基准的编制者申请选择豁免适用《欧盟基准条例》的一些具体规定,但基准监管者在综合考量了该基准受操纵的可能性,来源数据的性质,利益冲突的层次,基准编制者主观判断的程度、编制者的规模及组织架构,基准生成过程中的属性、规模或复杂程度,援引该基准的金融产品、金融协议或投资基金的市场规模,基准在细分市场的影响力、对金融稳定的重要性等因素后,有权最终决定重要基准的编制者是否免于一定的监管事项。

可选择的豁免事项如下。第一,基准管理部门与其他业务部门实行人、财、物的隔离、独立运作。第二,基准编制者的雇员或其他有劳动关系、派遣关系的人员,从事与基准生成有直接关联的职责时,应避免任何利益或商业上的关联;对于报价驱动型基准,应避免自身从事或代表他人从事买入、卖出等交易活动,除非基准的生成办法中有明确的要求;对于可能会影响基准价格的敏感信息,建立有效的机制、防止从事与基准生成有直接关联事务的雇员与其他雇员交流信息。第三,基准编制者要保证数据提供者建立有效的内控机制及审核程序。第四,建立完整的行为准则。

(3)不满足关键指数及重要指数标准的基准则为非重要基准(non-significant benchmarks)的一个重要特征就是可替代性强。因此,对非重要基准主要侧重于透明度的管理、保障使用者在知情的情况下作出合适的选择。有关基准来源数据、算法及上报制度的规定,都不适用于非重要基准。

大多数自有指数(Proprietary Index,非商品或利率的自有指数)可能被归类为非重要指数,因而不会受到过严的监管。同时,为保证基准计算方法的透明性,欧盟委员会授权欧盟证券市场协会(European Securities and Markets Authority,ESMA)制定"监管技术标准",从而允许基准使用者能够有足够详细的信息明确该基准如何生成、明确该基准在多大限度上能够满足其自身需求。而ESMA无须对非重要基准设计上述"监管技术标准"。又如,为了保证来源数据的适当性、可靠性,ESMA对于基准监管者和来源数据提供者也会制定监管的技术标准,而这些要求对非重要基准同样也不适用。

三、借鉴与超越

根据上文的分析,笔者建议立足基准本身属性的分析,更新基准产生的体制机制,从而梳理出更科学的基准运用体系、建立更公正的基准管理制度。

(一)淡化中央监管机构对非基础设施类基准的审批

2016年《欧盟基准条例》对金融基准分类管理的经验,对提升我国基准及其衍生品的精细化管理水平有积极的意义。笔者建议,对于市场份额不大、可替代性高、对系统稳健无显著影响的基准及其衍生产品,中央监管机构应研究放松管制,释放交易所及市场主体的供给激励。我们应当乘势研究制定详细的基准分层标准、为基准衍生品的开发运用争取宝贵的制度空间。如拟从重要性(援引或间接援引基准的协议及产品的市场价值,是否有其他替代品,对市场诚信、消费者保护等是否具有显著影响)、公允性(数据是否源于经认证的交易所或多边交易设施等)、稳定性(平均真实波幅、变动速率、与其他指标的关联)等多个维度确定基准的监管与豁免范围,构建我国金融基准的评级指标。

从"基础设施"到"商品"的演变并非没有先例。2007 年,美国联邦判例法〔26〕认为纳斯达克 100 指数(NASDAQ 100 Index)的主要作用是促进交易、营造市场,而并非保护投资者。所以,该指数是一种"商品"而不是美国证券业协会的"市场管理手段"。随后,2008 年,SEC 通过证券法通告(Exchange Act Release No. 58666,Oct. 3,2008)进一步确认,纳斯达克股票市场对相关指数的发布与服务并不是"全国证券交易"的"基础设施"(facility),因此,其指数的计算与传播无须 SEC 的批准。又如,除却本文第二部分提到的对基准的"三分法",《欧盟基准条例》在很多方面都体现了抓放结合、张弛有度的考量。该条例规定,如果来源数据是经欧盟金融工具市场法规(Markets in Financial Instrument Directive, MiFID)认证的交易所、多边交易设施等,那么则可以被"合格数据基准"(Regulated-data Benchmark)、享受来源数据审查等方面的监管豁免。

当然,确认基准的"商品性"对于交易所及金融信息机构编撰基准、推出产品提出了更高的要求。因为,此时在这一问题上的交易所,从理论上说可能已无法再适用自律监管豁免原则(SRO Immunity),直面民事诉讼的风险是必须要事前评估的方面。

(二)丰富跟踪基准的衍生产品,拓展"中国基准"的运用场景

以基准定价的金融产品的丰富及活跃程度,决定了基准的生命力。制度的有效实施既依赖外部强制力的威慑,更有赖于激励的内发作用、调动各方积极性,即"激励相容"。深化"中国基准"的影响力,可以从两方面着手。

一方面,设计恰当的监管激励,有甄别地借鉴国际社会在指数管理方面的监管经验、形成风险可控的监管红利。比如,美国证券交易监督委员会(U. S. Securities and Exchange Commission, SEC)就规定,外汇交易基金如果引用了共同基金指数(Mutual Fund Index),因为估值较为确定,就可以获得很大程度上的监管豁免(如在一定规模范围内不用备案或不用提交年中财务报告等)。

另一方面,丰富以中国基准定价的金融产品种类、加强指数化投资。我国在

〔26〕 *In Opulent Fund, L. P. v. NASDAQ Stock Mkt.*, No. 7 – 2683, 2007 U. S. Dist. LEXIS 79260 (N. D. Ga. October 12, 2007).

开发挂钩 Shibor、CFETS、上海金等其他基准的衍生品时显得分外保守，且集中于资产端。股票行情数据现有的运用较为纵深，[27]相较之下，非证券类基准的运用场景则十分单调。很多银行只持有大量以 Shibor 计息的浮息债券，自然希望 Shibor 升高以提高资产收益。再如，“上海金”是全球首个以人民币计价的黄金基准价格，参与交易的机构或个人投资者可以直接以实时的“上海金”价格完成交割、这在国际上也是屈指可数的。但“上海金”在纵深上的影响还略显薄弱，铂金等相关价格标准还有待形成。因此，如何加强 ABS、CDR 等市场发展的顶层设计，平衡资产端与负债端的产品配置；如何借着资管新规契机、推动扩大各类基准在资管行业的应用，都是上海自贸区可以大胆地先行先试的领域。

（三）以“大数据全样本”的思维来审视现有的基准构建，避免抽样数据、局部数据和调查数据

基准以数据的形式呈现，金融基准是典型的数据商业化运用。20 世纪 80 年代，跨国银团贷款盛行，国际社会对公允基准利率的需求异常迫切。Libor 的诞生与推广摆脱了对过去经验、理论和假设的依赖、减少了猜测与分歧。但现有的基准或是人工统计的核算数据，或是普遍采用以样本为纲的调查数据。“以收市价做盘”（Market-On-Close，MOC）是现存众多基准的生成方法。我国金融期货交易所以每个交易日收盘前两小时的交易数据汇总编撰上证 50、沪深 300 等证券指数；普氏能源资讯以每个交易日收盘前、伦敦时间 16：00 ~ 16：30 这半个小时的窗口期计算布伦特原油基准。

现代数字处理方法的推广使我们认识到这是一种人为的限制，高性能且成本可控的数字技术使基准的全样本化成为可能。笔者主张，除报价驱动型的基准外，其余基准均应以时间序列、抓取真实成易数据。同时，可以参照欧盟《关于在金融工具及金融合同中使用指数作为基准的监管立法建议》（2014 O. J. L 173），将市场参与者公开交易数据的比例与获得市场准入资格的程度联系起来，从而保证数据的“流动性”和“可获取性”。

---

〔27〕 参见吴琼、邹露、陈亦聪：《证券指数权益保护的法理逻辑与政策脉络——美国市场若干典型案例分析》，载黄红元总编，蒋锋、卢文道主编：《证券法苑》（第 24 卷），法律出版社 2018 年版，第 124 ~ 157 页。

期货及衍生品法律评论
第二卷，第30～49页

期货法立法：以风险管理为核心

程红星*

摘要：衍生品市场4000年发展史、期货市场160多年的发展史表明，期货市场的核心就是风险管理。近代各国期货立法表明，期货法的核心是风险管理，本质上是一部风险管理法。我国期货立法应当以风险管理为核心，防范跨市场风险和系统风险，夯实以中央对手方制度为核心的风险管理体系，充分发挥自律监管机构的市场核心组织功能，制定一部期货及衍生品市场基本法，为我国风险管理市场的市场化、国际化和法制化奠定法治基础。

关键词：期货法　风险管理　中央对手方

我国期货市场经历了20多年的发展历程，形成了符合国际惯例，具有中国特色的市场发展和监管制度安排，亟须形成法律，成为一本行业基本法。立法机关、监管机构和学界普遍认为，证券法的核心是信息披露，[1]但对期货法的本质存在不同的认识。期货的产生和繁荣是人类主动管理不确定性的必然结果，尤其是金融期货的发展满足了20世纪70年代布雷顿森林体系瓦解以来实体经济的多样化风险管理需求，成为现代市场经济风险管理生态体系不可或缺的重要

---

* 中国金融期货交易所法律部副总监，法学博士、博士后。

〔1〕 参见刘菊：《论证券信息披露民事责任的几个基本问题》，载《山东社会科学》2001年第6期。

基石。[2] 纵观衍生品市场4000年发展史,期货市场160多年的发展史,我们认为期货法的核心是风险管理,本质上是一部风险管理法。期货立法应当以风险管理为核心,防范跨市场风险和系统风险,夯实以中央对手方制度为核心的风险管理体系,充分发挥自律监管机构的市场核心组织功能,构建一部期货及衍生品市场基本法,为我国风险管理市场的市场化、国际化和法制化奠定法治基础。

一、从衍生品到期货:风险管理市场逐步成熟

"风险"的基本含义,是"未来结果的不确定性或损失"。虽然英文风险即"Risk"一词形成于17世纪,但是风险的存在是客观和普遍的,与不确定的搏斗是人类社会的永恒主题。迄今为止,人类主要通过4类机制来管理风险。一是资产组合或分散以及抵押制度。比如,农民通过种植不同作物以抵御天灾,厂商通过多元化经营和广拓销路来分散风险,银行要求获得抵押作为放贷的条件。二是有限责任、破产保护、追偿权等级设置以及资产负债表结构调整。其中,有限责任和破产保护制度将部分信用风险从借款人转移给放贷人,由此促进了全社会的投资意愿,成为19世纪工业革命获得广泛资金来源的重要基础。三是可交易工具和有组织市场的出现。前面两种风险管理安排基本上没有涉及流动性风险,可交易工具和有组织市场的出现使资产持有者可以合理、公平的价格迅速将资产变现,确保了资产连续供应。四是衍生品和金融工程的结合。前述3种风险管理安排都是必须在现货市场完成,由此导致风险管理目标经常与其他资产负债比表目标相冲突。当20世纪70年代衍生品与金融工程相结合后,风险管理就可以同时满足实体经济对流动性和定制化的需求,现代风险管理时代全面开启,期货、期权和其他衍生品得到广泛应用。

期货期权交易由来已久,是经济发展的必然产物。早在3800年前,古巴比伦王国的《汉谟拉比法典》就有着期权思想的文字记载,并在17世纪出现了独立的远期合约交易,产生了期货交易的雏形。1848年美国芝加哥期货交易所(Chicago board of Trade,CBOT)的建立,标志着现代期货时代的开始。[3] 针对

[2] 参见郑亮:《国际金融衍生品市场分析》,载《中国金融家》2012年第10期。

[3] 参见杨芬:《国际期货市场的发展历程及其对我国期货市场发展的启示》,载《中国金属通报》2018年第1期。

当时农产品周期性生产、仓储运输成本高、现货市场分割分散、缺乏统一价格指导,经常导致供求周期失调、价格大幅波动和社会资源浪费的情况,农产品期货率先应运而生,通过集中、连续、标准化的交易反映市场供求,揭示价格信息,促进风险管理,并逐步扩展到金属、能源等工业品领域。

在20世纪70年代以前,金融领域不存在定价问题,各国乃至全球已经形成了权威、统一的金融价格,如当时以伦敦为中心的欧洲美元市场早已形成,为国际资金借贷提供定价基准。但随着1971年布雷顿森林系解体,金本位和固定汇率制崩溃,美元危机引发全球各主要货币汇率频繁剧烈波动,市场规避风险的需求十分强烈。人们将商品期货管理风险的成功经验应用到金融领域,于1972年推出了外汇期货,之后,陆续推出了债券、利率、股指、个股等其他金融基础资产的期货及期权产品,为金融风险防范提供了有力武器。可见,金融期货面临的社会需求并非形成定价,而是维护价格、管理风险,就是利用期货交易机制解决避险问题。之后,期货市场历经危机洗礼,不断充实完善和发展,特别是美国次贷危机进一步引爆形成全球危机,大大深化了社会对风险以及对期货风险管理功能的认识。危机期间,美国期货市场表现出色,不但自身运行良好,没有出现、制造和放大风险,没有受到指责质疑,而且交易量、持仓量及套保比例显著提高,分散、化解和转移风险的作用十分明显,起到了分流现货抛压、对冲场外风险的巨大作用,缓解了美国股市崩盘式下跌。

期货交易已被证明是最有效、最可靠、最成熟的风险管理模式之一。期货品种延伸至国民经济各主要领域,参与者涵盖各类经济主体,交易规模稳步增长、日趋庞大,在管理市场风险、服务实体经济发展方面发挥着不可替代的重要作用。如今,期货市场已成为现代市场经济体系中的重要组成部分,有股票、债券、货币、外汇等现货市场,就有相应的期货期权等风险管理市场,期货市场并行已经成为主流标准配置,全球主要经济体无一例外。正是得益于发达的期货等衍生品市场,美国经济在经历了网络泡沫破灭、“9·11”恐怖袭击、世通和安然丑闻以及阿根廷违约等一系列冲击后依然稳定增长,作为次贷危机发源地,最终却在欧美国家中率先走出危机。危机后,期货交易制度更受到肯定和推崇,全球出现了“场外交易场内化、非标产品标准化、分散清算集中化”的新趋势,社会风险防范水平再进一大步。

二、风险管理是期货市场的本质特征

（一）期货的核心功能是管理风险

第一，期货交易的是风险，管理的是风险。大宗商品市场交易有形实物，股票、债券市场交易证券资产。与这些现货市场不同，期货市场表面上直接交易的是期货标准化合约，但实际上其交易的是现货本身自带的风险。并且，尽管期货市场零和交易，并不对经济风险总量产生影响，但是对经济风险的社会化分担和配置进行了优化重组，最终实现了风险“按需分配”和有效管理。

第二，期货市场为市场经济发展提供基础保险与保障。发展市场经济，必须允许价格波动，就得防范随之带来的风险，不得不建立起健全的避险机制。从这个意义上说，期货交易作为最成熟、最通用、最有效的风险管理模式，是市场经济发展的必需品而非奢侈品。越是成熟发达、规模庞大的市场经济体系，越是需要和依赖期货等衍生品市场。我国一些企业曾因为人民币汇率大幅波动不得不停止了出口生产和外贸活动，反证了期货避险机制的必要性和基础性。

第三，金融期货更是直接服务实体经济发展的强力推手。金融品种的引入，大大拓展了期货市场的规模、地位和影响力。2013 年，全球期货市场 81.29% 的交易量来自金融品种，全球场外金融衍生品 89.47% 的市值来自金融品种。金融期货不仅有股票、股指等权益类产品，还包括利率、汇率类产品，不仅服务于金融市场和金融机构，更直接服务于大大小小的各类企业和千千万万的投资者，不仅直接关系着国民经济基础细胞的健康，更与国家宏观政策调控和金融安全等大战略息息相关。

（二）期货市场是现代风险管理生态体系的基石

第一，期货有效管理风险，稳定企业经营，提高经济弹性。有了期货进行套期保值，企业、投资者等微观经济主体能够有效地规避利率、汇率、股指等市场价格波动风险，实现稳定经营、长期投资。这避免了紧急情况下的市场恐慌，分流现货市场的压力，实现及时释放和化解风险，通过稳定个体有效促进市场整体稳定，提升了金融市场和经济体的体制弹性。美联储前主席格林斯潘就曾指出：“金融衍生品市场极大地降低了对冲风险的成本，扩大了对冲风险的机会，而这些风险在从前都无法有效地进行规避。因此，美国的金融体系比 30 年前更为灵活，更为有效，经济本身对于这些金融方面的现实危机也更富有弹性。”相比之下，很多新兴市场及发展中国家缺乏发达完善的期货等衍生品市场，风险管理手段不足,往往成为危机的最大输家,这在历次危机事件中都有生动体现和深刻教训。

第二,期货促进价格发现,提供前瞻性指标,引导社会资源配置。一是期货等衍生品提供更丰富的基础市场信息。如期货提供了多个不同到期时间的现货指数的当前期货价格,期权更是提供了隐含波动率等额外信息。二是还能够通过期货等衍生品价格来完善传统宏观经济指标的判断。如可通过商品期货价格指数以及国债期货价格变化来预测通货膨胀率,这也为诸多学者和实践所证实。三是期货期权等衍生品衍生出诸多全新的前瞻性指标,精准衡量风险程度,客观判断潜在变化,不易被外界干扰,典型的如 VIX 指数、TED 息差指数和 CDS 息差指数等。其中,波动率指数(Volatility Index,VIX)指标衡量标普 500 指数期权的隐含波动率,反映市场恐慌程度;TED 息差为美国短期国债利率与 LIBOR 利率之差,表征市场风险变化;CDS(信用违约掉期)息差衡量债务违约风险,反映信用变化对资金流的影响。[4] 而价格是市场配置资源的核心,期货等衍生品丰富了价格指标信号,有助于引导优化资源配置。相比现货即期价格,期货价格既能配置近期资源,又能配置远期资源,资源配置效果更优。而且,通过期现货市场相互作用,可以完善价格发现过程。这就促进了市场信息公开和对称,助推公平竞争,优化资源配置,避免经济周期性供求失衡和结构性错配。

第三,期货优化风险配置,发挥各自所长,促进社会分工和贸易发展。期货等衍生品优化风险配置,促进了风险从实体经济向虚拟经济转移,从风险厌恶者向风险偏好者转移。转移配置的结果,就是经济主体更集中地发挥各自优势,广泛按照各自比较优势,合理地分配实物资产资源,创造出更有价值的产品和服务。比如,外汇衍生品的出现可以使进出口企业专注于产品产销,而不再受汇率波动对日常经营的影响。哈德森和施特拉特霍夫(2010)对 50 个国家和地区的研究表明,1985 年之前发达国家的汇率波动显著降低了外贸增长,汇率波动增加 1%,各国外贸将降低 3.7%。而 1985 年后,外汇衍生品市场快速发展,汇率波动对外贸增长的负面影响大大减弱,施特拉特霍夫和卡里奥(2012)发现,外汇期货市场的发展,至少消除了 50% 的汇率波动影响,促进了外贸增长。[5]

第四,期货加速金融深化,提高金融自由度,推动发展普惠金融。一是提供了基础产品,促进了更多金融服务和产品的创新衍生,使金融原材料更丰富,选择空间更宽阔。二是避险机制的健全、资金安全程度的提高,推动了居民储蓄的

---

〔4〕 参见蔡向辉:《股指期货:风险管理的金融逻辑》,东方出版社 2017 年版,第 28 页。

〔5〕 同上书,第 29 页。

投资转化,使各类投资者,尤其是对安全性要求较高的机构投资者和长期资金,能够加快入市步伐,壮大参与者队伍。三是更多的投资选择和更多投资者的进入,提高了基础资产市场及其衍生品市场的流动性和深度。四是期货等衍生品提供税收激励,可通过延迟收入实现、适时释放损失等方式改变应纳税时间,降低应纳税收入,降低实际税负,增加企业价值。五是基于新金融工具的创新深化,放松了过度监管的限制,提高了金融服务的灵活性和效率,促进了金融体量的增加、服务能力的提高,使越来越多的居民能够通过合适的渠道分享到金融发展的好处。六是实践证明,期货等衍生品往往作为基础配套设施,助推宏观金融改革。在美国、日本等推行利率市场化过程中,大致同步发展其国债及利率等期货市场,就是要利用期货机制为利率市场化奠定有利的市场条件,让改革后价格的波动通过市场化避险进行柔顺平滑。

第五,期货促进资本积累,提高经济潜在增长率。期货市场的发展,并不会分流股市资金,而且还能提高社会资金动员能力,促进期现货市场实现同步发展,组织更多的闲置资金配置到期现货市场中,用于社会生产,这对提高经济潜在生产率很有帮助。2014 年 3 月,国际知名智库米尔肯研究院(Milken Institute)首次使用定量方法研究期货等衍生品如何影响美国宏观经济增长。研究发现,一是从 2003 年 1 季度到 2012 年 3 季度,商业银行通过使用衍生品管理风险,显著增加贷款发放量,推动美国实际 GDP 每季度增加约 27 亿美元;二是衍生品的使用提升实体企业 5.2% 的公司价值,进而提高美国季度实际 GDP 约 10 亿美元。两个渠道合计对美国实际 GDP 的影响为每季度 37 亿美元,2003 ~ 2012 年,美国经济活动因使用衍生品而增加 1.1%(约 1495 亿美元)。研究专门评估了期货对经济增长的影响,结果如下。一是使用期货管理风险的银行信贷平均季度增长率为 2.47%,比不使用期货管理风险的银行高出 0.78%;在金融危机期间(2008 ~ 2012 年)差异更明显,上述两个数字分别为 5.04% 和 3.77%。二是期货的使用,通过银行与实体企业两个渠道共同贡献了 15 亿美元的美国实际季度 GDP 增长,占季度平均 GDP 新增量 660 亿美元的 2.27%;金融危机期间,贡献增至 62 亿美元,占季度平均 GDP 新增量的 9.39%。

三、以风险管理为核心,统筹推进期货法立法

期货市场是风险管理市场,期货市场发挥功能的前提是做好风险管理。目前,期货立法已经进入实质性推动阶段。笔者建议,以风险管理为核心,以中央

对手方等核心风险管理制度为抓手,统筹场内和场外两个市场,构建期货法核心制度。

(一)基于期货法风险管理法的特质,将期货期权等证券衍生品纳入期货法调整范围,防范跨市场风险

证券衍生品是指以证券作为基础资产的衍生品,法律形态上可大体分为证券型和契约型两大类。2005 年全国人大法律委员会在关于《证券法(修订草案)》修改情况的汇报中指出,证券衍生品种分为证券型(如认股权证)和契约型(如股指期货、期权等)两大类,在发行、交易等方面有其特殊性。权证等证券型衍生品本质上是一个证券产品,股指期货、股票期权等契约型证券衍生品本质上是期货、期权产品。期货与证券存在本质的差异。

第一,产品功能差异。期货市场主要是风险管理的市场,一般不具有融资功能,其主要功能在于可以通过事先锁定未来价格回避价格波动风险。证券市场的主要功能在于投融资和资源配置。股票发行人通过发行股票募集公司资本,债券发行人通过发行债券筹借资金。

第二,产品法律属性差异。从法律性质上讲,期货交易的对象是一种合约,而证券为一项权利凭证。期货合约是一种标准化合约,买卖双方承载着双向性的权利和义务。而证券的本质是权利凭证,具有单向性,直接表征着持有人的某项权利。从发行程序上讲,期货不存在发行环节,而证券有发行环节。发行是指政府、企业、金融机构等以募集资金为目的向投资者出售代表一定权利的有价证券的活动。因此,证券发行总量是有限的。由于期货合约由交易所统一制定,任何市场参与者均可直接通过期货交易达成期货合约,因此,期货交易不存在发行环节,若不考虑限仓制度等风控制度,其市场总量理论上可无限。

第三,交易、结算、风险控制制度差异。期货交易实行保证金交易,而证券交易实行全额现货交易;期货交易当事人可以通过反向对冲了结持仓义务,而证券交易当事人必须进行券款对付。在结算制度方面,期货交易实行当日无负债结算制度,证券交易采取券款对付结算方式。在风险控制制度方面,期货市场实行强行平仓、持仓限额、大户报告等制度,而证券市场没有相应制度安排。

从中国金融期货交易市场的发展以及境外市场的监管经验来看,期货和证券存在显著差异,不宜以基础资产作为划分"两法"调整范围的标准,如果将衍生品规定在证券法下容易导致法律适用上的混乱和困难。笔者认为,在《证券法》和《期货法》分别立法的模式下,应当坚持以"证券即现货"为出发点,采取现货市场和衍生品市场分别立法的基本思路,从产品功能、目的、法律属性、交易结算和风险控制机制等角度,将期货和期权纳入《期货法》调整范围,对期货期权产品适用同样的监管标准、防范监管套利，预防系统性风险，促进市场的协调发展。理由如下：

第一，期货期权纳入期货法调整范围符合相同产品适用相同监管标准的功能监管原则。期货、期权的交易标的为标准化合约；采用保证金交易方式，可以进行对冲平仓，实行当日无负债结算制度，完全不同于权证等证券型衍生品的证券现货交易方式。因此，基于相同机制和功能的产品应当被纳入同一部法律调整，以及制度体系内容的协调一致性的考虑，期货期权应当被纳入期货法调整范围。

第二，将期货、期权纳入期货法调整可以有效地防范市场风险。期货交易实行保证金交易，而证券交易等实行全额现货交易，因此，期货市场的风险控制制度严格。在交易、结算和风险控制制度方面，期货交易实行前端控制、当日无负债结算、持仓限额、大户报告等制度，而证券等现货市场没有相应的制度安排。因此，将期货、期权纳入期货法调整，对于期货、期权市场的合约设计、风险管理、交易结算制度安排、IT 系统要求及监管标准进行统一安排，可以更好地防范市场出现系统性风险。

第三，将期货、期权纳入期货法调整更有利于促进现货和期货市场的协调发展。将同一类产品纳入同一部法调整，适用同一种监管标准，有利于防范监管重叠和监管真空、促进市场发展。美国以证券衍生品的基础资产划分证券法与期货法的调整范围，导致对证券、期货的界定存在交叉，而且《证券法》和《商品交易法》之间的冲突影响了个股期货等金融期货品种的创新进程。虽然有立法协调，但相关产品创新一直被“合法延缓”。我国台湾地区“证券交易法”与“期货交易法”平行“立法”，以功能而非基础资产作为金融期货产品的划分标准，减少了不必要的争议，两个市场实现了协调发展。

第四，即使在证券法、期货法立法不同步的情况下，证券衍生品的法律调整也不存在真空。2007 年生效的《期货交易管理条例》将其调整范围从商品期货扩展至金融期货。《期货交易管理条例》明确金融期货合约的标的物包含有价证券等金融产品及其相关指数。因此，对于期货、期权类证券衍生品的管理有明确的法律依据。目前，上市交易的个股期权产品，其法律适用的依据也是《期货交易管理条例》，期货市场的一整套风险管理和监管制度对个股期权是适用的。因此，即使期货法出台晚于《证券法》修订，期货期权类证券衍生品也不存在法律适用的真空。

（二）借鉴境外监管经验，将场外衍生品纳入调整范围，强化场外市场风险管理，避免引发系统性风险

美国“次贷”危机后，全球形成共识，着手对场外衍生品进行监管。因为场外衍生品市场规模庞大、透明度低、对手方风险过大诱发系统性风险等原因,加强场外衍生品市场监管,基于期货市场公开透明、风险控制制度完备的特性,利用期货市场来解决场外衍生品市场的问题成为共识。将场外衍生品纳入期货法调整范围,符合国际市场发展和监管趋势。

1. 境外关于场外衍生品的法律制度

美国、欧盟作为全球主要场外衍生品市场,在场外衍生品市场法律及监管安排方面具有很强的代表性。此外,国际互换与衍生品协会(International Swaps and Derivatives Association,ISDA)制定的ISDA主协议是国际场外衍生品交易中最重要的标准化协议。

(1)美国

美国基于此前《商品期货现代化法案》对场外衍生品豁免范围过于广泛的弊端,采取了进一步界定场外互换产品、扩大监管产品及市场范围的监管思路。《多德-弗兰克法案》全面规范了2000年《商品期货现代化法案》中对场外衍生品监管的放松,将所有属于"互换"及"证券类互换"范畴的衍生品纳入监管范围。一是以互换作为主要监管对象,根据《多德-弗兰克法案》规定,场外金融工具包括:互换、证券基础互换,期权,条件远期合约,任何经济利益相关的交换。场外衍生品监管最主要针对各种形式的互换,但是实物交割的外汇互换或远期,现货外汇和实物交割的商品或证券远期除外。二是强制清算义务、保证金与豁免条件,无论对手方是否在美国境内,任何美国人参与的互换必须在"指定合约市场"(designated contract market,DCM)或者"互换执行设施"(swap exchange facility,SEF)强制清算。三是互换信息库与信息报告义务,《多德-弗兰克法案》规定,应当建立"互换数据信息库"(Swap Data Repositories,SDR)并设立登记注册制度。四是作为场外产品清算的中央对手方(central counter parties,CCP)提供互换清算服务的机构,必须在美国商品期货委员会(U. S. Commodity Futures Trading Commission,CFTC)注册为"衍生品清算机构"(Derivatives Clearing Organization,DCO),涉及证券基础互换清算的机构需要在美国证券交易委员会注册为"清算机构"。

(2)欧盟

2012年,欧盟通过了《欧洲市场基础设施监管规则》(European Market Infrastructure Regulation,EMIR)对MiFID2的监管创新进行了具体化,基本确立了欧洲场外金融衍生品监管的法律制度。一是场外衍生品监管范围扩大,适用EMIR监管的场外衍生品范围界定较为原则,除明确现货外汇交易和某些品种的实物交割商品交易被排除在EMIR调整范围外,所有场外金融衍生品均可能被纳入监管。二是强制清算、保证金和豁免规则,场外金融衍生品被要求在授权的中央对手方强制进行清算,欧洲证券及市场管理局(European Sales and Marketing Association,ESMA)有权决定哪些衍生品应当被清算,并指定合约登记和分类规则。三是对中央对手方的监管要求,欧盟境内提供场外衍生品清算服务的任何CCP需要获得欧盟和成员国的双重许可,非欧盟国家的CCP在欧盟提供清算服务的,需要经过ESMA的认可,母国监管与欧盟监管标准相当于ESMA认可非欧盟CCP的基本原则。四是交易信息库及报告制度,EMIR设立了交易信息库的登记注册要件,并规定在任一成员国监管机构注册为合格交易信息库,在整个欧盟注册均为有效。

(3)国际互换与衍生品协会(International Swaps and Derivatives Association,ISDA)

ISDA制定的主协议在国际场外衍生品交易中得到了广泛的应用。通过签署主协议,可以节省交易双方谈判和达成协议的时间,降低交易成本,同时,重要原则性条款的普遍适用在一定程度上降低了对手方风险。ISDA主协议确立的核心制度即单一协议、瑕疵资产与终止净额结算这三大基础制度,对促进场外衍生品市场发展至关重要,并为越来越多国家或地区的立法机关所认可。

单一协议制度是指交易双方签署的ISDA主协议、补充协议以及所有交易确认书构成了一份单一协议,交易双方之间只存在一个合同法律关系,一方若对上述任一文件发生违约,将被视为在该单一协议下的违约。单一协议制度能够提高交易效率,降低破产管理人对不同交易行使"挑拣权"的风险,并增加交易方的违约成本。

瑕疵资产制度是指交易双方的付款与交付义务,以对方不存在违约事件和潜在违约事件为前提。如果交易一方出现违约事件或者潜在违约事件,则守约方有权暂时中止具体交易中拟定的付款或者交付。瑕疵资产制度设计的主要作用是更好地保护守约方的权利:一方面,对交易一方可能出现的违约或潜在违约情形进行震慑;另一方面,限制降低守约方的风险敞口,避免守约方遭受更大损失。

终止净额结算是指当发生主协议项下规定的违约事件或终止事件,交易双方之间所有现存未到期交易提前终止,并对上述提前终止的交易项下的盈利和亏损轧差结算净额,以该净额的价值作为交易双方权利义务的最终确定金额,以替代或更新之前存在于双方之间的权利义务。终止净额清算制度是场外衍生品交易风险控制的一项核心制度,对降低交易的信用风险和市场系统性风险有积极的作用。

2. 夯实场外衍生品市场发展法制基础

场外衍生品市场发展对法律制度环境要求较高,期货法立法应将场外衍生品市场纳入调整范围,从法律层面为场外衍生品市场长远发展提供保障,促进完善期货及衍生品市场体系、服务经济及金融市场转型与发展。

一是明确将场外衍生品交易纳入调整范围和监管框架。在场外衍生品市场实施功能监管,明确基本监管原则和框架,确保性质相同的交易接受统一法律规范和市场监管,防范监管套利。

二是解决场外衍生品交易基础制度的法律适用性问题。明确场外衍生品交易不得采用集中交易方式,但可以采用协议转让等其他交易方式;在法律层面确认了"单一协议"的效力,明确主协议、主协议项下的全部补充协议以及交易双方就各项具体交易作出的约定等,共同构成交易双方之间一个完整的单一协议,具有法律效力;明确场外衍生品销售方的说明义务,切实保护场外衍生品交易者的合法权益;引入金融机构向零售客户销售场外衍生品的冷静期制度。

三是为场外衍生品市场未来发展预留空间。结合国际监管改革要求,在立法中为未来要求场外衍生品交易报告、场内清算、电子平台交易预留空间,允许期货交易所及期货结算机构为场外衍生品市场提供清算、交易、担保品管理等服务。

(三)构建以中央对手方制度为核心的基础性民事制度安排,夯实期货市场风险管理的法制基础

交易所作为买方的卖方和卖方的买方,是市场风险控制的核心,通过中央对手方制度防范系统性风险。通过考察美国等成熟市场期货结算制度可以发现,境外主要市场均已在期货法律或者结算机构规则层面确立了中央对手方制度。在世界银行和国际货币基金组织对我国的金融稳定性评估(Financial Sector Assessment Program,FSAP)中,明确建议我国在法律层面确立期货结算中的中央对手方制度。因此,在《期货法》中确立期货结算中央对手方制度,是顺应我国期货市场发展要求和国际期货市场发展趋势、推动我国期货法律与国际接轨的必然要求。

1. 中央对手方的运作机理与法律基础

中央对手方机制是通过让中央对手方介入合同对手方之间,成为"买方的卖方"和"卖方的买方",成为所有结算参与人唯一的交收对手。中央对手方介入买卖双方合同关系后,即承担对结算参与人的履约义务,且不以任何一个对手方正常履约为前提。如果买卖中的一方不能正常向中央对手方履约,中央对手方也应当先对守约一方履约,然后按照结算规则对违约方采取相应的处置措施,弥补其违约造成的损失。

中央对手方组织多边净额结算,简化了参与人交收过程,减少了其资金和证券实际交收的数量,大大提高了结算效率。它保证了匿名交易的顺利进行,有利于提高市场参与者的积极性,改善市场流动性。此外,通过掌握市场交易结算数据,可以提供全面准确的市场信息,提高市场透明度,也有助于提高监管效率。从微观经济角度来看,中央对手方的介入也显著节约了结算环节的操作成本。

中央对手方迅速发展的一个动力是电子交易的普及。电子交易使人们可以成为不同交易平台的远程会员,促进了市场参与者的增加。同时,交易后匿名是电子市场的一个主要特点。中央对手方成为每笔交易的一个对手方,对于未结算的交易,市场参与者将承担中央对手方的标准信用风险,而不是分散化的市场中相互之间的风险。因此,中央对手方具有降低风险的功能。

中央对手方的法律基础,在英美法上是债务更替,其形式上表现为债的主体的变更,本质上是债权债务概括转让。在我国,债权债务的概括转让在合同法上有明文规定。我国《合同法》第 88 条规定,当事人一方经对方同意,可以将自己在合同中的权利和义务一并转让给第三人。权利和义务一并转让又称为概括转让,是指合同一方当事人将其权利和义务一并转移给第三人,由第三人全部承受这些权利和义务。这成为我国构建中央对手方的理论基础,在我国法律下,原始合同的双方与期货结算机构依据期货结算机构的业务规则作为商业惯例,满足债权债务概括转让关于“三方同意”的要件。

在实践中,我国期货交易采取了中央对手方的清算机制,各期货交易所在场内交易中也履行了中央对手方的职能。但在法律层面,关于中央对手方概念以及期货交易所在中央对手方制度条件下的地位并不明确,不利于规避双边交易结算容易引起的市场风险、信用风险和风险传染等弊端。同时,仅通过期货交易所进行双边结算不利于金融管理与产品服务创新随之而来的风险,不利于明确期货交易中复杂的法律关系,以及以期货交易所为核心的各方主体的权利和义务。

2. 关于中央对手方制度的立法实践

中央对手方作为结算机构防范结算风险的重要举措,目前,国际上各主要期货市场无一例外地采用了这一制度。以美国为例,美国的中央对手方制度发达程度较高。法律及期货结算机构的规则,均明确规定中央对手方制度,并明确说明期货结算机构成为中央对手方的法律基础是债务更新。因此,在期货交易中,期货结算机构与期货交易商各自的权利义务均能得到较清晰的界定。结算机构的专业化管理渗透到结算业务的各个环节,如结算会员资格管理和财务审查监督制度等。无论是在英国、法国、德国和美国这样的发达期货市场,还是在日本、中国香港特别行政区等新兴市场所有负责期货结算的机构都兼任中央对手方,如果交易所提供结算服务[如美国芝加哥商品交易所(Chicago Mercantile Exchange,CME)、中国台湾期货交易所],则交易所即担任中央对手方。芝加哥期货交易所结算公司(Board of Trade Clearing Corporation,BOTCC)、纳斯达克OMX商品结算有限责任公司(NASDAQ OMX Commodities Clearing LLC)、芝加哥商品交易所集团(CME Group)、澳大利亚证券交易所(ASX Limited)等国际著名结算机构规则中均明确了结算机构"中央对手方"的法律地位,并对这一地位取得的法律程序作了详细的解释:法理基础、取得时点、责任承担。通过"债务更替"制度,中央对手方成为所有交易者的结算对手,同时也承担了交割义务。重要的是,以上规则都详细地对CCP交易对手确定了权利义务,对CCP的结算担保责任作出了明确的规定。期货合约交易的当事人在CCP和交易者之间,其法律关系简单明晰。

根据对世界范围内中央对手方制度的考察,不难得出如下结论。

第一,中央对手方制度已被广泛用于场内衍生品的交易,并有向场外衍生品市场适用的趋势。

第二,为防止中央对手方制度下的系统性风险,实行中央对手方结算的,均同时实现一系列类似的配套制度,如会员管理制度、保证金制度、盯市制度、强制平仓制度、结算财产保护制度,等等。

第三,从法律构造上看,中央对手方制度原始期货合同双方均具有三个共同的特点:一是原始期货合同双方解除合同关系,双方不再对对象享有权利,也不再向对方履行义务;二是中央对手方分别与原合同双方建立期货合同关系,并分别对原合同双方享有合同权利并承担合同义务;三是中央对手方在期货合同下并非限于消极地承担责任,而是还需进行一定的积极行为,如结算与交割行为等,因而与单纯的保证构成显著的区别。

因此,引入中央对手方制度顺应了国际期货市场的发展趋势,也是我国期货法律与国际接轨的要求。

3. 完善中央对手方制度

建议在期货法立法中,对于中央对手方制度采取明确概念和制度组合的方式,有利于该法律制度的理解和运用。

在概念表述上,建议将期货结算机构作为期货交易的结算中央对手方,自期货交易达成后介入期货交易双方,成为所有买方的卖方和所有卖方的买方,承继双方在期货交易中的权利和义务,为期货交易提供集中履约担保。

制度组合是对中央对手方清算机制的一种功能表达,通过立法技术形成一系列法律条文,组成逻辑严谨的中央对手方制度体系。包括从多边净额清算、合约更替、担保交收和财务保障这几个各核心内容的职能来规定作为中央对手方的衍生品结算组织的责任和义务。

其中,多边净额清算将结算参与人所有达成交易的应收、应付金融证券或资金予以冲抵轧差,计算出该结算参与人相对于中央对手方累计的应收、应付金融证券或资金的净额。

合约更替,是指用一项新的债权债务关系替代旧的债权债务关系。中央对手方清算模式下的交易者,需要将其在场外成交的合约,转化为两张中央对手方发行的清算型合约,从而将原合约注销,使双方的交易对手转化为中央对手方。中央对手方不会主动在市场上寻找交易对手,仅通过合约更替转化为法定的交易中介,因此,不承担交易风险。另外,原始合约的单位价格和交易数额设定并非由中央对手方决定,而是由交易双方在场外协定。当原始合约转化为清算型合约时,交易价格仍然以场外合约为准,即中央对手方只提供中央清算和结算服务。

担保交收是中央对手方在任何情况下必须集中担保合约的正常进行。如果买卖中的一方不能履约,中央对手方首先对守约方履行交收义务,然后再向违约方追究违约责任。

财务保障是中央对手方为防范信用风险、流动性风险等情况,要求其资产的稳健性和流动性,通过收取交易保证金、结算保证金、风险准备金以及自有资金,配合交易风险控制制度,保障中央对手方的功能发挥。另外,建议对中央对手方的资产要求及投资限制作出明确规定。同时,为防止极端情况下中央对手方无法履行职责而发生系统性风险,建议明确出现重大结算风险无法履行集中履约保障职责时,可以向期货交易者保障基金、商业银行、中央银行等金融机构申请流动性支持。

(四)对自律监管机构充分赋权,促进自律监管功能发挥,及时发现、制止、查处违规行为,防范市场风险积聚

自律监管是推动期货市场发展且贯彻始终的重要因素,期货交易所自律监管在其中充当了重要角色。所谓期货交易所自律监管,是指期货交易所基于会员或市场参与者一致授权而进行的监管,一般包括期货交易的组织和监管、规制市场参与者行为以及制定并执行规则等。目前,我国期货交易所监管性质仍为自律监管,交易所监管权的法律基础为市场参与者的授权契约,该授权契约具体表现为交易所章程及其业务规则。

目前,相关法律法规和司法解释未规定任何前置程序,使我国期货市场自律监管救济程序只能集中于商事诉讼。虽然国内期货交易所自律规则中均赋予了违规处理对象复议权,但该复议权并不排除当事人的司法诉权。此外,交易所自律规则再无其他有关内部救济的规定。因此,当市场主体对交易所自律监管有异议时,只能通过商事诉讼程序解决。基于此,需要在期货立法中借鉴境外经验,夯实相关自律监管的法律基础。

1. 国外关于期货交易所自律管理的立法实践

(1)美国

美国期货市场的自律监管较政府行政监管早了很长时间。虽然金融危机后,多德-弗兰克法案加强了政府监管力度,将之前缺乏监管的场外衍生品市场纳入监管视野,但总体而言,美国相关立法仍然对交易所自律监管更侧重,主要体现为以下几方面。

一是通过立法强调自律监管的重要性,并要求交易所建立利益冲突解决机制。美国2000年《商品期货现代化法》在原有立法基础上,通过立法再次强调了自律监管的重要性,即"通过在委员会监督下交易机构、结算系统、市场参与者和市场专家有效的自律监管系统,实现为公共利益服务的目标"。同时,该法案也要求交易所减小决策中的利益冲突,并建立利益冲突解决机制。

二是美国《商品交易法》对CFTC、美国全国期货协会(National Future Association,NFA)与交易所各自的监管范围有明确的划分。该法案尊重交易所监管范围的自律性,肯定交易所规则对有关市场监管事项的规定,并允许交易所在不违反法律的前提下,采取灵活的监管方式。

三是美国期货市场建立了一整套监管系统内部救济程序。CME规则规定,任何会员对交易所提起的申诉,应当以书面形式向商业行为委员会或其他适当的委员会提出。该会员应当出席相关委员会召开的听证程序。会员对于任何相关委员会所作的决定有权向董事会提出异议。对于前述申诉,如果会员未践行交易所的程序,而直接诉诸法院或任何其他政府部门,视为有损交易所利益的行为。

无论是在期货领域还是证券领域,美国法院在判例中均逐渐确立了原告向法院请求救济前必须用尽可利用的行政救济机制的原则。法院要求原告在提起诉讼前必须用尽市场监管体系内部可利用的救济途径,否则不予受理。行政救济程序用尽后,对行政机关最终决定不服的,当事人有权就该行政机关的最终决定向上诉法院提起诉讼。这就是所谓的"行政救济用尽原则"。该原则主要解决的是司法审查时间问题,一般来说,当事人在寻求司法救济前,应该用尽所有的行政救济程序。

美国法院确立行政救济用尽原则，原因有 3 个。一是法院认为应该给予自律组织一个自我纠正的机会。"行政救济用尽原则能够保护行政程序的完整性，而且可以避免当事人忽视行政程序。"二是法律已经对自律组织的监管行为设置了足够多的矫正机制，法院过早的司法介入已无必要。三是通过避免法院过早地介入行政程序，能够充分发挥行政机关的专业优势，提高纠纷解决效率。

（2）新加坡

新加坡的期货市场是在政府主导下建立起来的，这点与我国颇为相似。同时，新加坡也十分注重对期货市场的政府监管，法律赋予政府监管机关广泛的权力以对新加坡的期货市场进行全面监管。严格的监管机制，使新加坡较好地抵御了东南亚金融危机。新加坡交易所的自律监管，主要体现为以下特征。

一方面，交易所自律监管权的行使受政府较严格的监督。监管部门对交易所自律权的监管主要包括以下方面。一是对交易所自律规则的监管。交易所监管部门有权通过制定规章，来制约交易所制定业务规则的方式、形式、程序，以及拒绝批准任何规则或规则修订案的部分或全部。监管部门甚至有权以书面形式对期货合约的交易量和持仓量直接作出限制。二是对交易所高级管理人员选任的监管。交易所的主席、首席执行官和董事需要经过监管部门的批准，监管部门还有权通过书面通知形式要求交易所任命其主要管理人员或委员会人员时需要经其批准。三是监管部门对交易所处罚措施的审查权。期货交易所对会员采取处罚措施时，应当立即以书面形式向监管部门汇报，监管部门有权对该处罚措施进行审查。监管部门也有权在交易所未对会员进行处罚时，直接对会员采取处罚措施。

另一方面，交易所规则规定上诉委员会关于交易所作出的违规处理的裁决具有终局性。新加坡交易所（Singapore Exchange，SGX）内设有上诉委员会，其成员需经金融监管局批准，董事会任命，在人事上具有一定中立性。根据 SGX 规则，对违反交易所规则的会员或注册人，SGX 纪律委员会将决定采取适当的惩罚措施。该会员或注册人如果不服纪律委员的裁决，可以向 SGX 的上诉委员会提出上诉。上诉委员会的决定是终局的、具有约束力的。

（3）德国

1994 年以前，德国没有对期货市场进行统一监管的中央性机构，各州行使着对期货市场的监管权。德国资本市场有三个层次监管架构：第一个层面是联邦金融监管局；第二个层面是州政府，州政府设交易所监管机构；第三个层面是交易所,交易所设交易监察部门。[6] 三个层次监管机构的职权范围彼此有别,同时又相互合作,且联邦金融监管局与各州政府交易所监管机构之间不是隶属关系,而是合作、配合的关系。德国期货交易所的自律监管具有以下特征。

一是从交易所组织架构上保证自律监管权行使的独立性。德国期货交易所负责自律监管的部门为交易监察部。交易监察部是应交易所监管机构要求设立并接受其管理的部门,虽然设在交易所内,但独立于交易所管理机构——管理委员会。《期货交易所法》规定交易监察部门的负责人是经管理委员会推荐,并由交易所理事会经交易所监管机构同意后任命或罢免。交易监察部门的负责人应定期向交易所监管机构报告。那些由交易监察部门委托以监管职责的人仅在交易所监管机构同意后,才可被解雇。交易监察部门的日常工作独立于管理委员会直接向理事会负责,同时接受州政府的直接领导。

二是州政府对交易所自律监管进行监督。2002 年颁布的《期货交易所法》重点明确了州政府交易所监管机构和交易所的权责。依据《期货交易所法》,德国交易所的监管机构是对交易所实施监管的所在地州政府。州政府对交易所监管职责方面的影响主要体现为以下两点。一是州政府有权批准交易所理事会提交的交易所规则。如果某些特定条款在一定程度上是履行交易所或交易所监管机构法定职责所必需的,州政府可以要求在交易所规则中包括这些特定条款。二是负责交易所管理事务的管理委员会人选需经州政府批准后,方可由理事会任命。但州政府并不涉足交易所理事会主席、副主席的选任,交易所理事会主席、副主席皆由理事会选举产生并任命。

三是交易所规则中设置了排除涉诉的途径。《欧洲期货交易所规则》规定,在欧洲期货交易所(EUREX)发生的任何有关期权期货交易的争议,以及市场参与者与 EUREX 之间发生的争议,在排除任何诉诸普通法院的方式后,由联合仲裁庭受理。联合仲裁庭不属于 EUREX 的内设机构,其相对独立,在当事人排除任何诉诸普通法院的方式后,联合仲裁庭对在 EUREX 产生的争议提供救济手段。关于当事人排除法院司法管辖的具体方式和要求,该规则中没有规定,所以当事人之间只要有明确的、可被联合仲裁庭认可的仲裁协议,即可排除司法管辖,无论该仲裁协议是当事人在事前或事后签订的仲裁条款或仲裁协议。

从境外相关交易所自律监管立法可以看出以下几点。

一是行政监管对交易所规则制定、人事任免进行管理。从上述国家立法与实践来看,行政监管对交易所自律监管多有制约。在交易所业务规则修改方面,

---

[6] 参见高基生:《德国证券市场行政执法机制研究》,载《证券市场导报》2005 年第 4 期。

多数国家或地区的期货交易所制定、修改章程、规则依法需经政府监管部门的批准，政府监管部门甚至有权主动要求交易所制定、修改某项业务规则。此外，除美国、日本外，行政监管对交易所部分人事的任免权也多有制约，该制约基本上都是在交易所确定人选后，以政府批准程序实现的。韩国较例外，政府监管部门对交易所部分人事享有解任权。

二是自律监管与行政监管并重，且有所侧重。交易所自律监管应当接受行政权力的监督、制约和控制，是境外期货市场的普遍经验，其目的主要在于克服自律监管自身的局限性。如果单纯依靠自律管理，会员往往出于追求自身利益考虑而缺乏足够的激励规范操作，无法做到真正的自律，更无法从全局层面考虑行业乃至全国资本市场的安全与稳定。自律的缺失会导致整个市场投机活动猖獗、欺诈行为横行，严重损害投资者利益。因此，各个国家或地区在强调交易所自律监管地位时，始终重视行政监管的积极作用，实行“两条腿走路”的立法政策，强调交易所的自律监管与政府的行政监管并重。

在强调自律监管与行政监管并重的同时，境外相关立法与实践关于二者权限范围多有划分。如美国《期货交易法》对政府监管与自律监管权限划分遵循的“市场的归市场，政府的归政府”原则；新加坡关于处罚权的明确划分，即对会员的处罚一般由交易所进行，期货监管部门对该处罚具有事后审查权，当交易所未对会员进行处罚时，监管部门才可以直接对会员采取处罚措施；中国香港特别行政区通过交易所与政府签署《谅解备忘录》来划定行政监管与自律监管的边界。[7]

三是尽量避免交易所陷入诉讼，重视内部救济。虽然各个国家或地区对交易所因自律监管产生的纠纷所设计的救济途径各不相同，但仍不难看出立法者尽量避免交易所涉诉的努力。当市场参与者对交易所采取监管措施的决定不服时，有国家通过立法判例确立行政救济用尽原则，避免司法诉讼先行，如美国；有国家或地区则允许交易所与市场参与者通过仲裁协议排除诉讼，如德国和我国台湾地区；还有的国家交易所通过其自律规则直接排除市场参与者采取法律行动的权利，如中国香港特别行政区、新加坡。需要指出的是，上述国家或地区在尽量避免交易所涉诉的同时，较重视通过监管系统内程序解决纠纷，即所谓的行政救济。如美国交易所自律规则中排除当事人未经交易所内部申诉程序而直接诉诸行政机关或司法机关的权利，《期货交易法》规定对交易所自律监管决定不

---

〔7〕 参见徐明、卢文道：《从市场竞争到法制基础：证券交易所自律监管研究》，载《华东政法学院学报》2005年第5期。

服的市场参与者可以向CFTC申请裁决,同时,相关判例规定在行政程序用尽前司法程序不予介入。

2. 完善期货交易所自律管理的法律保障

相较于境外成熟市场的交易所,我国期货交易所的市场化程度和国际竞争力有待提高。因此,期货立法需完善期货交易所的相关规定,理顺交易所的各项基础法律关系,加快推动期货交易所发展进程,重点考虑如下问题。

一是赋予业务规则法律效力。期货市场尚无基本法律,《期货交易管理条例》规定期货交易所"按照其章程的规定实行自律管理",由于章程侧重于对内效力,无法约束处于交易所外部的会员、客户以及其他市场参与者相关行为,因此,期货交易所实行自律管理还需依据其与市场参与者的协议,即业务规则。建议期货法明确规定期货交易所依据章程、业务规则进行自律管理,赋予期货交易所业务规则法律效力,[8] 期货交易所会员及其他市场参与者参与期货交易所组织的期货交易及其相关活动,应当遵守期货交易所的业务规则。明确期货交易所的业务规则包括会员制期货交易所的章程,期货交易所的交易规则、交易细则、实施细则、管理办法、业务指引和通知等。

二是建立期货交易所民事责任豁免制度。我国尚无关于期货交易所自律管理和技术故障的民事责任豁免制度。然而,在自律管理过程中,期货交易所必须执行法律或者业务规则,制止、矫正、惩处市场违法违规行为。在这一过程中,期货交易所很容易成为被起诉的对象。若期货交易所仍需对其无过错的自律管理行为承担赔偿责任,则会加大期货交易所的诉讼压力,降低其自律管理的积极性和能力,甚至抑制期货交易所创新发展的动力。[9] 此外,期货交易所运行过程可能发生技术故障,若仍要求期货交易所其无过错而发生的技术故障(如地震、水灾等不可抗力、软硬件提供商过错或第三人破坏导致技术故障)承担赔偿责任,则对交易所来说存在较大法律风险。[10] 一方面,交易所计算机系统自身复杂性决定了技术故障非交易所一己之力可避免;另一方面,技术故障影响范围具有普遍性,因技术故障受到损失的主体众多,损失程度难以估计,交易所可能面临较大索赔请求。故建议期货法对期货交易所善意履行自律管理职责的无过错行为以及非因自身过错的技术故障实行民事责任豁免。明确期货交易所在履行

---

[8] 参见刘道云:《关于完善期货法立法的导向性建议》,载《证券市场导报》2017年第11期。

[9] 参见蔡伟:《我国证券(期货)交易所的民事责任豁免探讨——基于金融创新的视角》,载《证券市场导报》2011年第8期。

[10] 参见陈亦聪:《交易所技术故障引发交易异常之法律风险的界定及防范》,载张育军、徐明主编:《证券法苑》,法律出版社2011年版,第255~261页。

法律和期货交易所业务规则规定的职责时，对非因期货交易所过错造成的其他人的损失，不承担民事责任；因地震、水灾、火灾等不可抗力的原因导致交易无法正常进行，造成投资者及其他参与者损失的，期货交易所不承担赔偿责任。

三是建立期货交易所诉讼阻隔机制。目前，我国期货诉讼中没有引入内部救济用尽原则，一旦期货市场参与者与期货交易所发生纠纷，期货交易所则面临诉讼的风险，增大了期货交易所诉讼的压力，不利于期货交易所自律管理功能的发挥。期货纠纷具有专业性、复杂性等特点，纠纷解决中往往需要运用大量的专业知识与行业经验，由业内机构解决期货交易所相关纠纷，有利于提高纠纷解决效率，促进交易所对期货市场及时、灵活的自律监管。〔11〕因此，建议借鉴美国的经验，在期货法中确立“内部救济用尽原则”，建立期货交易所诉讼阻隔机制，对交易所涉诉案件设置前置程序，即会员及其他参与者对期货交易所纪律处分不服的，可以向期货交易所申请复核。〔12〕未申请复核，或者相关事项正处于复核期间，当事人提起诉讼的，人民法院不予受理。

〔11〕 参见谢梅、巫文勇：《期货交易纠纷解决机制的拓展与创新》，载《西部法学评论》2011年第3期。

〔12〕 参见卢文道：《美国法院介入证券交易所自律管理之政策脉络》，载《证券市场导报》2007年第7期。

期货及衍生品法律评论
第二卷，第 50 ~58 页

合格中央对手方制度发展实践及对我国期货交易所的影响*

兰晓为**

摘要：合格中央对手方在全球衍生品市场及相关银行业受到普遍关注，境外主要交易所先后确立了其合格中央对手方地位。中国期货交易所争取合格中央对手方地位，有助于应对跨境监管，进一步提升国际竞争力。笔者通过纵向考察合格中央对手方制度的起源及界定，并横向比较各国合格中央对手方及其监管者的实践做法，试图对现阶段我国期货交易所争取合格中央对手方地位的必要性及具体路径提出可行性建议。

关键词：合格中央对手方　巴塞尔协议Ⅲ　数据披露

我国期货交易所中央对手方的法律地位近年来已逐渐明晰，从《期货交易管理条例》中的“为期货交易提供集中履约担保”，到《境外交易者和境外经纪机构从事境内特定品种期货交易管理暂行办法》中“承担结算职能的期货交易所作为中央对手方，统一组织境内特定品种期货交易的结算”，再到铁矿石、原油国际化进程中交易所将中央对手方地位明确写入规则，我国期货交易所中央对手方的法律地位已基本达

---

* 本文成稿于 2018 年 7 月。鉴于 QCCP 地位的重要性，2019 年 1 月，上海期货交易所、郑州商品交易所、大连商品交易所、中国金融期货交易所等四家国内期货交易所已经正式被中国证监会批复为 QCCP。

** 大连商品交易所法律与合规监督部总监助理。

成市场共识。但能否进一步被认定为合格中央对手方,有无必要争取合格中央对手方的资格,成为我国期货交易所目前面临的新课题。

一、合格中央对手方的起源及界定

(一)合格中央对手方的起源

合格中央对手方的起源与2008年全球金融危机有密切关系。2008年全球金融危机后,国际社会对构建安全、健康、高效、透明金融市场基础设施十分重视,开始关注中央对手方在防范系统性风险中的重要性。2009年9月,G20峰会提出金融监管改革计划,承诺所有标准化场外衍生工具应在交易所或电子交易平台买卖;所有标准化场外衍生工具应当通过中央对手方结算;场外衍生工具合约应向交易资料储存库汇报。在国际社会提出对衍生品合约通过中央对手方集中清算的要求后,衍生品的清算风险即从各市场参与者移转至中央对手方,但中央对手方是否绝对安全,并非无疑。假设风险敞口大幅增加,中央对手方的风险也将随之增加。为此,2010年9月,由27个国家银行业监管部门和中央银行高级代表组成的巴塞尔监管委员会就《巴塞尔协议Ⅲ:全球更稳健的银行及银行体系监管框架》(以下简称《巴塞尔协议Ⅲ》)达成共识,要求银行必须依照与其往来的中央对手方的品质,计提不同权数的风险资本,从而实现有效避险。其中,第4条规定在支付结算体系委员会(Committee on Payment and Settlement System,CPSS)和国际证监会组织(International Organization of Securities Commissions,IOSCO)关于中央对手方的新标准制定后,将基于中央对手方是否符合CPSS-IOSCO新标准来对与中央对手方有来往的银行进行风险考量。

2012年4月,CPSS-IOSCO发布关于中央对手方的新标准,即金融市场基础设施原则(Principle for Financial Market Infrastructure,PFMI)。2012年7月,如上述《巴塞尔协议Ⅲ》第4条的安排,巴塞尔银行监管委员会发布了过渡性法案《银行对中央对手方风险敞口的资本要求》,其中正式提出了合格中央对手方(Qualifying Central Counterparty,QCCP)的概念,通过区分中央对手方(Central CounterParty,CCP)与QCCP,对与中央对手方有往来的银行的相关风险考量提出了具体要求,即银行对手方是CCP或者QCCP时应按照不同的风险权数计提风险资本。2014年4月,巴塞尔银行监管委员会发布了经修改的《银行对中央对手方风险敞口的资本要求》最终版,延续了CCP和QCCP的区分,进一步明确了银行作为QCCP清算会员时,较作为非合格中央对手方清算会员时在计提风险资本方面的优惠。

(二)合格中央对手方的界定

《银行对中央对手方风险敞口的资本要求》附件4第1条对QCCP进行了明确界定,规定"QCCP是被许可作为中央对手方运营的实体,并经适当的监管者允许提供相关产品和服务。中央对手方所在国的监管者应制定符合PFMI的国内法和监管制度,且公开表明其对中央对手方适用这些符合PFMI的法律和监管制度对中央对手方实施持续的监管"。此外,由于银行对手方是QCCP时,在计提相关风险资本时需使用该QCCP提供的相关数据进行计算,因此,对相关数据进行定期披露也实际上构成了QCCP的必备要件。据此,除了中央对手方的监管者应满足落实PFMI原则等要求外,就中央对手方自身而言,成为QCCP需要满足以下条件。

一是必须具备结算业务的牌照(一般需要监管当局公开认定)。如美国的结算所需持有衍生产品清算机构(Derivatives Clearing Organization,DCO)牌照,香港特别行政区的结算所须持有"指定结算所"牌照等。

二是必须大体上符合PFMI的24项原则。所谓大体上符合,即结算机构并非必须在所有原则上均为"完全遵循"状态,即使有部分原则为"大致遵循",也不妨碍该结算机构成为QCCP。

三是必须定期提供Kccp、DFcm以及DFccp等数据。Kccp指CCP假设性的资本要求(hypothetical captial),[1]根据2015年2月CPSS-IOSCO发布的《中央对手方公开定量披露标准》,已成为或拟成为QCCP的交易所应每季度披露Kccp。此外,根据《银行对中央对手方风险敞口的资本要求》,QCCP还需披露DFcm与DFccp。DFcm指所有结算会员交纳的违约基金。DFccp指违约基金中交易所交纳的资金额度。《银行对中央对手方风险敞口的资本要求》均列出了Kccp、DFccp、[2]DFcm[3]等相关数据的详细计算公式或说明。需要注意的是,

---

[1] Kccp = ∑EADi * RW * capital ratio; CMi; RW is a risk weight of 20%; Capital ratio means 8%. EADi is the exposure amount of the CCP to CM 'i', including both the CM's own transactions; andclient transactions guaranteed by the CM, and all vlues of collateral held by the CCP (including the CM's prefunded default fund contribution) against these transactions, relating to the valuation at the end of the regulatory reporting date before the margin called on the final margin call of that day is exchanged.

[2] DFccp, the CCP's prefunded own resources (eg contributed capital, retained earnings, etc), which are contributed to the default waterfall, where these are junior or pari passu to prefunded member contributions.

[3] DFcm pref, the total prefunded default fund contributions from clearing members.

根据《对 CCP 风险敞口的资本要求》问答第 5.8 条规定,即使某个中央对手方已经被宣布为 QCCP,但如果该中央对手方不能满足披露上述数据的要求,该清算所则丧失 QCCP 资格。

二、合格中央对手方的优势

银行资本充足率 = 自有资本净额/风险性资产总额。其中,作为分母的“风险性资产总额”由相关资产乘以相应的风险权数计算而得。银行作为清算会员,交予中央对手方的违约基金及其负责清算的期货合约均属风险性资产,相关计提资金的风险权数越大,意味着分母越大,银行资本充足率就会越低。银行若要维持其资本充足率,只能增加自有资本净额,降低资金使用效率。反之,计提违约基金、期货合约相关风险敞口的风险权数越小,越有利于提高银行资本充足率,提高资金使用效率。因此,风险权数的数值确定对银行资金使用效率具有重要影响。

当 CCP 被认为是 QCCP 时,与该 QCCP 进行往来结算的银行,即可大幅降低其应计提的交割结算基金风险权数(Dafault Fund Risk Weighing)至 20%。反之,银行若和非 QCCP 进行结算,上限权数即需大幅扩增至 1250%,差距高达 60 倍。此外,在交易部分的风险敞口,银行和 QCCP 结算,风险权数是 2%;若和非 QCCP 结算,其风险权数为和 QCCP 结算的 2 倍,即 4%。如表 1 所示。

表 1 风险权数相关信息

风险权数类别	交割结算基金风险权数(Default Fund Risk Weighing)	交易部位风险敞口的风险权数(Trade Exposures re client positions)
合格中央对手方(Qualifying CCP)	20%	2%
非合格中央对手方(Non-qualifying CCP)	1250%	4%

受上述制度影响的产品包括场外衍生品、交易所交易的衍生品、多项证券金融交易安排(包括信用交易协议、借券协议、附买回交易等)。可以说,银行若欲提高其资金运用效率,避免因《巴塞尔协议Ⅲ》及其相关要求计提过多资本,就必

须选择和 QCCP 进行结算业务往来。在实践中,如果某个中央对手方不是 QCCP,《巴塞尔协议Ⅲ》所执行的资本要求可能导致没有银行愿意参与该衍生品市场。

至于与之进行结算业务往来的中央对手方是否为 QCCP,从而可以采用较低的风险权数计提相关资本则由银行自行判断。根据《对 CCP 风险敞口的资本要求》问答第 5.6 条规定,若中央对手方的主管机关已正式发布该中央对手方是 QCCP 或不是 QCCP,则银行可直接采用相应的风险权数与该中央对手方交往。若中央对手方的主管机关没有作出相关公开表态,银行也可依据《银行对中央对手方风险敞口的资本要求》等相关规定,自行决定与其往来中央对手方是否为 QCCP。

三、合格中央对手方相关实践

从目前国外相关实践来看,QCCP 地位的获得大致可以通过以下 3 种途径。

(一)监管当局直接发布 QCCP 名单模式

加拿大银行、各省证监会联合发布了位于加拿大的 QCCP 名单,包括加拿大(International Exchange,ICE)、加拿大衍生品结算公司等 4 家清算机构被认可为 QCCP。印度储备银行于 2014 年 1 月发布声明承认印度清算有限公司的 QCCP 地位,印度证券交易委员会宣布国家证券清算公司、印度清算公司以及大宗商品交易所(Multi Commodity Exchange of India,MCX)股票交易所清算公司获得 QCCP 地位。

此外,我国银监会及人民银行在落实巴塞尔协议相关规定的同时,也采用了该模式直接明确了上海清算所 QCCP 身份。

我国银行业监督管理委员会(现为中国银行保险监督管理委员会,以下简称银监会)2012 年 1 号文《商业银行资本管理办法(试行)》被视为中国版的“巴塞尔协议Ⅲ”,其中明确提出了银行需要计算场外衍生品的交易对手信用违约风险加权资产和信用估值调整风险加权资产,并规定了计量所有衍生产品的交易对手信用风险加权资产的标准方法,要求银行等金融机构重视交易对手信用风险,并将其纳入监管体系。银监会 2013 年 33 号文《中央交易对手风险暴露资本计量规则》中规定商业银行作为合格中央对手方的清算会员,为自身或者为客户提供清算,与中央对手方交易风险暴露的风险权重为 2% 。

2006 年,人民银行正式认定上海清算所为中央对手方。2014 年 1 月,人民银行通过法律文件公开认可了上海清算所的 QCCP 地位。《中国人民银行关于建立场外金融衍生品集中清算机制及开展人民币利率互换集中清算业务有关事宜的通知》(银发〔2014〕29 号)第 7 条规定,"中国人民银行将按照《金融市场基础设施原则》等规定的合格中央对手方的标准,对上海清算所进行持续有效的监督和管理。市场成员应根据有关监管要求,对由上海清算所集中清算的人民币利率互换交易,按照合格中央对手方标准计算相应的风险加权资产"。

(二)特定牌照与 QCCP 相关联模式

鉴于欧盟的 QCCP 与第三国中央对手方(Third-country CCP,TC-CCP)身份有一定联系,介绍欧盟的 QCCP 之前,笔者将先介绍第三国中央对手方认证制度。《欧洲市场基础设施监管规则》(European Market Infrastructure Regulation,EMIR)要求有欧洲法人参与清算的清算机构需获得第三国中央对手方认证。申请第三国中央对手方的条件具体包括:

一是欧盟委员会首先对该第三国关于中央对手方的法律法规和监管跨境进行"监管效果等同判断"(Equivalence Decision),这是获得认证的首要条件。若第三国对中央对手方的监管要求在减少系统性风险、增强金融稳定性方面起到与欧盟监管规则相同的监管效果(不要求每一条规则都相同),则欧盟委员会将其认定为"监管效果等同"。

二是欧盟委员会进一步审查第三国的监管机构确实按照以上"监管效果等同"的法律法规和监管框架对提出申请的 CCP 进行授权和监管。

三是该第三国是否具备与欧盟等效的反洗钱和反恐怖活动融资的体系安排。

四是欧洲证券和市场管理局(European Sales and Marketing Association,ESMA)和第三国的监管机构建立合作关系,包括日常监管和资讯共用。

若某位于欧盟以外的中央对手方获得第三国中央对手方认证后,只需遵从其本国的法律法规和监管制度,ESMA 并不对其进行积极监管;ESMA 主要基于该中央对手方本国的监管机构对其实施的日常监管进行后续的资格评估。

上述第三国中央对手方牌照与 QCCP 既相互联系,又相互独立。所谓相互联系在于,若位于欧盟以外的中央对手方已获得第三国中央对手方牌照,则自动成为 QCCP。欧洲《资本要求法》(The Capital Requirements Regulation)规定,金融机构通过 QCCP 进行清算可相应降低其资本计提;获得第三国中央对手方认证的清算机构将自动获得 QCCP 身份。所谓相互独立,在于第三国中央对手方牌照并非中央对手方成为 QCCP 的必要条件,没有经过 EMIR 认可的位于欧盟以外的中央对手方如果遵守 PFMI 标准,也可以被认为是 QCCP,其清算会员从而无须增加资本计提要求。[4]

值得注意的是,欧盟给予QCCP的优势不仅包括银行作为清算会员时计提风险资本时的优惠,还包括期货公司、证券公司等各类金融机构作为清算会员时计提相关资本的优惠。

(三)交易所自证QCCP资格模式

该模式通常会与上述两种模式之一并存。境外主要交易所为了进一步明确其QCCP地位,凸显其竞争优势,在监管者公开认可其QCCP地位或其已持有相关牌照的基础上,往往还会通过官网等再次公开表明自身的QCCP地位,并通过履行QCCP数据披露义务或申请欧盟的第三国CCP认证来加以证明。

如位于英国的伦敦金属交易所(London Metal Exchange, LME)通过披露Kccp等相关数据表明其QCCP地位。其在表明QCCP的文件中先写明EMIR第50c条和欧盟《资本要求监管条例》(Capital Requirements Regulation, CRR)第520条关于QCCP数据披露的要求,然后表明LME作为QCCP遵守上述要求,同时披露了Kccp、DFcm、DFccp、结算会员数量以及初始保证金总额等相关数据(见表2)。

表2　2017年11月30日假设资本相关信息

假设资本相关信息				
序号	项目	法律依据		
1	中央对手方		LME清算公司	LME清算公司
2	违约基金标识符	《欧盟市场基础设施条例》第50c(1)条	LME	LPM
3	计算时间	关于中央对手方假设资本的《欧盟委员会实施细则484/2014》第1(2)条	2017年12月1日	2017年12月1日

[4] "EU Regulatory Framework For Finanial Services, BNP Paribas Response, 2016, 1, 29", https://group.bnpparibas/uploads/file/eu_20regulatory_20framework_20for_20financial_20services_20_20bnp_20paribas_20_20european_20commission_20call_20for_20evidence_20_20january_202016_1.pdf, January 1, 2019.

续表

假设资本相关信息				
序号	项目	法律依据		
4	假设资本(Kccp)	《欧盟市场基础设施条例》第 50c（1）(a)条	26, 672, 252 美元	2, 232, 465 美元
5	源于会员的违约基金	《欧盟市场基础设施条例》第 50c（1）(a)条	919, 577, 193 美元	173, 059, 550 美元
6	动用非违约会员违约基金之前需动用的源于交易所的违约基金	《欧盟市场基础设施条例》第 50c（1）(c)条	15, 654, 000 美元	2, 946, 000 美元
7	清算会员数	《欧盟市场基础设施条例》第 50c（1）(d)条	120 人	15 人
8	初始保证金总额	《欧盟市场基础设施条例》第 89(5a)条	8, 513, 186, 100 美元	445, 415, 197 美元

CME 则通过常见问答(FAQ)的形式表明了其 QCCP 地位，该 FAQ 首先根据巴塞尔协议相关规定解释了什么是 QCCP，然后从两方面回答了 CME 为何是 QCCP。一方面，CME 表明其满足巴塞尔协议规定的 QCCP 条件，包括 CME 符合 PFMI 原则，CFTC 通过制定规则落实了 PFMI 原则。同时，CME 能够直接向清算会员披露 Kccp、DFcm、DFccp 等数据。另一方面，CME 已经获得欧盟的第三国 CCP 认证，根据欧盟法律，欧盟的客户可以将 CME 视为 QCCP。

四、相关建议

(一)我国期货交易所有必要确立 QCCP 地位

2018 年以来，原油期货、铁矿石期货已先后正式引入境外交易者，我国期货交易所正面临从封闭到开放的转型。在这一过程中，如何提高国际竞争力，提升国际形象，满足国际社会的通行标准及境外法律的跨境监管要求等是交易所面临的新课题。目前，境外相关规定只是针对银行或欧盟主体成为交易所清算会员时,才会区分交易所是否为 QCCP 而确定不同的风险权数计提资本。由于原油期货、铁矿石期货的开放路径均不涉及吸纳境外机构为清算会员,清算会员中也暂无银行,因此,交易所是否具有 QCCP 地位的法律意义暂并不明显。

但现阶段,我国期货交易所尽早确立 QCCP 地位仍有必要。一是 QCCP 地位有利于提升国际形象,增强国际竞争力。目前,国外主要衍生品交易所均已确立 QCCP 地位,QCCP 意味着运作更公平、透明、合规的中央对手方,是提升国际竞争力的有效手段。二是 QCCP 地位便于境外机构参与我国期货市场。多家境外机构在与交易所交流中表示,若交易所具有 QCCP 地位,将便于其通过内部合规审核。三是 QCCP 地位能够为交易所吸纳银行及欧盟主体作为清算会员预留空间。若未来交易所考虑吸纳银行作为清算会员,QCCP 地位将对相关银行的资本计提风险权数的确定具有直接影响;若交易所考虑吸纳欧盟主体作为清算会员,则必须向欧盟申请第三国中央对手方牌照,由于依据欧盟法律,该牌照等同于 QCCP 身份,因此,申请该牌照需交易所实质上满足 QCCP 的要求。

(二)中国证监会的承认,将有利于交易所合格中央对手方地位的确立

由于根据《对 CCP 风险敞口的资本要求》问答第 5.6 条的规定,若中央对手方的主管机关已正式发布某中央对手方为 QCCP,则银行即可直接按照 QCCP 来确定风险权数。因此,中央对手方的监管者对 QCCP 身份的公开认可对一国衍生品市场的发展来说,是较为简洁、直接且具确定性的做法。在目前中国期货市场尚缺少《期货法》、中央对手方相关法律基础仍有不同认识的现状下,中国证监会公开承认各中国期货交易所的 QCCP 地位,有利于打消市场顾虑,增强市场信心,统一认识。

(三)期货交易所欲成为 QCCP,应满足 PFMI 原则、数据披露等 QCCP 相关标准

由于符合 PFMI 原则是作为 QCCP 的必备要件,因此,交易所应严格落实 PFMI 原则,按照 PFMI 原则进行评估并定期公布评估结果。此外,根据 PFMI 原则、巴塞尔协议的细化规定以及欧盟[5]等境外法律规定,交易所作为 QCCP,需要公开、定期披露或向其清算会员和清算会员的主管当局提供包括 Kccp、DFcm、DFccp 等特定数据。

---

〔5〕 EMIR 第 50c 条(经资本要求规则 CRR 第 520 条修订),要求 QCCP 向其清算会员和清算会员的主管当局提供特定数据。

【监管研究】

期货及衍生品法律评论
第二卷,第61~72页

期货市场内幕交易:理论基础与构成要件

叶　林[*]　钟　维[**]　邹启钊[***]

摘要:我国期货市场从建立至今已有20多年,然而与证券市场不同,期货市场内幕交易不仅在实践中案例极少,而且在学理上也缺乏深入研究。期货市场内幕交易是期货市场违法行为的重要类型,其与证券市场内幕交易理论的关系,可以说是有所借鉴但又有所区别。笔者以我国期货市场法律法规为基础,结合域外法制,主要对期货市场内幕交易的理论基础及其构成要件进行探讨。

关键词:期货　内幕交易理论基础　构成要件

我国期货市场从建立至今已有20多年,然而与证券市场不同,期货市场内幕交易不仅在实践中出现的案例极少,而且在学理上也缺乏深入研究。1995年的"327国债事件"中曾隐隐出现期货内幕交易的影子,直到2013年的"8·16光大证券事件",我国期货市场才有了第一起被查处的内幕交易案件。内幕交易是期货市场违法行为的重要类型,其与证券市场内幕交易理论的关系,可以说是有所借鉴但又有所区别。笔者以我国期货市场法律法规为基础,结合国外法制,主要对期货市场内幕交易的理论基础及其构成要件进行探讨。

---

* 中国人民大学法学院教授、博士研究生导师,中国人民大学民商事法律科学研究中心研究员。

** 中国社会科学院法学研究所博士后、助理研究员。

*** 中国人民大学法学院博士后。

一、期货市场内幕交易的理论基础

通常认为,由于期货市场的内幕交易违反了公平交易的原则和保护投资者利益的原则,且会加大市场的道德风险,因此,需要对期货市场的内幕交易行为进行规制。[1] 判断一项交易行为是否构成内幕交易,其根据在于法律中所规定的内幕交易的构成要件。根据《期货交易管理条例》第69条,期货市场内幕交易是指期货交易内幕信息的知情人或者非法获取期货交易内幕信息的人,在对期货交易价格有重大影响的信息尚未公开前,利用内幕信息从事期货交易,或者向他人泄露内幕信息,使他人利用内幕信息进行期货交易的行为。据此,在我国法律中,期货市场内幕交易的行为构成包括三个方面的要件:内幕信息要件、内幕交易主体要件、内幕交易行为要件。这三个要件在理论与司法适用上都值得深入研究。期货市场与证券市场具有不同的特点,因此,内幕交易的构成在两个市场中也有一定的区别。但是,在对期货市场内幕交易的研究中,往往存在生硬套用证券市场内幕交易理论的问题。

内幕交易的概念源于证券市场,证券内幕交易又称内部人交易或内线交易,其并无公认的明确定义,但一般指"内幕人员或其他非法获取内幕信息的人员以获取利益或减少损失为目地,自己或者建议他人或泄露内幕信息使他人利用信息进行证券交易的活动"。[2] 内幕交易的构成要件包括内幕信息、内幕人员及内幕行为三个方面,而内幕信息是认定内幕交易的核心因素。在世界范围内,尽管各国与地区对内幕信息界定的方式不尽相同,但在实质上,内幕信息均指足以影响证券市场价格的尚未公开的重大信息,且该等信息需与发行人密切相关。在英国,内幕信息定义的核心是"非公开的价格敏感信息"(Unpublished Price Sensitive Information),且其必须是与发行人具体事务相关的信息。在美国,内幕信息的定义从判例法中发展而来,指"重大的未公开信息"(Material Mon-public Information),即内幕信息具有重大性与非公开性。[3] 虽然美国相关判例并未明确指出内幕信息需与发行人密切相关,但在界定内幕交易的主体时,早期的法律

---

[1] 参见巫文勇:《期货与期货市场法律制度研究》,法律出版社2011年版,第306~307页。

[2] 参见符启林主编:《证券法学》,中国金融出版社2003年版,第149页。

[3] TSC industries v. Northway, 426. U. S. 438, 96. S. Ct. 2126(1976); Basic Inc. v. Levinson, 485. US. 244(1988).

以信义义务作为规制的基础，因此，实际效果上也相当于将内幕信息限定为与发行人密切相关的信息。

期货市场内幕交易系从证券市场内幕交易发展而来的事实，一方面，为期货市场内幕交易的发展提供了一定的理论基础；另一方面，正因为证券市场的内幕信息普遍被定义为与发行人密切相关，而作为契约型衍生品的期货并不存在发行人，所以认为期货市场不存在内幕交易的观点也并非鲜见。例如，美国商品期货交易委员会（U. S. Commodity Futures Trading Commission，CFTC）在1984年发布的题为“利用重大未公开信息进行期货交易的性质、程度和影响”的报告中即指出，期货市场存在利用重大非公开信息进行交易的行为，但是不存在证券市场上基于发行人为中心的内幕信息。〔4〕毫无疑问，影响期货价格的非公开信息肯定存在，且该等信息与证券市场的发行人相关信息迥然有别。就证券市场而言，在发行人相关信息之外，确实也存在能影响证券价格的非公开信息。证券市场的这些非公开信息是否能被纳入证券内幕信息，是理解期货市场是否存在内幕信息并进而存在内幕交易的关键。

美国是证券期货市场最发达的国家，对内幕交易法律制度在美国发展的考察，对于正确认识证券内幕交易、期货内幕交易以及二者的关系，具有重要的意义。美国内幕交易法律系基于1934年《证券交易法》第10条（b）款及美国证券交易委员会（U. S. Securities and Exchange Commission，SEC）据此制定的10b-5规则，且包含了一系列的判例。根据该规则，内幕交易属于隐瞒重大信息，是证券欺诈的一种。该规则的基本特征，在于其以“义务”作为内幕交易规制的基准，即除非内幕信息持有者事先负有披露信息或不进行交易的义务，否则其交易不违反10b-5规则，不在禁止之列。证券交易发生于现有股东之间或现有股东与未来股东之间，根据买卖法的原理，买卖双方之间并不负有信息披露义务。但若其中一方为公司雇员等内部人，则其基于该身份，应对（未来）股东负有信义义务。而这信义义务所指向的，当然只能是公司相关信息而不可能包含政策环境等宏观信息，〔5〕这正是美国证券市场的内幕信息一般只指与发行人相关的信息的原因。

在其后的发展中，一方面，内幕交易的主体得到扩展；另一方面，“义务”的证成也逐步摆脱了“内部人-（未来）股东”的束缚。首先是在奇瑞拉诉美国案

〔4〕 参见李明良、李虹：《期货市场内幕交易的内涵：以美国为中心的考察》，载桂敏杰总编，黄红元、徐明主编：《证券法苑》（第13卷），法律出版社2014年版，第276~293页。

〔5〕 Cady, Roberts & Co., 40 SEC 907（1961）.

(Chiarella v. United States)[6]后不久,美国证券交易委员会制定了14e－3规则,规定任何人只要持有有关要约收购的内幕信息,并且知道或应当知道该信息源自收购方,则无论其身份及获知该信息的方式,也无论其与收购方是否直接或间接的存在信任关系,均不得未经披露而利用该信息买卖目标公司的股票。也就是说,在此规则之下,信义义务不再是责任的前提。该规则在1997年美国诉奥海根案(United States v. O'Hagan)[7]中得到确认。其后,为更好地保护投资者利益,法院逐渐发展出了市场欺诈理论。根据该理论,在非面对面的证券交易中,投资者通常信赖市场价格是在没有人为操纵影响下对证券价值的正确反映,因此,投资者对支持证券市场价格相关陈述的真实性与完整性有一种假定的信赖存在。不难发现,在市场欺诈理论下,不但信息持有人不必一定是内部人,且内幕信息在理论上可包括一切对证券价格可能产生影响的信息,即至少在理论上内幕信息是可能包含其他非公开信息的。

分析美国内幕交易理论的上述发展,可以说"内部人－(未来)股东"的信赖理论在某种程度上阻碍了对投资者的保护,因此,法律一直在寻求对该理论的突破。从内幕交易的制度价值角度分析,其之所以受到规制,主要在于其违反了"公开、公平、公正"的原则,侵犯了投资公众的平等知情权和财产权益,并进而损害市场的有效性。从这点看,未披露的信息无论是发行人自身的信息,还是发行人证券以外的信息(如国家宏观政策的调整及法律政策的外部环境变化等),如果被少数内幕人员支配并用于交易,其负面影响并无本质区别。因此,将与发行人有关的信息及其他非公开信息同等对待一并规制,并无不妥之处。

二、期货市场中的内幕信息

许多域外立法都对期货市场中的内幕信息进行了规定。根据德国《证券交易法》第13条,内幕信息是指涉及内幕证券[8](一个或更多)发行人或内幕证券本身的、不为公众所了解的、一旦公开可能对交易所或内幕证券的市场价格产

---

[6] Chiarella v. United States,445 U.S. 222.

[7] United States v. O'Hagan,521 U.S. 642.

[8] 根据德国《证券交易法》第12条,以下金融工具为"内幕证券":经许可在德国交易所交易的,或者被列入受管制市场或自由交易市场的;经许可在欧盟成员国或欧洲经济区域条约国境内的有组织市场上交易的;其价格直接或间接取决于前两项所指的金融工具的。因此,德国《证券交易法》中的"内幕证券"包含了期货等衍生品。

生重大影响的任何特定信息(包括可合理预期将来会存在的情形)。专业投资者作出投资决定时考虑的信息亦有内幕信息的可能性。以下不为公众所知的信息亦为内幕信息:与第三方购买或出售金融工具的指令有关的信息;与价格取决于商品或贵金属的交易所价格或市场价格的,且市场参与者根据不确定市场的公认市场习惯可能愿意接受的衍生品有关的信息。根据欧盟第 2003/6/EC 号指令第 1 条,内幕信息是指与一个或多个金融工具发行人或与一项或多项金融工具直接或间接相关的尚未公开的确切信息,且该等信息一旦公开,将很可能对该等金融工具的价格或相关衍生金融工具的价格造成重大影响。就商品衍生品而言,内幕信息指与一项或多项衍生品直接或间接相关的尚未公开的确切信息,且该等衍生品交易市场的用户均预期根据该等市场的公认市场惯例收到该等信息。就负责执行金融工具指令的人而言,内幕信息还指客户提供的且与客户待执行的指令相关的与一个或多个金融工具发行人或一项或多项金融工具直接或间接相关的尚未公开的确切信息,且该等信息一旦公开,将可能对该等金融工具的价格或相关衍生金融工具的价格造成重大影响。

期货市场内幕信息应当具备哪些特征?我国学者对这一问题进行了较多讨论,学者的各种观点,可以被总结和归纳为以下 3 类:第一类,以信息的传播范围为尺度,分别表述为秘密性、非公开性、为内幕人所知悉或者是存在范围局限性;第二类,以信息内容的外在影响力为标准,分别表述为重大性、实质性或价格敏感性;第三类,以信息所涵盖的内容的内在性质为依据,表述为相关性、法定性、确切性、客观性、真实性。[9] 这些看法都有一定合理性,而从实证法的角度来看,根据我国《期货交易管理条例》第 69 条,期货市场内幕信息是指尚未公开的对期货交易价格有重大影响的信息。第 81 条第 11 项则对期货市场内幕信息专门进行了规定:"内幕信息,是指可能对期货交易价格产生重大影响的尚未公开的信息,包括:国务院期货监督管理机构以及其他相关部门制定的对期货交易价格可能发生重大影响的政策,期货交易所作出的可能对期货交易价格发生重大影响的决定,期货交易所会员、客户的资金和交易动向以及国务院期货监督管理机构认定的对期货交易价格有显著影响的其他重要信息。"该条对内幕信息特征的表述与前述第 69 条是一致的,即包括对期货交易价格的重大影响性和内幕信息本身的未公开性两个方面。

《期货交易管理条例》并没有对这两个特征作进一步的解释,因此,国内学界不少人就将证券市场对这一问题的解释直接套用于期货市场。关于内幕信息对

---

[9] 参见刘聪:《期货交易内幕信息司法认定研究》,华中师范大学 2013 年硕士学位论文,第 25 页。

交易价格的重大影响性,《中国证券监督管理委员会证券市场内幕交易行为认定指引(试行)》第 9 条规定:“前条第(五)项所称的对证券交易价格有显著影响,是指通常情况下,有关信息一旦公开,公司证券的交易价格在一段时期内与市场指数或相关分类指数发生显著偏离,或者致使大盘指数发生显著波动。前款所称显著偏离、显著波动,可以结合专家委员会或证券交易所的意见认定。”值得注意的是,这在逻辑上实际将“重大影响”界定为一个结果性的要件,容易被人误解为必须发生交易价格的显著偏离或波动的结果。

就期货市场内幕信息两项特征的解释而言,最好的参考对象是美国《期监会规章》第 1.59 节所作的界定:重大信息是指若向公众公开、会被理性人认为对其决定是否在合约市场进行特定商品权益交易具有重要意义的信息,包括但不限于,与自律组织会员、联网交易所会员或其客户或期权客户的目前或预期的现货、期货或期权持仓、交易策略或财务状况有关的信息,或者与自律组织或联网交易所的监管行动或拟采取监管行动有关的信息。[10] 因此,需要注意的是,所谓对期货交易价格的重大影响性,在逻辑上应当是一个判断性要件而非结果性要件。也就是说,从一个理性投资者的认知来看,该信息会对市场价格产生重大影响,且会影响普通投资者的投资决定,那么该信息即具有重大影响性,而并不要求该信息造成了影响市场价格的重大结果。交易者利用内幕信息进行交易,并不一定会造成市场价格波动的后果。市场环境纷繁复杂,这一内幕信息的作用可能被其他市场信息造成的影响所抵消,也可能被其他投资者进行的大宗反向交易所抵消,而且,通常难以证明对某内幕信息的利用与期货合约市场价格波动具有因果关系。因此,重大影响性这一要件并不要求一定要得到市场价格波动的事实的验证,只要求该信息是能影响普通投资者作出投资决定的重要信息即可。

关于内幕信息的未公开性,《中国证券监督管理委员会证券市场内幕交易行为认定指引(试行)》第 11 条对证券市场上的内幕信息公开进行了定义:“本指引所称的内幕信息公开,是指内幕信息在中国证监会指定的报刊、网站等媒体披露,或者被一般投资者能够接触到的全国性报刊、网站等媒体揭露,或者被一般投资者广泛知悉和理解。”这一表述基本也可适用于期货市场,但期货市场内幕信息的公开更普遍的形式是通过官方发布会、报告文件等对官方政策、决定或统计数据等信息的公开。公开必须让一般交易者能够广泛知悉和理解,这就要求公开采用的形式应当是期货市场信息披露或官方信息披露所通常采用的方式,

---

〔10〕 CFTCR §1.59.

且该信息披露中不得有一般交易者难于理解的表达,或故意给一般交易者知悉其中的内容制造障碍。公开的信息内容应该是可以向市场交易者披露的,且公开的场所应是全国性的媒体。[11] 基于诉讼证明的规律,对内幕信息的未公开性要件应当实行证明责任倒置,即由被告方承担证明责任,证明该信息属于前述要求的已经公开的信息,如无法证明则认定该信息属于未公开信息。

证券市场内幕信息与期货市场内幕信息在其来源上具有很大区别。对证券市场内幕交易规制的理由主要源于公司管理人的信义义务,禁止其利用基于职务所获取的公司信息交易本公司股票来牟取不当利益。因此,证券市场内幕信息与特定发行人具有关联性,主要是发行人的涉及公司的经营、财务或者对该公司证券的市场价格有重大影响的尚未公开的信息,这在现行立法上的体现如我国2014年《证券法》第75条[12]和《中国证券监督管理委员会证券市场内幕交易行为认定指引(试行)》第7条。[13] 而期货市场内幕信息通常与特定公司没有联系,主要包括依法未公开的国家宏观政策、经济统计数据、市场交易数据等。根据我国《期货交易管理条例》第81条第11项,主要包括:(1)国务院期货监督管理机构以及其他相关部门制定的对期货交易价格可能发生重大影响的政策;(2)期货交易所作出的可能对期货交易价格发生重大影响的决定;(3)期货交易所会员、客户的资金和交易动向;(4)国务院期货监督管理机构认定的对期货交易价格有显著影响的其他重要信息。其中,关于第(4)项目前来看主要有两种情况,一种是国家宏观经济统计数据、行业统计数据等;另一种是对市场具有系统性影响的异常交易事件。如果这些信息具备重大影响性和未公开性,则国务院期货监督管理机构有权将其认定为期货市场内幕信息。

---

[11] 参见巫文勇:《期货与期货市场法律制度研究》,法律出版社2011年版,第309页。

[12] 2014年《证券法》第75条规定:"证券交易活动中,涉及公司的经营、财务或者对该公司证券的市场价格有重大影响的尚未公开的信息,为内幕信息。下列信息皆属内幕信息:(一)本法第六十七条第二款所列重大事件;(二)公司分配股利或者增资的计划;(三)公司股权结构的重大变化;(四)公司债务担保的重大变更;(五)公司营业用主要资产的抵押、出售或者报废一次超过该资产的百分之三十;(六)公司的董事、监事、高级管理人员的行为可能依法承担重大损害赔偿责任;(七)上市公司收购的有关方案;(八)国务院证券监督管理机构认定的对证券交易价格有显著影响的其他重要信息。"

[13] 《中国证券监督管理委员会证券市场内幕交易行为认定指引(试行)》第7条规定:"本指引所称内幕信息,是指证券交易活动中,涉及公司的经营、财务或者对公司证券的市场价格有重大影响的尚未公开的信息。"

三、期货市场内幕交易的主体

根据我国《期货交易管理条例》第69条,期货市场内幕交易的主体,是指期货交易内幕信息的知情人或者非法获取期货交易内幕信息的人。

根据韩国《资本市场法》第173条第2款,内幕人,是指因其职务之便获知能够影响衍生商品市场价格的信息的下列人员以及从这些人员处获取该信息的人员:对能够影响场内衍生商品市价的政策进行构思、制定或者执行的人员;对能够影响场内衍生商品市价的信息进行生产或者管理的人员;从事场内衍生商品的基础资产的中介、流通或者检查相关业务的人员。根据德国《证券交易法》第15b条,内幕人包括金融工具的发行人及为发行人行事或代表发行人行事的人员,并且应维持对为其工作的、作为职责的一部分而获知内幕信息的人员的登记。根据欧盟第2003/6/EC号指令第2条、第3条、第4条,内幕人的范围包括因以下情况而持有内幕信息的人:担任发行人的董事会、管理机构或监事会的成员;或持有发行人的股份;或其因工作、职业或职责的关系而有权接触该等信息;或从事犯罪活动;内幕人为法人的,还包括参与决定为所涉法人账户进行交易的自然人;任何明知或应知其所持信息为内幕信息的其他人。

对证券市场内幕交易规制的理由主要源于公司管理人对所有人的信托义务及对公司的信义义务,禁止其利用基于职务所获取的公司信息交易本公司股票来牟取不当利益。因此,证券市场内幕交易的主体以发行人内部的管理人员为主;此外,还包括管理机关、交易所、中介机构等有可能掌握证券市场内幕信息的人员。这在现行立法上的体现如我国2014年《证券法》第74条[14]和《中国证券

[14] 2014年《证券法》第74条规定:"证券交易内幕信息的知情人包括:(一)发行人的董事、监事、高级管理人员;(二)持有公司百分之五以上股份的股东及其董事、监事、高级管理人员,公司的实际控制人及其董事、监事、高级管理人员;(三)发行人控股的公司及其董事、监事、高级管理人员;(四)由于所任公司职务可以获取公司有关内幕信息的人员;(五)证券监督管理机构工作人员以及由于法定职责对证券的发行、交易进行管理的其他人员;(六)保荐人、承销的证券公司、证券交易所、证券登记结算机构、证券服务机构的有关人员;(七)国务院证券监督管理机构规定的其他人。"

监督管理委员会证券市场内幕交易行为认定指引(试行)》第5条、第6条。[15]

但是,由于期货市场内幕信息通常并不源于某个特定的公司,因此,其在源头上就与证券市场存在不同。期货市场内幕交易的构成要件是以内幕信息为核心的,因此,内幕交易的主体方面,除了在源头处掌握内幕信息的知情人员外,内幕信息传递过程中能够接触到的人员也应被纳入内幕交易主体的范畴内。我国《期货交易管理条例》第81条第12项规定:"内幕信息的知情人员,是指由于其管理地位、监督地位或者职业地位,或者作为雇员、专业顾问履行职务,能够接触或者获得内幕信息的人员,包括:期货交易所的管理人员以及其他由于任职可获取内幕信息的从业人员,国务院期货监督管理机构和其他有关部门的工作人员以及国务院期货监督管理机构规定的其他人员。"其中,期货交易所的管理人员和国务院期货监督机构和其他有关部门的工作人员本身的职责和所在单位在期货市场中的法律地位决定了其能够知悉和掌握内幕信息,从事期货经纪业务的期货公司在掌握各种影响期货价格的信息方面也具有得天独厚的优势。[16]

而最高人民法院、最高人民检察院《关于办理内幕交易、泄露内幕信息刑事案件具体应用法律若干问题的解释》第2条规定:"具有下列行为的人员应当认定为刑法第一百八十条第一款规定的'非法获取证券、期货交易内幕信息的人员':(一)利用窃取、骗取、套取、窃听、利诱、刺探或者私下交易等手段获取内幕信息的;(二)内幕信息知情人员的近亲属或者其他与内幕信息知情人员关系密切的人员,在内幕信息敏感期内,从事或者明示、暗示他人从事,或者泄露内幕信息导致他人从事与该内幕信息有关的证券、期货交易,相关交易行为明显异常,且无正当理由或者正当信息来源的;(三)在内幕信息敏感期内,与内幕信息知情人员联络、接触,从事或者明示、暗示他人从事,或者泄露内幕信息导致他人从事与该内幕信息有关的证券、期货交易,相关交易行为明显异常,且无正当理由或

---

〔15〕《中国证券监督管理委员会证券市场内幕交易行为认定指引(试行)》第5条规定:"本指引所称内幕人,是指内幕信息公开前直接或者间接获取内幕信息的人,包括自然人和单位。前款所称单位,是指法人和其他非法人组织,包括公司、企业、事业单位、机关、社会团体等。"第6条规定:"符合下列情形之一的,为证券交易的内幕人:(一)《证券法》第七十四条第(一)项到第(六)项规定的证券交易内幕信息的知情人;(二)中国证监会根据《证券法》第七十四条第(七)项授权而规定的其他证券交易内幕信息知情人,包括:1.发行人、上市公司;2.发行人、上市公司的控股股东、实际控制人控制的其他公司及其董事、监事、高级管理人员;3.上市公司并购重组参与方及其有关人员;4.因履行工作职责获取内幕信息的人;5.本条第(一)项及本项所规定的自然人的配偶;(三)本条第(一)项、第(二)项所规定的自然人的父母、子女以及其他因亲属关系获取内幕信息的人;(四)利用骗取、套取、偷听、监听或者私下交易等非法手段获取内幕信息的人;(五)通过其他途经获取内幕信息的人。"

〔16〕参见唐波:《中国期货市场法律制度研究》,北京大学出版社2010年版,第159~165页。

者正当信息来源的。”可见,期货市场内幕交易的主体范围基本涵盖一切掌握内幕信息的人,包括内幕信息知情人、非法获取内幕信息的人员以及通过其他途径获得内幕信息的人员。此处有疑问的是,假如本不应该知道期货交易内幕信息的人员通过合法途径(如偶然听到了内幕知情人的谈话等)而获得了内幕信息时如何处理?一般认为,可以将其认定为期货内幕交易的主体,因为其利用了普通大众不知道的内幕信息进行交易而获利或者减少了损失,破坏了期货交易市场秩序和违反了公平原则。[17] 如果其相关交易行为能够满足期货市场内幕交易的构成要件,则可以认定构成内幕交易。

四、期货市场中的内幕交易行为及其类型

根据我国《期货交易管理条例》第 69 条,期货市场内幕交易的行为类型,包括利用内幕信息从事期货交易或者向他人泄露内幕信息,使他人利用内幕信息进行期货交易的行为。

许多国家都对期货市场中的内幕交易行为及其类型进行了规定。比如,韩国《资本市场法》第 173 条第 2 款,内幕交易行为是指内幕人泄露、利用或者让他人利用场内衍生商品及其基础资产的买卖或者其他交易的有关信息的行为。根据新加坡《证券期货法》第 219 条、第 220 条,内幕交易的行为类型包括:认购、买卖或签订合约以认购或买卖该等证券;[18] 促使他人认购、买卖或签订合约以认购或买卖该等证券;知道或有理由知道他人将会为或可能会为前述两种行为时,与其进行或促使他人与其进行信息交流。在证明内幕交易行为时,无须证明行为人故意使用内幕信息。根据德国《证券交易法》第 14 条,内幕交易的行为类型包括:为自营业务或为第三方账户或代表第三方,利用内幕信息收购或处理内幕证券;未获授权将内幕信息披露给第三方或让第三方使用;基于内幕信息推荐或影响第三方收购或处理内幕证券。根据欧盟第 2003/6/EC 号指令第 2 条、第 3 条,内幕交易的行为类型包括:(1)持有内幕信息的任何人将该信息用于为其自身账户或第三方账户直接或间接地购买或处置,或试图购买或处置与该信息相

---

〔17〕 参见彭真明等:《期货违法违规行为的认定与责任研究》,中国社会科学出版社 2012 年版,第 70~71 页。

〔18〕 此处的“证券”在外延上包含期权合约、期货合约及其他衍生工具,合约的基础资产包括债券、股票、商业信托中的单位、集合投资计划中的单位以及这些金融工具的指数。

关的金融工具；(2)向其他人披露内幕信息；(3)基于内幕信息建议或劝诱其他人购买或处置与该信息相关的金融工具。

证券市场内幕交易的行为表现为证券交易内幕信息的知情人和非法获取内幕信息的人利用内幕信息从事证券交易活动。这在现行立法上的体现比如我国2014年《证券法》第73条、第76条。[19] 而根据我国《期货交易管理条例》第69条，期货市场内幕交易是指期货交易内幕信息的知情人或者非法获取期货交易内幕信息的人，在对期货交易价格有重大影响的信息尚未公开前，利用内幕信息从事期货交易，或者向他人泄露内幕信息，使他人利用内幕信息进行期货交易的行为。根据该条内容，期货市场内幕交易主要包括两种行为模式：第一种是利用内幕信息从事期货交易的行为；第二种是向他人泄露内幕信息，使他人利用内幕信息进行期货交易的行为。综合有关司法解释[20]和交易实践，期货市场内幕交易行为主要表现为以下几种形式：一是内幕人员利用所知悉的内幕信息进行期货产品交易；二是内幕人员根据内幕信息为他人进行期货交易提供咨询或建议；三是内幕人员将所知悉的内幕信息告诉或传播给他人；四是非法获取内幕信息的其他人员根据该信息进行期货交易，泄露该信息，或建议或推荐他人进行交易。[21] 在这些表现形式中，第一种是期货市场内幕交易中最常见也是最重要的形式，在司法证明中，对于其中的"利用"这一要件，应当实行证明责任倒置，也就是说，由被告就其相关交易中没有利用内幕信息承担证明责任。

此外，尽管我们禁止知悉期货交易内幕信息的人从事期货交易活动，但考虑到在部分情形下特定的交易具有加以豁免的合理性，需要明确规定不构成内幕交易的豁免情形。比如，最高人民法院、最高人民检察院《关于办理内幕交易、泄露内幕信息刑事案件具体应用法律若干问题的解释》第4条规定："具有下列情形之一的，不属于刑法第一百八十条第一款规定的从事与内幕信息有关的证券、期货交易：(一)持有或者通过协议、其他安排与他人共同持有上市公司百分之五

---

〔19〕 2014年《证券法》第73条规定："禁止证券交易内幕信息的知情人和非法获取内幕信息的人利用内幕信息从事证券交易活动。"第76条规定："证券交易内幕信息的知情人和非法获取内幕信息的人，在内幕信息公开前，不得买卖该公司的证券，或者泄露该信息，或者建议他人买卖该证券。持有或者通过协议、其他安排与他人共同持有公司百分之五以上股份的自然人、法人、其他组织收购上市公司的股份，本法另有规定的，适用其规定。内幕交易行为给投资者造成损失的，行为人应当依法承担赔偿责任。"此外，《中国证券监督管理委员会证券市场内幕交易行为认定指引(试行)》第12条至第18条对此作出了更详细的规定。

〔20〕 最高人民法院、最高人民检察院《关于办理内幕交易、泄露内幕信息刑事案件具体应用法律若干问题的解释》第2条。

〔21〕 参见巫文勇：《期货与期货市场法律制度研究》，法律出版社2011年版，第314页。

以上股份的自然人、法人或者其他组织收购该上市公司股份的;(二)按照事先订立的书面合同、指令、计划从事相关证券、期货交易的;(三)依据已被他人披露的信息而交易的;(四)交易具有其他正当理由或者正当信息来源的。”这是刑事司法领域对不构成内幕交易的情形进行的归纳,其中,第一种情形只适用于证券市场内幕交易,后三种同时适用于证券和期货市场内幕交易。

笔者认为,这些归纳对于期货市场的内幕交易情形来说还不够全面。知悉期货交易内幕信息的人,在内幕信息公开前,不得进行相关现货、期货及其他衍生品交易,或者泄露该信息,或者建议他人从事相关现货、期货及其衍生品的交易活动,但是有下列情形之一的,行为人的期货交易行为不构成内幕交易行为:(1)交易行为与内幕信息无关;(2)行为人有正当理由相信内幕信息已公开;(3)事先不知道泄露内幕信息的人是内幕信息知情人或泄露的信息为内幕信息;(4)按照事先订立的书面合同、指令、计划从事期货交易;(5)国务院期货监督管理机构规定的不构成内幕交易的其他情形。这样的列举就更周延,其中需要特别说明的是第(3)点。有观点认为,在对市场具有系统性影响的异常交易事件出现后,交易主体利用该信息,基于既定的交易策略进行的对冲操作属于“按照事先订立的书面合同、指令、计划从事期货交易”,因而并不构成内幕交易。笔者认为,此种观点是不正确的,虽然该交易主体有既定的交易策略,但并没有形成具体确定的交易合同,其具体交易决定的作出是在风险事件出现以后,其交易决定的作出实际上利用了相关内幕信息,因此,仍然属于内幕交易的范畴。

期货及衍生品法律评论
第二卷,第73~91页

证券期货市场破坏性交易的法律规制

郑　成*

摘要:破坏性交易是美国在监管证券和期货市场上进行高频交易时,将不能认定为市场操纵的高频交易,以立法形式确立的新型违法行为。破坏性交易主要通过高频交易技术获得临时信息优势,破坏市场公平,依据行为方式的不同可以分为试单交易、延迟交易和直连交易。破坏性交易不同于市场操纵,现有市场操纵理论不能有效监管破坏性交易,需要构建新的破坏性交易理论来规制。目前,我国需要在较高立法层面确立破坏性交易,再由监管机构进一步细化破坏性交易的认定标准。

关键词:破坏性交易　高频交易　市场操纵

破坏性交易(Disruptive Trading)为监管证券期货市场上高频交易不当滥用问题而提出的一种新型违法行为。2013年"光大银行乌龙指"案和2015年"伊世顿案件"均引起了我国对高频交易监管的重视,现有监管主要建立在市场操纵理论体系上,存在较大的局限性,因此,需要构建破坏性交易来作为监管理论依据。因国内外证券期货市场的交易制度以及高频交易发展存在较大差异,故需分析美国提出的破坏性交易的内涵、交易形式、具有破坏性的本质原因,在此基础上构建适合我国的破坏性交易监管理论。

* 中国政法大学经济法法学硕士,就职于中国农业银行总行。

一、破坏性交易的内涵辨析

2019 年美国商品期货交易委员会(U. S. Commodity Futures Trading Commission,CFTC)将破坏性交易列为重点监管关注的领域之一。[1]《多德 - 弗兰克华尔街改革和消费者保护法案》(以下简称《多德 - 弗兰克法案》)第 747 节"ANTIDISRUPTIVE PRACTICES AUTHORITY"用 3 个条款列举了破坏性交易,分别为:(1)违反规则下单;(2)有意地或者不计后果地在结算前操作;(3)有意地在订单被执行前取消订单的幌骗行为。[2] 3 个条款的共同之处在于交易中高速下单并撤单的行为。

美国商品期货委员会在执法的过程中从破坏性交易的概念、行为方式和目的的方面作出了解释,在 2013 年发布《反破坏市场操作指引》(Anti-disruptive Practices Guidance),又为自动交易环境下的市场风险防范制定了《自动交易环境下风险控制与系统安全的概念征询意见稿》。美国法院在 2015 年判决了历史上以破坏性交易刑事定罪的第一案:米歇尔·科斯夏破坏性交易案(U. S. V. MICHAEL COSCIA),该案的判决对构成幌骗交易的主客观标准进行了论证。破坏性交易的主客观方面具有特殊性,结合现有规定及判例,可从主客观两个方面说明破坏性交易的内涵。

(一)破坏性交易主观方面

主观上必须存在"故意"。《多德 - 弗兰克法案》有关条款使用了"有意地"措辞,是指其在下单时就不具有实际履行的目的,还是指故意去引诱他人交易?

在美国商品期货交易委员会在处理的埃里克·蒙卡德(Eric Moncada)中,破坏性交易者被认为存在"幌骗"的故意,其下达大量的订单然后立即取消,期交会考虑了其订单的大小、数量和持续的时间认为,此种下单方式不会增加履行的可

---

〔1〕 Peter Feltman,"Cryptocurrencies,Disruptive Trading Top CFTC Exam Priorities for 2019",CQ Roll Call, Feb 13,2019. Accessed June 9,2019. available at:https://1. next. westlaw. com/Document/I02c48fba2fdb11e99687ad62ac048e9b/View/FullText. html.

〔2〕 (A) violates bids or offers;(B) demonstrates intentional or reckless disregard for the orderly execution of transactions during the closing period;or(C) is,is of the character of,or is commonly known to the trade as,'spoofing'(bidding or offering with the intent to cancel the bid or offer before execution). Dodd-Frank Wall Street Reform and Consumer Protection Act, Pub. L. No. 111 - 203, § 747,124 Stat. 1376,1739(2010)[codified at 7 U. S. C. § 6c(a)(5)].

能性，最后认定其不存在成交的目的。[3] 同样在2013年黑豹能源公司（panther Energy）案中，期交会发现该公司在4个月内连续使用程序化交易去下单并在执行前取消，行为人在一方下单之后然后在另一方以有利的价格成交，然后取消剩余的订单，行为人一天内在单个期货合约上自动化交易上百次。[4] 期交会认定，因为其下单的方式基本不可能得到执行，故其下单不具有履行的目的。总之，期交会认为综合评估案件具体事实和环境，包括市场状况和实际的交易行为，只需证明其不存在成交的目的，即可认定行为人存在幌骗的故意。[5]

在美国首个被定罪的高频交易案——迈克尔·科斯夏案中，适用的就是《多德－弗兰克法案》中破坏性交易有关幌骗的条款。被告抗辩称，他所设定的取消订单是有条件的，是依据不断变化的市场价格作出的。法院认为："结合美国商品期货交易委员会做出的解释，当一个交易者具有诚实的意愿去成交一个订单时，这个订单的下达、改变和取消的行为将被认为是合法的，而迈克尔·科斯夏并不存在成交的目的。"

综上可知，破坏性交易主观上证明程度只需证明其不存在真实成交的目的，而无须去证明是否具有引诱他人交易的故意。

（二）破坏性交易的客观方面

破坏性交易的客观方面表现为利用事先设定好的程序下单并撤单。美国商品期货交易委员会、芝加哥商品交易所（Chicago Mercantile Exchange，CME）和美国洲际交易所（Intercontinental Exchange，ICE）都对《多德－弗兰克法案》中幌骗行为作出了比较具体的解释，主要包括以下几点：

（1）在某一个市场下达订单来获取其他市场的反映，并从第一个市场上获利；

（2）大量下单，并在对手方以有利的价格成交较小的订单，在成交后取消之

---

[3] CFTC v. Moncada, 31 F. Supp. 3d 614 (S. D. N. Y. 2014). Accessed June 9, 2019. https://1. next. westlaw. com/Link/Document/FullText? findType = Y&serNum = 2033862323&pubNum = 0007903&originatingDoc = I0e762150fe0211e4801790b8abf6dfdf&refType = RP&originationContext = document&transitionType = DocumentItem&contextData = (sc. Search).

[4] *In the Matter of Panther Energy Trading LLC and Michael J. Coscia*, CFTC Docket No. 13－26, 2013 WL 3817473 (CFTC July 22, 2013) p. 2. Accessed June 9, 2019. https://1. next. westlaw. com/Link/Document/FullText? findType = Y&serNum = 0391079388&pubNum = 0000999&originatingDoc = I4b63d738f07d11e498db8b09b4f043e0&refType = DE&originationContext = document&transitionType = DocumentItem&contextData = (sc. Search).

[5] Antidisruptive Practices Authority, 78 *Fed. Reg*. 31 (May 28, 2013). Accessed June 9, 2019. http://www. cftc. gov/idc/groups/public/@ lrfederalregister/documents/file/2013－12365a. pdf.

前的大量订单;

(3)在市场开市前在确定开盘价的过程中下达大量的订单来提高或者降低开盘价,或者诱导其他参与者加入报价,然后撤回报价,将其他参与者的报价进入开市交易;

(4)对没有市场交易的标的下达大量的订单,造成其他人参与交易,然后在相反的方向上下达大量的订单。

迈克尔·科斯夏抗辩时称《多德－弗兰克法案》中有关幌骗行为的客观行为是模糊的,是因为其没有能够与合法的撤销过量下单和止损指令区分。〔6〕同时,尽管《多德－弗兰克法案》和期交会给出了幌骗行为的定义,但是该定义涵盖的范围和如何应用于衍生品市场,包括幌骗行为的特征都在该行业引起了很大的争议,〔7〕并不能给予市场参与者明确的行为指引。笔者认为,要明确破坏性交易的客观方面,需要研究破坏性交易的过程。依据交易过程的不同,可以将下单并撤单的破坏性交易分为试单交易和延迟交易。

1. 试单交易

试单交易(pinging)是指高频交易者利用其高频交易技术,通过在市场上高速地报单和撤单,去发现"冰山订单"的存在,或者利用交易所订单显示间隔探测市场交易信息,再依据所探测的信息作出交易决策,以此获取利益的高频交易方式。"试单也被称为流动性探测滥用(abusive liquid detection),在这种交易策略中,高频交易者下单是为了探测大单的存在。"〔8〕

试单交易产生的两个原因,分别为证券期货市场冰山订单的显示机制和交易所的显示间隔。冰山订单(Iceberg Order)是一种特殊的交易所内的交易安排,是指当交易市场上的一方在某一个价格下达大量订单时,其下单量不会全部被显示出来,而是只显示其中的一部分,其目的是防止暴露交易需求,产生价格逆向变动,增加交易成本。例如,在正常情况下看到的订单页面(order book),在没有大量下单的情况下,买卖双方的报价都是完全显示的,如表1所示。

〔6〕 本案判决书中过量下单的英文为"partial-fill orders",解释为"larger-than-necessary orders entered to ensure a sufficient quantity is obtained"。

〔7〕 See, *e. g.*, Transcript from CFTC Staff Roundtable on Disruptive Trading Practices, December 2, 2010. Accessed June 9, 2019. http://www. cftc. gov/ucm/groups/public/ @ swaps/documents/dfsubmission/dfsubmission24_120210 – transcri. pdf.

〔8〕 肖凯:《高频交易与操纵市场》,载《交大法学》2016年第2期。

表 1　冰山订单示例

		卖出价格(元)	卖出数量(手)
		103	30
		102	35
		101	10
(100)	(99)		
10	98		
20	97		
20	96		
买入数量(手)	买入价格(元)		

但订单界面中,冰山订单往往会介于最优买价和卖价之间,如上表中购入100 手 99 元的订单,“对于这种情况,有一个非常简单的探测方法,即发一个最小额度的限价单在订单里,紧跟着取消这个订单。比如这个例子中,发出一个卖价为 99 元的限价单然后取消。以一种微小的成本,就可以发现市场中隐藏着的订单。事实上,的确有人会做这种事情,频繁的发单然后取消,在最优价差之间形成一种高频扰动,用来探测隐藏单”。

试单交易的另一个原因为交易所订单显示间隔,是指交易所显示页面刷新显示最新报价订单和成交价的时间间隔。在市场上交易时,交易者依据所看到的订单页面上的买卖报价和最新的市场成交价格,这些信息的每次刷新之间具有一定时间间隔。例如,中国金融期货交易所的延迟为 500 毫秒,也可以说每 500 毫秒刷新一次以产生最新的订单页面。破坏性交易者可在 500 毫秒里报单,若成交则成交价为交易所 500 毫秒后显示的成交价,未成交则取消订单同时确定该价位没有需求,在普通交易者看到 500 毫秒刷新时的界面前获知了市场深度。

2. 延迟交易

延迟交易又称“误导簇交易”,是指交易者在交易中干扰其他交易者的交易程序,使其不能迅速作出决策或作出错误的决策,或者下达不可成交订单使交易系统不能正常运转,以此来延迟或阻碍他人交易。

延迟交易存在两种类型。第一种类型为干扰其他交易者的交易程序的“误导簇订单”,这些订单如果是无序而且不符合市场行情,就会使其他交易者的交易程序很难作出卖出或者买入的决定,最终误导并延缓其他交易者的交易。这种“误导簇订单”的方法叫作“叠层法(也称为暗盘新风交易),这种算法中的订单会使得其他人的订单进入到一个错误的交易循环中,是一种交易陷阱的类型”。[9] 这些无序的、偏离市场行情的订单流使其他程序化交易者很难在原来极短的时间里作出交易的决策,甚至最终不能作出决策。

有的“误导簇”订单在设定好的特殊价位和数量,使其他交易者的交易程序产生破坏性交易者想要得到的错误决策。这种算法交易的基本技术被称为“蒙骗”。例如,2010 年美国一个称为 P69 高频交易团队,因获知了交易对手的程序算法,在 170 毫秒里发出了 11 条以 101.33 美元的价格购买 2600 股,使附近的另一个交易者的程序作出了买入了 1000 股的决定,此时,P69 团队在 10 毫秒后取消了买入订单,但是另一个交易程序已经买入了 1000 股股票。[10] 此种“蒙骗”交易行为的下单并撤单时具有引诱他人交易的目的,可认定为“虚假报单操纵”市场操纵,不属于破坏性交易。

另一种类型便是破坏性交易者通过高速地报单和撤单来延迟报价系统的运行速度,通常称为“塞单”,从而使其他交易者较晚看到市场信息。美国商品期货交易委员会的解释指导中认为,应将下列的行为认定为具有破坏性,违反了《多德-弗兰克法案》破坏性交易的规则:[11] 一下达或者取消订单使某个交易报价系统超过负荷。该行为是指行为人在交易的过程中利用计算机系统大量的下达订单,但其下单或者撤单的目的主要是让交易报价系统崩溃。提供或者取消订单来阻碍他人的交易。该行为是指行为人在大量下单或者撤单的目的是妨碍他人的交易。分析试单交易和延迟交易可知,美国在对高频交易的监管中认为,利用技术优势更快、更多地获取市场信息或者延迟他人的交易程序,都是对交易市场具有破坏性。笔者认为,实践中还有一种和试单交易具有相同破坏性的交易行为,也同样能够更早地获取市场信息,这种方式便是直连交易。

直连交易是指高频交易者利用传输线路上的优势,缩短交易信息在交易所和交易者之间的传输距离,或者获取交易所提供的额外流量,从而比市场上的其他交易者更早地看到市场信息或者更快地下达订单。直连交易依据获取速度优

---

〔9〕 [法]费雷德里克·勒雷艾弗、弗朗索瓦·比雷:《高频交易之战:金融世界的“利器”于“杀器”》,李宇新、刘文博译,机械工业出版社 2015 年版,第 74 页。

〔10〕 同上书,第 75 页。

〔11〕 Kenneth W. McCracken, “Navigating the Thicket of Disruptive Trading Prohibitions in the Commodity Exchange Act and Exchanges' Disciplinary Rules”, *Banking & Fin. Services Pol'y Rep.*, vol. 34, No. 4, 2015, p. 3. Accessed June 9, 2019. available at: https://1.next.westlaw.com/Document/I4b63d738f07d11e498db8b09b4f043e0/View/FullText.html.

势的方式不同,可以分为临近服务和获取额外流量的直连交易。早在 2009 年,美国的斯皮维就修建了一条直接连接芝加哥商品交易市场数据中心和新泽西纳斯达克数据中心的传输线路,将原有的传输时间缩短了 13 毫秒。[12] 2010 年美国宽带服务商实施了一个(Project Express),修建了首条横跨大西洋的海底电缆,将纽约和伦敦的交易速度加快了 5 毫秒。[13] 美国的很多交易所都是存在竞争关系的盈利机构,所以产生了很多可以购买的所谓的"特殊会员"的席位,而且这些席位多数只属于机构投资者。直连交易的交易员和普通投资者看到的交易价格的时间差距非常大,"加州大学的研究人员发现,在一天之内,从事直连交易的交易员和普通投资者看到的同一只股票的股价存在差异的情况有 55,000 次"。[14] 也就是说,同一时间直连交易的交易者看到的价格和普通交易者不一样,直连交易者看到的是将来的价格。直连交易的交易员通过其交易技术上的优势,在合法的行为中为整个市场带来了不公,和普通投资者完全不处在相同条件下交易,在普通投资者看到市场行情之前,其便得知了交易的具体情况,以此作出交易决策。

综上可知,破坏性交易的破坏性在于破坏了市场交易的公平,"高频交易商可以比其他交易者更快地处理股票价值信息,这样会导致逆向选择从而使其他交易商处于不利的地位"。[15] 破坏性交易者不是通过对股票期货价值进行判断,而是依靠技术优势,较早且看到更多的市场信息或者延迟别人的交易,在此基础上作出决策。

二、破坏性交易理论的构建

在较高的层级法律渊源中,我国《证券法》和《期货交易管理条例》都规定的市场禁止行为主要有内幕交易、虚假陈述和操纵市场,破坏性交易与内幕交易、虚假陈述的区别较为明显,因此,笔者在分析破坏性交易的法律定性时不再讨论

---

〔12〕 参见[美]迈克尔·刘易斯:《高频交易员——华尔街的速度游戏》,王飞、王宇西译,中信出版集团股份有限公司 2015 年版,第 20 页。

〔13〕 参见[法]费雷德里克·勒雷艾弗、弗朗索瓦·比雷:《高频交易之战:金融世界的"利器"于"杀器"》,李宇新、刘文博译,机械工业出版社 2015 年版,第 49 页。

〔14〕 [美]迈克尔·刘易斯:《高频交易员华尔街的速度游戏》,王飞、王宇西等译,中信出版集团股份有限公司 2015 年版,第 148 页。

〔15〕 高英杰:《高频交易理论研究述评》,载《金融理论与实践》2013 年第 11 期。

内幕交易和虚假陈述,通过比较破坏性交易与市场操纵的区别,说明市场操纵来监管破坏性交易的不足,在此基础上构建破坏性交易的理论要件。

(一)破坏性交易与市场操纵的区别

因我国实践中还没有规定破坏性交易,往往用市场操纵理论研究破坏性交易,使监管中产生较牵强的结论。我国《证券法》和《期货交易管理条例》中市场操纵理论要件基本相同,构成要件为:(1)行为人主观上要有操纵证券交易价格的故意;(2)行为人实施了操纵证券交易价格的行为;(3)操纵市场的行为影响了证券交易价格或者交易量,造成了受害人的损害;(4)操纵市场的行为与受害人之间存在因果关系。[16] 这4个要件,基本上是类比侵权行为的4个构成要件,其从民事侵权行为的角度来认定市场操纵。

破坏性交易和市场操纵存在部分的重合,但大部分行为存在较大区别,其主要的区别在交易的主观意图、行为特征和行为后果上。

1. 主观意图不同

市场操纵的主观意图是欺诈,具有故意引诱他人交易的目的,而破坏性交易并不都具有欺诈的目的。

破坏性交易中的试单交易,是通过订单流去发现潜在的冰山订单或者发现交易所未显示的交易信息,以获得更多的市场信息。直连交易是利用交易技术上的优势较早看到市场信息,延迟交易中延迟报价系统和延迟其他交易者作出决策的时间,也均不具有欺诈性。

2. 行为特征不同

破坏性交易中和市场操纵中的"虚假报单操纵"都具有高速下单并撤单的特点,但主要有以下三个方面区别:

第一,价格梯度不同。

破坏性交易中的试单交易,为了达到探测市场深度的最佳效果,通常是多个价位同时下单,价格梯度多。延迟交易中为了干扰其他人的交易程序,其订单的梯度往往也是多梯度分散且没有规律的。因为只有这种形式的订单,才能使其他交易者的交易程序很难计算出市场价格的走势。

然而,市场操纵中的报单为了拉动市场的价格走势,往往下单的价格梯度较小,只有在较小的价格梯度的范围内,才能给市场制造出一种虚假的价格趋势,引诱其他交易者参与交易,达到操纵市场的目的。

---

[16] 参见符启林:《证券法理论·实务·案例》,法律出版社2007年版,第183页。

第二，报单的数量不同。

破坏性交易中的试单交易，一般下单数量都较少，主要是为了节约试单交易的交易成本。试单交易一般以最小的下单量进行探测；延迟交易干扰其他人交易程序算法时，每个价位都是少量的无序订单，少量订单会使其他程序难以计算出价格的趋势，市场操纵需拉动价格或者制造价格虚假的价格走势，往往需要大量的报单。

第三，破坏性交易和市场操纵成交可能性不同。

破坏性交易中试单交易是为了准确地探测市场的深度，通过成交和未成交的订单来预测，下单时订单成交的可能较小。延迟交易产生一些无序的成交信息，来干扰其他程序化交易者的交易，大多都是不能成交的订单，因为成交订单会增加破坏性交易者的成本。

然而，在传统市场操纵中，其报单一般是能成交的，如在联合买卖、自买自卖和相对委托中，都是通过完成交易来制造市场虚假的价格走势。只有在“虚假报单操纵”这个操纵方式中，这些报单一般都有预先设计好的触发条件，当市场满足触发条件时原来的报单就会撤销，或者设定在一定的极短的时间内撤销，虚假报单操纵中的订单很难成交。

3. 行为后果不同

破坏性交易和市场操纵的后果不同，主要是对市场价格的影响不同，破坏性交易一般不会制造人为的价格走势，而市场操纵行为一定制造虚假的走势。在市场操纵行为中行为人为了引诱其他人参与交易，依靠引诱他人交易而获利。破坏性交易中行为人利用高频交易技术获取临时市场信息优势后，跟随价格的变化趋势作出交易的决策，而非制造一个人为的市场价格，主要依靠比他人更早或更多地看到市场信息，或者更快地作出决策来获利。

（二）破坏性交易的理论构建

传统的市场操纵理论都建立在反欺诈的基础上，在高频交易时代破坏性交易并不具有欺诈的性质，这使传统的市场操纵理论不能监管破坏性交易。因此，需要构建一个新的破坏性交易理论，以 3 种破坏性交易的共性作为破坏交易的构成要件。

1. 破坏性交易的主体要件

破坏性交易的主体要件为具有技术优势的机构投资者。现有的试单交易、直连服务和延迟交易都要求交易者具有一定的相对其他交易者的技术优势，一般普通个人投资者几乎不可能具有从事破坏性交易的能力。

将来进行高频交易的一般都是机构投资者，而普通投资者因缺乏进行高频交易或程序化交易所需的各种软硬件条件,有可能导致“散户边缘化”,造成事实的不公平。从事破坏性交易需要大量的资金来源。根据《交易者》杂志分析,在美国高频交易公司的资金通常来自对冲基金和私募股权,投资至少达到1000万美元至1亿美元的额度。[17] 在原来的直连芝加哥南区的数据中心和新泽西北部的股票交易市场之间修建的直连传输线路,费用预计在1060万~2000万美元,[18]这样巨大的资金需求量,一般的个人投资者几乎不可能具有。所以,从事破坏性交易的一般都是具有大量资金来源的高频交易机构投资者,而个人投资者是破坏性交易损害的对象。

2. 破坏性交易的行为要件

破坏性交易从行为特征上来看,为交易者通过技术优势建立了临时市场信息优势,利用临时市场信息优势去判断市场价格,最后跟随价格的走势而获利。因此,可以将这3个行为特征作为破坏性交易的行为要件。

破坏性交易中的一个重要的特征是建立一个临时市场信息优势,那么,该如何界定临时市场信息优势?破坏性交易中的“临时市场信息优势”与我国2014年《证券法》第77条和《期货交易管理条例》第71条所说的“利用信息优势”不同,前者指破坏性交易者通过交易技术获得的、用以判断下一步市场交易价格的市场信息,后者主要指影响投资判断的之前已经存在的市场信息。对于2014年《证券法》第77条中的“信息优势”,《中国证券监督管理委员会证券市场操纵行为认定指引》将其认定为对市场有重大影响的会计报告信息、政策信息、重大投资者和交易机构信息和市场交易信息。[19] 破坏性交易中的“临时市场信息优

[17] 参见《华尔街上的委托订单流的有毒交易:迅猛增长的交易量和波动性背后的真正推手》,载《塞密斯公司白皮书》,转引自[美]萨尔·阿努克、约瑟夫·萨鲁兹:《华尔街数据大盗:高频交易的罪与罚》,刘飏译,人民邮电出版社2014年版,第29页。

[18] 参见[美]迈克尔·刘易斯:《高频交易员——华尔街的速度游戏》,王飞、王宇西等译,中信出版集团股份有限公司2015年版,第21页。

[19] 《中国证券监督管理委员会证券市场操纵行为认定指引》第19条:信息优势,是指行为人相对于市场上一般投资者对标的证券及其相关事项的重大信息具有获取或者了解更易、更早、更准确、更完整的优势。

前款所称重大信息,是指能够对具有一般证券市场知识的理性投资者的投资决策产生影响的事实或评价。下列信息属于重大信息:

(一)《证券法》第65条、第66条、第67条、第75条及相关规定所称中期报告、年度报告、重大事件和内幕信息等;

(二)对证券市场有重大影响的经济政策、金融政策;

(三)对证券市场有显著影响的证券交易信息;

(四)在证券市场上具有重要影响的投资者或者证券经营机构的信息;

(五)中国证监会或证券交易所认定的重大信息。

势”和财务报告信息、政策信息、重大投资者和交易机构信息有明显的区别,那是否属于“市场交易信息”? 目前,对指引中的“市场交易信息”没有明确的解释,从本质上来看,两者概念有一定的重叠,可以解释为“市场交易信息”,包括“临时信息优势”。

临时市场信息优势表现为更早或更多地看到市场信息,或通过延迟他人决策达到和拥有临时市场信息相同的效果。这在试单交易中表现为更多的“市场的深度”;在直连交易中表现更早看到市场信息;在延迟交易中,“误导簇”订单干扰其他人的交易程序,如果干扰了交易程序的计算速度,使其交易程序作出速度决策变慢,等同于建立了临时的市场信息优势。利用临时市场信息优势去判断市场价格,最后跟随价格的走势而获利。

3. 破坏性交易的结果要件

破坏性交易会对证券和期货市场造成一定的损害结果,本质上为破坏了市场公平,破坏性交易者不再依靠对投资标的价格的判断,而是依靠技术手段更早、更多地看到市场信息,更快作出决策,和其他交易者的“游戏规则”不同。客观上,其表现为两种:一种减少其他交易者的交易机会,破坏性交易者利用临时性的市场信息优势抢在其他交易者作出交易决策,这样市场上可成交的订单就会减少,随之,其他交易者的交易机会便会减少,损害了其他交易投资者的利益;另一种是导致其他交易者作出错误决策或者不能作出决策,从而造成损失。

三、我国破坏性交易的现状及法律规制

我国的证券和期货市场交易制度和其他很多国家存在较大差异,同时,国内计算机硬件技术和信息传输技术的限制也使国外部分高频交易不能在中国实现,但这不意味着我国就不需要监管高频交易。

正如中国金融期货交易所股指事业部韩洁冰所言,尽管目前我国市场内短线较快速的交易策略可以实现一定规模,但离海外市场所定义的高频交易、高速交易还差距较大,更多的是类高频交易。尽管股指期货市场上有些交易算不上真正的高频交易,但速度高于普通投资者,对这种类高频交易需要加强监管。

我国现在将其称为“类高频交易”,是因为我国高频交易并没有美国和欧盟那种一秒内上万次的交易速度,但是相对于普通投资者,即我们通常所称的市场上的“散户”,这些类高频交易也存在破坏性,其在交易原理上与美国破坏性交易是相同的,造成的危害也是相同的。

(一)我国存在的破坏性交易

我国的交易制度和市场状况与外国存在很大的不同。例如,我国股票市场的"T+1"制度,深圳证券交易所(以下简称深交所)和上海证券交易所(以下简称上交所)不使用冰山订单,中国金融期货交易所限制交易频率等,但这些制度只是使国外那种完全不受约束的、一秒钟内交易数万次的高频交易不存在于中国,但是我国还是存在试单交易、直连交易和延迟交易等破坏性交易。

1. 我国存在的试单交易

如上文所述,试单交易主要存在的原因是冰山订单和交易所数据显示延迟,而这两个原因在我国证券和期货市场都存在。

实际上,我国冰山订单依然存在。虽然上交所和深交所的交易系统现在都不支持冰山指令,但是我们可以通过一些算法交易平台(如海通算法交易引擎),编程实现该项指令的功能。[20] 我国的冰山订单和国外的冰山订单有所不同,国外的冰山订单是交易者直接将大额订单申报至交易所,在交易所的系统中设置暴露量和隐藏量,全部订单一次性到达交易所,而我国的冰山订单是通过程序化的交易软件来实现的,其将一个大额订单在下单前拆分为多个,一次下单时就可能只下单一部分,这一部分就相当于国外冰山订单中的暴露量,剩下的订单在之前送达的订单被交易后,由事先设定好的程序送达交易所,如果不考虑传输过程中的延迟,这和国外的冰山订单在效果上并无区别。

伊世顿的案件证明了我国另一种试单交易的存在,那就是利用交易所市场信息显示间隔来进行试单交易。伊世顿案件并不是特例,"在中国期指市场上拥有类似高超赚钱手段的公司并不只伊世顿一家,有数家类似公司还不为外界所知"。[21] "某私募高频交易人士结合伊世顿非法利用30余个账户分析认为,更有可能的一种情况是伊世顿绕过期货公司柜台风控后,采用高频订单流去探测500毫秒内订单价差和深度,从而判断超短时差的方向。"[22] "伊世顿公司通过超高批量次批托下单不断试探500毫秒内对手方的订单报价,从而判断这一极短时间内围绕切片数据的市场交易方向。"[23] 但是,这多个账户之间的部分订单流成交,有了自买自卖的现象,我国在监管中仅以自买自卖的行为对该案定性,

---

[20] 参见吴先兴:《算法交易研究系列(七),冰山指令简介》,载百度文库:https://wenku.baidu.com/view/90ad1dd726fff705cc170a90.html,最后访问日期:2019年4月4日。

[21] 李哲:《又有"伊世顿"被查——以高频交易获暴利》,载《证券时报》2015年11月25日,第1版。

[22] 李娜:《境外期货操纵案发——伊世顿高频交易解密》,载《财会信报》2015年11月9日,第6版。

[23] 王新瑜:《伊世顿股指期货市场操纵行为分析及治理对策建议》,上海师范大学金融学2018年学位论文,第26页。

忽略了其背后的试单行为。

2. 我国存在的直连交易

伊世顿案件暴露了我国的期货市场上的直连交易的存在。在伊世顿案件中,为了追求交易速度,不仅通过设计的程序绕过期货公司的风控而下单,更通过租用上交所的机房位置,基本实现了"直连",取得了比我国其他高频交易者更大的速度优势。"证券期货交易所为高频交易者提供的主机托管业务(Co-location)给市场的公平性带来挑战。"〔24〕

然而,这种直连交易在我国期货市场上是经常存在的。对于我国的此类市场直连的高频交易行为,"其实这在期货公司是很常见的,以上海期货交易所CTP系统张江机房为例,大公司买了许多机柜,小公司就租一两个机柜,放服务器,客户直接用某一个直连交易所,和在场内马甲下单速度差不多。至于境外下单,用远程就能实现,一点不复杂,远程再加直接连到张江机房,就实现境外高速交易了,这根本谈不上植入攻击交易所服务器"。〔25〕 由此可见,我国的期货交易市场中存在破坏性交易中的直连交易,这对市场的公平和稳定都有很大的损害。

3. 我国存在的延迟交易

我国的交易所延迟交易较早就已经存在,在2010年指定的《中金所期货异常交易监控指引》中规定的"异常交易行为"中包括,"通过计算机程序自动批量下单、快速下单影响交易所系统安全或者正常交易秩序",在中金所制定该指引前,对此类行为多是通过《刑法》中的破坏计算机信息系统罪来定性。

目前,我国交易所和券商交易系统和国外相比,更容易被高速下单和撤单行为延迟。2015年"股灾"期间,我国就连续出现了证券公司交易系统崩溃的案例,"2015年5月29日,招商证券、东兴证券、齐鲁证券、国泰君安等证券公司信息系统发生中断或缓慢"。〔26〕 5月30日,多家券商的交易系统是超负荷运转崩溃。〔27〕 同时,据称,当日中国登记结算公司的结算系统也出现了短暂的崩溃。

与国外的延迟交易相比,因为我国的交易系统的承载能力较低,目前若是像国外一样微秒级别或者纳秒级别的报单和撤单,则可能直接导致交易所系统崩溃,我国延迟交易所报价系统的行为并不像美国市场那样普遍。

〔24〕 李敏波:《从美股"5.6闪电崩盘"看高频交易对市场的影响》,载《金融发展研究》2011年第7期。

〔25〕 常亮:《0.001秒拉开高频交易获利差距"幌骗"迫"猎狼人"金盆洗手》,载《21世纪经济报道》2015年11月4日。

〔26〕 朱宝琛:《证监部门处罚部分信息系统"瘫痪"券商》,载《证券日报》2015年6月6日,第1版。

〔27〕 参见张意梅:《多家券商交易系统被爆瘫痪》,载《深圳商报》2015年5月30日,第1版。

(二)现有监管法律规范的不足

目前,在监管破坏性交易时会遇到和监管其他新型高频交易同样的问题:仍以人工交易为基础的法律监管体系本身正面临重大挑战,“自动交易系统、算法交易、高频交易这些复杂金融科技的广泛使用,如何能够嵌入既有证券期货的法律框架?在实务中如何解释或修正现有的立法条款,既能容忍金融科技的创新发展,同时划定入罪的明确界限?”目前我国,在监管中最大的不足就是以市场操纵理论来规制破坏性交易。此外,我国监管破坏性交易的现有措施就是限制交易频率,但是这种措施并不能有效地规制破坏性交易。

1. 以市场操纵理论来规制破坏性交易

目前,我国规制破坏性交易的相关法律规范,都是建立在市场操纵理论体系上,造成了破坏性交易监管的漏洞。现有的监管法律规范主要是我国《证券法》和《期货交易管理条例》及其配套的解释中有关市场操纵的内容,其次是《中国证券监督管理委员会证券市场操纵行为认定指引》,都是建立在传统反欺诈市场操纵理论上的。

为了应对程序化交易的发展,中国证券监督管理委员会(以下简称证监会)制定了两个具有较强针对性的法律规范,即证监会 2010 年 9 月下发的《期货交易所业务活动监管工作指引第 9 号——关于程序化交易的认定及相关监管活动的指导意见》及 2015 年 9 月发布的《证券期货市场程序化交易管理办法》。破坏性交易是高频交易中损害市场公平的交易行为,是程序化交易的一种,所以这个指引和管理办法对破坏性交易有一定的针对性。

然而,这两个证监会的法律文件都存在一定的不足,《期货交易所业务活动监管工作指引第 9 号——关于程序化交易的认定及相关监管活动的指导意见》制定时,“由于 2010 证监会对于高频交易的利弊、监管细则没有达成共识,这个指导意见只是一个自律监管的框架”,[28] 对程序化交易的概念都只有一个较模糊的界定,更没有对交易的具体认定作出规定,而是授权交易所根据实际情况对高频交易进行监管。

2015 年 9 月发布的《证券期货市场程序化交易管理办法》是在 2015 年 6 月的“股灾”后制定的,因为高频交易被认为“股灾”的原因之一,且随之出现了伊世顿案件,在该办法中规定了证券自买自卖、期货自成交、频繁报撤且成交较低、

---

〔28〕 肖凯:《高频交易与操纵市场》,载《交大法学》2016 年第 2 期。

影响收盘价、误导他人交易、制造趋势以影响价格及其他等7类违规行为。[29] 然而，仔细分析该管理办法中的条款可知，这些规定依然是原有市场操纵行为，并没有实质性的改变。《证券期货市场程序化交易管理办法（征求意见稿）》第18条[30]中的第1款和第2款，这两款的规定其实就是《证券法》所规定的自买自卖和约定交易行为，只是原来规定是多个行为人多个账户，现在改为同一主体的多个账户，并未作实质性改变。第3款和第4款这两个规定均是来自《中国证券监督管理委员会证券市场操纵行为认定指引》中第5节规定的虚假申报操纵行为和尾市交易操纵行为。第5款中"误导其他投资者决策"是市场操纵欺诈本质中"引诱他人交易"这个要件最直接的体现。第6款体现的是市场操纵欺诈本质中"制造人为价格"这个要件。

通过上述分析可知，我国目前针对程序化交易的监管几乎全部依据市场操纵理论来制定规范，然而对不具有市场操纵性质的破坏性交易没有制定专门的规定，这必然造成在对破坏性交易的监管中的法律漏洞，给予行为人逃避法律约束的机会。

2. 频率约束规范不能阻止破坏性交易

目前，我国对高频交易的监管思路就是限制交易频率，"真正扰乱市场的，跟频率没有关系，就算是低频，如果市场容量小，照样影响"。[31] 频率只是交易的表象，阻止破坏性交易就要有清楚其违法性的本质，再由法律规范提供明确的法律依据，而限制频率只是现在暂时缓解对市场危害的"权宜之计"，并不能阻止破坏性交易。

---

[29] 本文中这7种行为名称的依据为证监会公布的《证券期货市场程序化交易管理办法（征求意见稿）》起草说明。

[30] 《证券期货市场程序化交易管理办法（征求意见稿）》第18条规定：程序化交易者参与证券期货交易，不得有下列影响交易价格或交易量的行为：

（1）在属于同一主体或处于同一控制下或涉嫌关联的账户之间发生同一证券的交易；

（2）在同一账户或同一客户实际控制的账户组间，进行期货合约的自买自卖；

（3）频繁申报并频繁撤销申报，且成交委托比明显低于正常水平；

（4）在收盘阶段利用程序进行大量且连续交易，影响收盘价；

（5）进行申报价格持续偏离申报时的市场成交价格的大额申报，误导其他投资者决策，同时进行小额多笔反向申报并成交；

（6）连续以高于最近成交价申报买入或连续以低于最近成交价申报卖出，引发价格快速上涨或下跌，引导、强化价格趋势后进行大量反向申报并成交；

（7）其他违反《证券法》《期货交易管理条例》等法律法规，影响证券期货市场正常交易秩序的程序化交易。

[31] 安敏：《高频交易及我们所面临的风险》，载《中国证券期货》2015年第8期。

在2015年中国股市动荡中，有一种说法认为，股指期货市场上的破坏性交易是A股大幅度下跌的原因，其甚至支持我国暂停股指期货交易。上交所在此后对中国股指期货的每日开仓数额进行了限制。“在2015年8月25日，中金所将非套期保值持仓的交易保证金由12%梯度性上调至20%，同时将单个股指期货产品、单日开仓交易量限制在600手内，8月28日，将非套期保值持仓的交易保证金一次性提高至30%，同时将单个产品、单日开仓交易量限制在100手内，该措施于8月31日起施行。9月2日，一次性将开仓交易量限制在10手内，同时将非套期保值持仓交易保证金标准提高至40%，并将日内平仓手续费提高至万分之三。”〔32〕经过这些一系列的调整，不具有套期保值的投机者第一次开仓交易量从1200手下降到了10手，同时也将每日报撤单超过400次的认定为“异常交易行为”，进一步限制高频交易的存在。自2017年2月17日结算时起，对于非套期保值的交易者，沪深300和上证50股指期货的持仓的交易保证金标准又从40%调整为20%，中证500的持仓保证金由40%调整为30%，套期保值者持仓的交易保证金仍为合约价值的20%。

“虽然我国股指期货市场不是做市商制度，但是在股指期货市场中存在高频交易者或者流动性提供者，高频交易者充当了做市商的角色。”〔33〕股指期货“T+0”制度不同于股票市场，高频交易者主要是利用试单、直连交易策略，“误导簇订单”在低频中仍然可以干扰其他交易者的交易程序。所以我国股指期货市场的限制行为可以限制高频交易的规模和次数，但并不能阻止破坏性交易的存在。

“股指期货市场上属于高频交易或接近于高频交易的有两类，一类是一些规模较大的投资者，通过申请套保套利额度，规避投机账户对报单数量等方面的限制，通常利用设定好的交易策略，由计算机完成订单生成、执行、成交等，这类投资者接近真正意义上的高频交易者。”〔34〕所以，在期货市场上只要申请了套期保值的资格，大的高频交易机构还是可以从事破坏性交易，完全不受我国现有频率规范的限制。因此，在股指期货市场上的限制行为，并不能完全消除破坏性交易的存在。

所以，在监管新的破坏性交易的法律实践中，应先通过立法形式确立破坏性

---

〔32〕 吴黎华：《股指期货如何走出雷区》，载《经济参考报》2015年12月15日，第6版。

〔33〕 刘文文、张合金：《测量高频交易领域中的指令流毒性——基于我国沪深300指数期货的实证研究》，载《中国经济问题》2013年第1期。

〔34〕 韩洁冰：《高频交易认定标准及最新监管趋势》，载个人图书馆网：http://www.360doc.com/content/16/0810/11/35382359_582191176.shtml，最后访问日期：2019年4月5日。

交易这一新型市场违法行为,在此基础上进一步确立实践中的界定标准。

1. 在较高立法层面确立破坏性交易

面对在证券和期货交易市场都存在的破坏性交易,需要在《证券法》和《期货法》基本法律层面,或者国务院行政法规的层面给予规制破坏性交易法律依据,将其作为规制破坏性交易的基本规范,以适应法律监管的要求。

破坏性交易是随着市场交易技术发展而产生的新型违法行为,暴露了原有法律规范在新型交易技术下存在的漏洞。随着高频交易技术的发展,将来可能会产生新的高频交易策略,部分策略可以在市场操纵理论的法律规范下监管,更多的则需要破坏性交易理论,因此,应该在立法中明确一个破坏性交易的概念,清楚地反映破坏性交易的本质特征,同时规定相应的兜底条款,以适应新的破坏性交易行为的出现。

如上文所述,破坏性交易理论的法律规制中应给出破坏性交易的定义,可首先在立法中明确破坏性交易的定义为:交易者在市场交易时,交易者通过交易技术优势建立相对其他交易者的极短时间内的临时市场信息优势,并利用该信息优势作出交易决策,从中获取利益损害市场公平的交易行为。

在以立法的形式确定了破坏性交易的法律定义后,可以列举的方式规定几个典型的行为:(1)通过高频交易技术探测市场情况,获取市场深度等临时市场信息优势,并利用该信息获利;(2)利用技术优势优先于普通交易者提前看到市场信息,并利用该信息获利;(3)通过短时间内报入大量交易申请,延迟其他交易者交易来获取相对速度优势,或者通过报单和撤单来干扰其他交易者交易程序;(4)其他符合破坏性交易的行为。

通过在较高的基本法律的层面或者国务院行政法规的层面来确立破坏性交易行为,在立法中给予破坏性交易一个明确概念,同时列举时规定相应的兜底条款,既能在使现有的破坏性交易融入监管框架,又能规制将来可能出现的新的破坏性交易。

2. 监管机构进一步细化破坏性交易的认定标准

目前,破坏性交易很容易被认定为“异常交易行为”,但是“即使一些高频交易公司在期货市场进行正常的高频交易,也可能被认为是异常交易行为而被终止,给投资者、中介机构带来风险隐患”。[35] 在基本法律或者国务院行政法规的较高层面确立了破坏性交易,同时在具体监管中则需由监管机构进一步细化破坏性交易的认定标准,这些具体的标准可以是具体的行为特征,也可以是量化的

---

〔35〕 叶伟:《高频交易给国内证券期货监管带来的机遇与挑战》,载《清华金融评论》2014 年第 12 期。

指标。

结合美国监管机构和欧盟监管机构的实践,交易所在监管中具有更好的便利性,同时也能发挥更快的监管效果,因此,我国的破坏性交易认定标准的细化可以考虑由交易所来制定,主要细化的认定标准有三个方面。

2.1　细化错单认定的标准

破坏性交易中的试单交易和延迟交易都有下单和撤单的行为,依据美国的经验,行为人在对其破坏性交易进行抗辩时最常用的抗辩理由就是错单,因此,"明确错单标准是我国证券期货市场面临的新的课题"。[36]

基于美国的实践,一般从订单的数量、订单价格的梯度和市场的当时行情来界定行为人是进行试单或者延迟交易,还是真正的错单。如果一个交易者所下单的订单是价格梯度较大,每一个价格梯度的订单较少,一般会认为是在探测市场信息,如果较集中则会认为存在市场操纵,如果是无序的明显不符合市场行情的订单,则认为是延迟交易中的"误导簇订单"。

错单的认定是区分市场操纵和破坏性交易的重要环节。破坏性交易的试单是为了探测市场信息,而没有去制造人为市场假象的意图,但是,去探测市场的订单客观上肯定会造成市场的变化,那么这些变化是否是错单引起的,则需要一个操纵性较强的标准。试单交易和延迟交易都需要排除错单,则细化错单的认定标准是认定破坏性交易的关键步骤,因此,我国在具体规制破坏性交易的过程中,应该细化错单的认定标准。

2.2　规定临时市场信息优势的认定标准

破坏性交易的特点在于交易者利用高频交易技术获取市场的临时市场信息,应主要认定为更早或者更多地获取了市场深度,或者延迟了别人对市场信息作出决策的时间来达到同样的效果。具体认定可参考两方面因素。

一方面,一个重要的标准是获取途径标准。如果一个获取市场信息的途径是大多数人能够达到的,即便是相对一小部分人优先,那么这种大多数人都能获取的信息就不存在优势,甚至是一种正常的竞争行为;但如果只是少数人能够获取的信息途径,多数普通投资者不能获得,那便是对市场公平的破坏。因此,需要对获取途径规定一个可操作的标准,这样就能为实践中认定破坏性交易提供较强的可操纵性。

另一方面,需要规定对"临时"的界定规定一个细致的标准,破坏性交易的交

---

〔36〕　李敏波、孟辉、孔哲:《从美股"5.6闪电崩盘"看高频交易对市场的影响》,载《金融发展研究》2011年第7期。

易者获取临时市场信息后优于其他人的时间，一般都在毫秒或者微秒级别，所以监管机构要结合市场的交易者具体情况，确定“临时”的认定标准。“临时”的标准在其他非高频程序化交易者和普通的个人投资者之间应该有所不同。例如，延迟交易中的“误导簇订单”延迟了程序化交易不到1秒时间，但这可能就是巨大的“临时优势”，而对于个人投资者，“临时”的标准应该是更长的时间。

2.3　规定利用临时市场信息优势和所得利益的因果关系认定标准

破坏性交易者并不去制造市场假象，而是利用所获得的临时市场信息优势去获利，所以在实践中就要认定其获得的临时市场信息和所获利益的因果关系。在市场操纵理论中，市场操纵者的获利和其操纵行为的因果关系认定是一个非常重要的环节，也是区分法律规定的“联合买卖”是否违法的重要标准；同理，在破坏性交易的认定中，也应认定其获得的市场信息优势和获利之间存在一定的因果关系。

一个正常的交易者，根据自己的交易状况也可以推断出市场行情，这是完全合法的行为，破坏性交易者的特点就在于其对市场行情的获取方式违反了公平机制，但是危害的后果是自己获利而剥夺了其他交易者获利的机会，或导致其他交易者作出错误的决策，在具体的认定中就必须认定其违法行为和危害后果之间的因果关系。该因果关系的认定，有利于区分高频交易的合法和违法，将符合条件的高频交易行为认定为破坏性交易。

综上所述，我国现有的法律规范不能有效监管存在的破坏性交易，市场操纵理论在监管中存在不足，市场频率约束机制也不能有效规制破坏性交易。因此，我国需要从较高的立法层级上规定破坏性交易，以此作为监管破坏性交易的基础，同时在监管实践中细化错单的认定标准，规定临时市场信息优势的认定标准和利用临时市场信息优势和所得利益的因果关系认定标准，以此来规制破坏性交易，确保证券期货市场的公平，维护投资者对证券期货市场的信心。

期货及衍生品法律评论
第二卷,第 92 ~103 页

境外交易所订单信息量监管的经济手段对比研究

——以 ICE、CME 和 Eurex 为例

张孟霞*　吕　洋**

摘要:在程序化交易的浪潮冲击下,计算机产生的订单信息流的快速增长增加了交易所基础设施的压力,甚至降低了市场的有效运转和功能发挥。美国和欧盟等成熟市场的交易所陆续采取各种监管措施调节过量订单信息,其中较具有代表性的是美国洲际交易所的信息量方针、芝加哥商业交易所的订单信息效率计划以及欧洲期货交易所的系统过度使用费制度等。在具体的制度安排上,各家交易所有以下异同:一是均采用信息量的指标来度量市场参与者对交易所系统资源的消耗程度,但统计方式各有不同;二是不以信息量的绝对值作为监管指标,而是引入各类动态参数计算额度限制;三是经济手段到达的层级不同,大部分到会员层级,也有部分监管制度适用于更微观层级。随着程序化交易在我国期货市场的快速发展,可以考虑参考 CME、ICE 和 Eurex 的相关实践经验,提高我国期货市场监管的针对性、科学性、有效性。

关键词:信息量　订单成交比　经济手段

在程序化交易的浪潮冲击下,计算机产生的订单信息流

* 中国金融期货交易所监查部。

** 中国金融期货交易所监查部。

的快速增长增加了交易所基础设施的压力,冗余和低质量的订单信息甚至降低了市场的有效运转和功能发挥。美国和欧盟等成熟市场的交易所陆续采取各种监管措施调节过量订单信息,其中共通的一项是收取系统过度使用费或超额信息费,以经济手段促使市场参与者[1]实施更负责和理性的报/撤/改单行为。下文以洲际交易所、芝加哥商业交易所和欧洲期货交易所为例,分析3家交易所在相关监管制度上的具体内容及其异同。

一、洲际交易所的信息量方针

美国洲际交易所(Intercontinental Exchange,ICE)下属的ICE美国期货交易所和ICE欧洲期货交易所均在交易规则中列明"交易所信息量方针"(Exchange Message Policy),[2]并以交易所通知的形式进一步明确实施细则。[3] 该方针通过对超过交易所设置的信息量指标的市场主体进行惩罚性收费,以达到减少对市场流动性无益的低质、过量订单信息的目的。

(一)涉及品种和适用主体

ICE信息量方针适用的品种是相对活跃的9个期货品种,包括ICE美国期交所的可可期货、2号棉花期货、"C"咖啡期货、11号糖期货、罗素指数期货和美元指数期货,ICE欧洲期交所的布伦特原油期货、天然气期货和西德克萨斯轻质原油期货。其适用的对象基于欧美清算代理模式的不同而有所不同。ICE美国期交所的信息量方针适用的对象是使用交易所电子交易系统的直接接入服务(Direct Electronic Access),且在指定品种上的日均信息量在10万条以上的交易公司。ICE欧洲期交所的信息量方针适用的对象是会员,会员自营交易和其代理清算的每个客户的信息量应分别计算,任一超过交易所规定的信息量指标都被视为违反信息量方针,但惩罚性收费由会员统一向交易所缴纳。

(二)主要监管指标和计算方式

1. 订单信息量的统计

在ICE的电子交易系统中,订单的提交、修改、撤销、成交均统计为一条信息

[1] 市场参与者包括各类直接或间接参与交易的市场主体。

[2] Exchange Message Policy, https://www.theice.com/publicdocs/rulebooks/futures_us/--Appendix_ll_Exchange_Messaging_Policy.pdf, June 30, 2019.

[3] 参见ICE美国期交所Circular 10/095,ICE欧洲期交所Circular 11/001。

量，同时，以与当前市场最优买卖价格的偏离度为依据，设置了信息量统计系数，与当前市场最优价格越接近的订单被认为质量更高，折合成的信息量更低，甚至不统计；反之，价格偏离度越高的订单被认为质量更低，折合成的信息量则更高。见表1所示。

表1　ICE订单信息量统计系数

订单价格与市场最优价格的偏离	统计系数	说明
优于当前最优买卖价	0.0	不予统计
等于最优买卖价	0.0	不予统计
1个最小变动价位	0.5	乘以系数统计
2个最小变动价位	1.0	乘以系数统计
3~5个最小变动价位	2.0	乘以系数统计
>5个最小变动价位	3.0	乘以系数统计

2. 加权信息量成交比率

ICE订单信息量监管的核心指标不是信息量的绝对值，而是以与当前市场最优买卖价格的偏离度为依据判断报单质量，进而设置不同质量订单的信息量统计系数，形成动态的信息量与交易量比率监管指标，即加权信息量成交比率（Weighted Volume Ratio，WVR）。WVR的计算方式是对每个交易公司的每交易日信息类型根据统计系数进行分类计算后加总，然后除以当日成交量，公式如下：

$$加权信息量成交比率 = \sum(信息量计算系数 \times 订单信息量) / \sum 成交量$$

（三）违反监管指标的处罚

如果一个市场参与者在某一交易日的WVR等于或超过100，会收到交易所的提醒；如果一个日历月份有7天的WVR等于或超过100，则当月应缴纳1000美元罚金；如果某一交易日的WVR等于或超过500，则当日需要缴纳2000美元罚金。除了收取罚金外，ICE还可以基于自由裁量，对其认为报单行为有损市场正常秩序的市场主体采取限制交易或者市场禁入等监管措施。

二、芝加哥商业交易所的订单信息效率计划

芝加哥商业交易所（Chicago Mercantile Exchange，CME）于2013年1月2日

启动电子交易平台订单信息效率计划(CME Globex Messaging Efficiency Program)。该计划的主要目的为:一是增强全市场的运行质量,减少冗余的低质量信息;二是鼓励所有市场参与者自身积极监测并适当控制发送到 Globex 平台的订单信息;三是有效控制随着市场扩大和参与主体增加所带来的交易所基础设施费用的增加。

(一)涉及品种和适用主体

订单信息效率计划适用的期货品种包括在 CME 集团旗下芝加哥期货交易所(Chicago Board of Trade, CBOT)、芝加哥商业交易所(chicago mercantile exchange, CME)、纽约商品交易所(New York Mercantile Exchange, NYMEX)、纽约金属交易所(New York Commodity Exchange, COMEX)这 4 家交易所上市的大部分商品期货、指数期货、利率期货、外汇期货、能源期货、金属期货等。该计划分品种(不分合约)[4]设置监管指标,如迷你标普 500 指数期货、日经 225 指数期货、2 年期美国国债期货、10 年期美国国债期货、欧洲美元期货等。

该计划适用的对象层级分两种情形:第一种,一般来说是 Globex 电子交易平台的交易执行经纪商层面(Executing Firm Level),CME 也可以视情况将同一客户通过不同经纪商执行的信息量合并计算;第二种,当市场存在报撤单多但成交少、整体订单质量低的情况时,CME 可以将该计划推广适用于更微观的操作终端层级(Tag50 ID Level)。根据 CME 交易所规则第 576 条的规定,所有 Globex 终端用户以 Tag50 ID 为唯一的身份认证,并使用该 ID 进行下单,交易执行经纪商要确保每个订单上涵盖 Tag50 ID 信息。对于以手动交易方式提交的指令对应的 ID 可以追溯到输入指令的个人;对于通过程序化方式提交的指令,对应的 ID 可追溯到操作该程序化系统的个人或团队。

(二)主要监管指标和计算方式

1. 订单信息量的统计

CME 的信息量统计有“原始信息总量”和“信息总量得分”两个维度。原始信息总量是指报单、改单、撤单和 FAK/FOK 指令订单的数量加总,用于粗略判断市场参与者的日常信息总量在市场中大致处于何种档位。信息总量得分则是引入了根据订单类型设置不同统计系数的做法,用于精确计算市场参与者是否符合相应监管要求。在信息总量评分体系中,新报单被认为有利于提高市场流动性和订单深度,故系数设置为 0,即不将其纳入订单信息量统计,而撤单和 FAK/FOK 指令被认为可能会对市场有效性产生负面影响,故系数设置为 3。不

[4] CME 规则原文采用产品组(Product Group)的写法。

同订单类型的数量乘以统计系数后相加,即得出“信息总量得分”。见表2所示:

表2 CME订单信息量统计系数

报单类型(Order Type)	预设系数(Pre-Defined Factor)
新报单(New order)	0
改单(Order modification)	1
撤单(Order cancellation)	3
FAK/FOK指令(FAK/FOK order)	3

信息总量得分(Messagingscore) = 申报订单量 ×0 + 修改订单量 ×1 + 撤销订单量 ×3 + FAK/FOK报单量 ×3

2. 信息量成交比率

CME订单信息量监管的核心指标不是原始信息总量的绝对值,判断市场参与者是否违反订单信息效率计划的关键是计算订单信息总量得分与成交量的比值,可称为成交比率(Volume ratio),再用计算出的订单成交比率与交易所定期发布的产品组成交比率基准(Product Group Benchmark)作对比,若小于或者等于产品组基准,则符合监管要求。计算方式为:

$$\frac{\text{订单信息总量得分}}{\text{成交量}} \leqslant \text{产品组成交比率基准}$$

3. 产品组成交比率基准

CME每个季度公布一次产品组成交比率基准表,基准的拟定需参考产品的市场运行情况、增强市场流动性所需的信息量水平等多个因素。成交比率基准表包括权益、外汇、利率、农产品、能源、金属类的共36个产品组,基准的形式为N∶1,表示信息总量得分与成交量的倍数。根据CME公布的2019年第一季度《每日原始信息总量等级和产品组成交比率基准表》,迷你标普500指数期货的基准为10∶1,迷你纳斯达克100指数期货的基准为20∶1,日经225指数期货的基准为60∶1,美国国债期货各年限的基准均为15∶1。

在实践中,原始信息总量处于不同档位的市场主体适用产品组成交比率基准时也有所区别。CME对原始信息总量相对较少的市场参与者,允许放宽监管要求,从而鼓励更广泛的市场参与度;而对原始信息总量较大的市场参与者,则严格执行监管指标。CME的具体规定为:(a)市场参与者每日在某品种上原始信息总量低于20,000的,可不受限制;(b)市场参与者每日在某品种上原始信息总量在20,001至40,000的,适用于3倍的产品组基准;(c)市场参与者每日在某品种上原始信息总量在40,001和60,000的,适用于2倍的产品组基准;

(d)市场参与者每日在某品种上原始信息总量高于60,000的,则严格适用产品组基准(见表3)。

表3 每日原始信息总量等级和产品组成交比率基准

每日原始信息总量等级 (Raw Daily Messaging Tiers)	产品组成交比率基准 (Product Group Benchmark)
每日原始信息总量≤20,000	不适用
20,001≤每日原始信息总量≤40,000	3倍产品组成交比率基准
40,001≤每日原始信息总量≤60,000	2倍产品组成交比率基准
每日原始信息总量>60,000	产品组成交比率基准

(三)违反监管指标的处罚

若市场参与者每日成交比率超过了规定的产品组基准,CME将征收每天每个品种1000美元的罚款。罚款实行月结,并显示于该市场参与者所在的清算会员的月度账单上,标记为“订单信息效率计划罚款”。

CME规定了以下几种豁免的情形:(1)市场参与者可以每月豁免2天的罚款,但若某日在某品种上的成交比率超过产品组基准的6倍,则该日不能被豁免罚款;(2)美国一些法定节假日可以豁免;(3)若市场参与者单个交易日超过产品组基准,但全月总计的成交比率小于或等于产品组基准,则可以豁免;但若经纪商某日在某品种上的成交比率超过产品组基准的6倍,则该日不能被豁免罚款;(4)CME指定的做市商以及CME其他流动性激励计划的参与者可以豁免,或者他们将遵守CME另行制定的产品组基准。

三、欧洲期货交易所的系统过度使用费收取规则和订单成交比监管指标

与ICE、CME将信息量与成交量的比例作为监管指标不同,欧洲期货交易所(Eurex)根据《高频交易法》的要求分别制定系统过度使用费规则和订单成交比监管指标。2013年5月德国《高频交易法》生效,围绕信息量的监管有两项关键措施:一是授权交易所实施系统过度使用费(Excessive System Usage Fee, ESU Fee);二是要求各交易所应针对每种金融工具设置合适的订单成交比(Order to Trade Ratio, OTR)。系统过度使用费通过对超量报单进行收费的普遍性调整来增加从事高频交易,特别是大量或频繁报撤单行为的成本,抑制其负面影响和潜

在风险。具体规定为:如果会员在一定时限内频繁报单、撤单、改单的总次数被交易所或多边交易设施归类为过度使用交易设施,则必须缴纳相应费用;收费标准由交易所充分衡量此类行为对系统稳定性和市场完整性的负面影响后自行确定。订单成交比监管指标则是交易所从交易手数和交易笔数两个维度设置每种产品每天的信息量与成交量之比,超过订单成交比限制的客户将受到暂停交易等处罚。订单成交比限制并非对全市场"一刀切",而是根据产品特性、市场运行情况及客户报价表现进行动态调节。

(一)涉及品种和适用主体

Eurex 将《高频交易法》上述监管要求在交易所业务规则中作了进一步具体规定,涉及的品种为在 Eurex 上市的所有期货品种。系统过度使用费适用的主体为会员,会员可再计算和收取其下各个客户的系统过度使用费;订单成交比监管指标的适用主体为客户或使用电子直连交易的市场参与者。

(二)主要监管指标和计算方式

1. 系统过度使用费的监管指标和计算方法

(1)总公式

Eurex 按照订单笔数统计信息量,其规则中交易笔数的统计并非只涵盖订单成交的笔数,只要交易者发送的报单/撤单/改单信息到达交易所服务器并收到回应,则应被纳入信息总量的计算范围。交易所每日对每个会员分产品统计信息量,并视情形判断是否需要收取系统过度使用费。系统过度使用费的收费计算公式为:

系统过度使用费 = (信息量 - 信息限量) × 费率

(2)信息限量

Eurex 的信息限量是一个构成较复杂的动态指标,涉及产品、交易日和参与者类型等各种变量,并引入了报单表现、[5]价差质量、[6]市场压力条件[7]等多个参数。信息限量的计算包括交易变量和身份变量两部分的加总。(见图 1)

---

[5] 报单表现(Quote performance)是做市商或流动性提供者根据与交易所约定的报单义务进行报单时,"全覆盖时间"和"可用时间"的比值,为市场提供越好的双边报价可以获得更高的报价表现值。

[6] 高交易量、更小的报价价差,可以获得更高的价差质量,当价差为 1 个最小变动价位时,价差质量为 1。

[7] 压力市场条件可以由交易所根据市场决定临时设置(如脱欧事件),也可以由实际市场价格快速波动或交易量大幅放大时,系统自动触发。

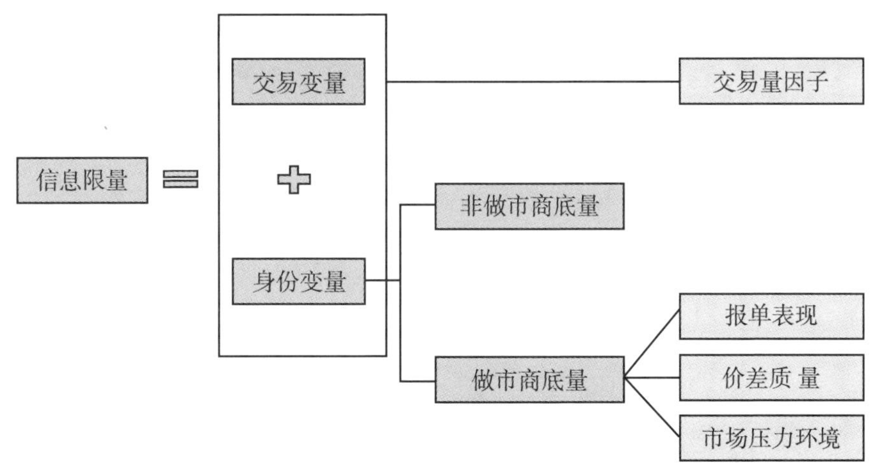

图 1　Eurex 信息限量构成及参数

其中，交易变量（Volume）通过该产品在某一交易日的交易量乘以预先设定的交易量因子来计算，典型的交易量因子为 50。身份变量（Floor）分为非做市商底量（Non-Market Maker Floor）和做市商底量（Market Maker Floor），本指标中的做市商身份判断并非基于事前注册，而是依据其交易实践中是否达到了相应的报价要求。与交易所签署了流动性提供协议的市场参与者如果在市场处于压力环境的当天完成了相应的报单义务，则其当天的交易底量在做市商底量的基础上再上浮 10%。判断是否可以适用做市商底量的方法如图 2 所示：

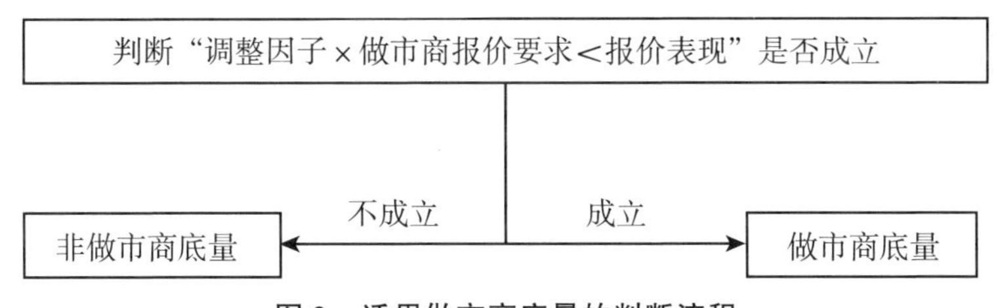

图 2　适用做市商底量的判断流程

做市商底量的计算公式为：

$$做市商底量 = \max\{非做市商底量, 做市商基准_{价差质量} \times 报单表现\}$$

（3）梯度费率

系统过度使用费的计算采取超限梯度费率，违反信息限量超过 50% 的，费率为 0.05 欧元/笔；违反信息限量超过 50% 不足 100% 的部分，费率为 0.10 欧元/笔；违反信息限量超过 100% 的部分，费率为 0.25 欧元/笔。

2. 订单成交比的监管指标和计算方式

(1)总公式

计算订单成交比前,需要先判断某客户当天的成交手(笔)数是否高于最低交易限制,不同的判断结果将适用不同的订单成交比计算公式。由于基于手数和笔数的计算过程相同,见图3以基于笔数为例:

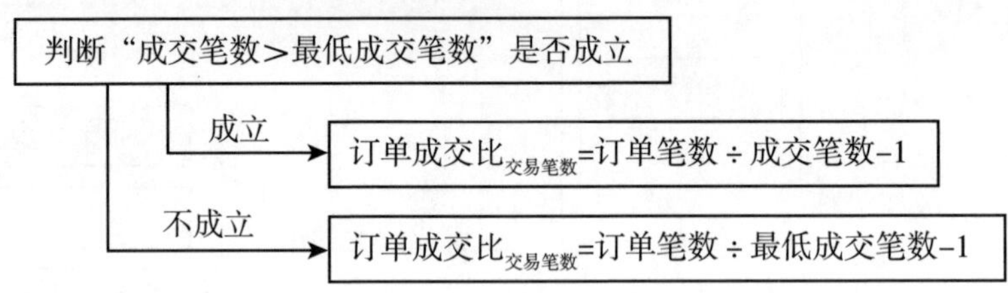

图3　基于交易笔数的订单成交比计算方法

若某客户当天的订单笔数高于最低交易限制,则使用公式"订单笔数÷成交笔数-1"计算订单成交比;若某客户当天的订单笔数低于最低交易限制,则使用公式"订单笔数÷最低成交笔数-1"来计算订单成交比。其中,最低交易限制会根据产品的不同而发生变化,一般是在10,000手(交易手数维度)或10,000笔(交易笔数维度)左右。

订单笔数的计算为报单、撤单、修改订单的笔数的总和,订单的修改被视为先撤单再新增报单进行双倍统计。Eurex还列举了几种特定情形的订单笔数计算方式,如IOC[8]订单(立即执行剩余取消)被视为订单提交,而未执行的部分将被视为订单删除。如果报单被交易撮合系统的防止自成交功能(Self-Match Prevention Functionality,SMP)全部或部分取消,则取消部分要按照买入和卖出方向双倍计算报单量。同时,Eurex还列举了跨品种套利、跨期套利等策略订单情形下订单笔数的计算方法,根据不同产品、不同策略计算方式会发生变化。成交笔数是在订单簿中实际执行的交易笔数。

(2)订单成交比监管指标

Eurex对该指标的设置是根据产品特性、市场整体运行情况、交易者报价表现等因素进行动态调节的。总体而言,当产品成交整体较不活跃、价差较小、平均订单规模较高、交易者报价表现较好时,对该客户的订单成交比容忍度更高。此外,Eurex还以客户每日订单成交比和监管指标的比值评估该客户与违规间的

[8] Immediately or cancel,立即执行剩余取消。该种指令订单意味着当市场价到达客户设定的执行价格,但对手单不足以全覆盖客户设定的交易量时,订单将部分执行,剩余取消。

距离。若该比例接近于1,将被视为需要被关注的事件。

(三)违反监管要求的处罚

1. 过度使用系统的双维度判断和处罚

是否违反Eurex信息量监管要求要根据违反次数和订单类型两个维度来判断。根据违反次数,可分为“偶发性违反”(Accidental Violation)和“系统性违反”(Systematic Violation)两类。偶发性违反指市场参与者在1个日历月以内超过某产品信息限量的次数为3次及以下,此种情形将不需要缴纳系统过度使用费。系统性违反指市场参与者在1个日历月以内超过某产品信息限量的次数为4次及以上,此种情形将需要缴纳系统过度使用费。

订单类型方面,信息量限制按照两种不同订单类型分别设置:标准订单的信息限量和所有订单的信息限量。标准订单指在T7交易系统中被打上“可回溯”标识的订单,即可以在交易系统历史记录中查询到订单的完整信息。与之相反的是简化订单,此类订单能减少延迟且消耗更少的系统资源,更适合进行程序化交易或者大额报单。需要注意的是,对每月超过信息限量的次数统计应加总超过标准订单限量的次数和超过所有订单限量的次数。

例如,某欧期所会员在交易德国DAX指数期货的1个月内违反标准订单限量和所有订单限量各2次,则该交易者当月共违反4次信息限量,属于系统性违反,应收取4次违反行为的系统过度使用费。

2. 违反订单成交比监管指标的处罚

如果交易参与者没有遵守报单成交比要求,交易所的管理委员会[9]可以暂停其进入交易所,禁入最长不超过6个月。如果交易参与者持续违背订单成交比要求,管理委员会可以吊销其准入许可。

四、三家交易所信息量监管措施的比较分析

(一)均采用信息量概念,但统计方式各有不同

3家交易所均采用了信息量的指标来度量市场参与者对交易所系统资源的消耗程度。一般来说,报单、撤单、改单或者其他复杂指令到达交易所服务器并收到回应时,都已经实际使用了系统资源,复杂指令往往会消耗更多的系统资源,因此,信息量的统计数额远高于报单量或者成交量。而对于如何度量和统计

〔9〕 管理委员会是交易所依据《证券交易所法》必须设置的内部组织。

信息量,3 家交易所的做法各有不同。ICE(美国)的订单提交、修改、撤销均统计为一条信息量,但其为促进订单及时撮合成交,鼓励市场参与者发送接近市场最优价格的订单。因此,越接近最优价格的订单统计系数越低,反之越高,等于或优于当前市场最优价格的报单甚至不纳入信息量统计。CME 的具体实践中鼓励新报单,不鼓励撤单和复杂指令,因此,新报单不纳入信息量统计,而撤单和 FAK 指令等的信息量统计系数设为最高。Eurex 按照订单笔数统计信息量,报单、撤单和改单均纳入统计。

(二)均以动态参数设置额度限制

3 家交易所均没有以信息量的绝对值作为单一监管指标,而是根据自身监管理念将各类动态参数引入监管指标的设置中,从而形成根据市场运行情况不断变化的动态监管指标。例如,ICE 的动态参数是订单价格与当前市场最优买卖价格的偏离度;CME 的动态参数是每季度根据市场运行情况和产品流动性调整的订单成交比率基准;Eurex 则是采纳了复杂的动态参数体系,包括交易量因子、报单表现、价差质量和市场压力条件等。

(三)经济措施到达的层级有所不同

3 家交易所收费或者罚款到达的层级大部分是会员层级,也有交易所在制度设计中保留适用于更微观层级的自由裁量权。例如,ICE(欧洲)明确指出无论是会员还是会员旗下的客户超过订单信息量监管指标,交易所都将对会员征收相应罚款。[10] Eurex 向会员收取系统超额使用收费,会员可以根据交易所发送的收费明细自行选择向客户进行收费。ICE(美国)早期在会员层面上实施,后变为对使用电子直连服务的交易公司实施。CME 一般情况下适用于会员层级,但在市场整体报单质量低的情形下可以决定适用于更微观的链接层级或者终端用户层级。从交易所、会员和客户三者之间的清算关系来分析,欧洲大多采用主体对主体(Principal-to-Principal)清算模式,交易所只与会员产生交易和清算关系,因此,ICE(欧洲)和 Eurex 的监管要求也只到达会员层级;美国多采用代理(Agency)清算模式,清算会员只是客户的代理人,实际的法律关系存在于交易所与客户之间,因此,ICE(美国)和 CME 可以在终端用户层面实施相应监管要求。

---

〔10〕 2011 年 1 月 10 日,ICE(欧洲)发布交易所通知(Circular 11/001)对"订单信息量方针"具体操作内容进一步明确。

五、启示

从 ICE、CME、Eurex 的实践经验来看，通过经济手段遏制市场交易过热，并对客户频繁报撤单行为进行约束，是国际上通行的一种做法。在高频程序化交易快速发展的环境下，此类经济手段也起到了增加高频交易者交易成本，促使其主动控制报单数量和质量的作用，从而避免过多订单信息冲击交易系统安全和降低市场效率。

在我国，高频程序化交易尚处在发展初级阶段，各期货交易所针对高频程序化交易的监管主要有三种手段：一是要求会员按照相关要求进行程序化报备，对交易行为进行严密监控；二是使用席位流量控制和行情刷新频率等技术方式，限制高频程序化交易在技术、速度上的竞争优势，减轻给交易系统带来的压力；三是实施委托收费和自成交、频繁报撤、大额报撤单等异常交易行为监管指标，规范其交易行为。未来，随着程序化交易在我国期货市场的快速发展，可以考虑选择性借鉴 ICE、CME、Eurex 的相关制度，引入更市场化的手段，提高监管的针对性、科学性、有效性。

期货及衍生品法律评论
第二卷,第104~117页

期货交易所自律监管权研究

王士硕*

摘要:从我国当前的期货市场法律制度对监管权的配置和监管实践来看,期货交易所监管权主要是基于私法上契约让渡、经立法认可、保护并予以规制的自律监管权。目前,司法实践中出现了个别就证券交易所履职行为提起的行政诉讼案件,且在审判实践中出现了将交易所履职行为纳入行政诉讼审查范围的倾向,如果这一倾向发展成为惯例,可能使期货交易所面临行政诉讼的风险,影响自律监管独特优势的发挥。事实上,将其纳入行政诉讼审查范围,既不符合我国当前立法对期货市场监管权的配置,也不符合目前我国期货市场的监管实践。因此,笔者建议,在立法和司法政策上进一步确认期货交易所监管权的自律属性,完善期货市场监管工作体制,明确对自律监管的司法审查途径,保障期货交易所自律监管职能的即时、高效履行。

关键词:自律监管　契约让渡　私权力　行政诉讼

作为期货市场的组织者,期货交易所依法对期货市场参与主体履行自律监管职能。由于我国期货市场监管的特殊性,部分市场参与者对期货交易所自律监管权的法律性质问题存有疑义:期货交易所的自律监管权是否具有公法上的行政职权属性?如果交易所监管权具有行政职权属性,则其监管行为可能被认定为行政行为,其履职程序和处罚证据均应

---

* 中国证监会法律部干部。

符合行政法的要求，监管行为应接受行政法上的司法审查，交易所将面临行政诉讼的风险。

事实上，在行政法地位日隆、"民告官"思想逐渐普及的今天，认为证券交易所监管权具有行政职权属性的市场参与者，在对交易所履职行为产生争议时，已经开始提起行政诉讼，要求对交易所履职行为进行行政法上的司法审查。[1] 更重要的是，该类案件中存在将交易所履职行为纳入行政诉讼审查范围的倾向，[2] 一旦这种做法在司法领域得到较普遍的肯定，不仅将对坚持自律监管属性的交易所履行监管职能产生重大影响，还将影响市场参与者的诉讼选择，目前尚未涉及行政诉讼案件的期货交易所或将面临较大的行政诉讼风险。期货交易所与证券交易所自律监管具有共通性，笔者拟以期货交易所为切入点，对其自律监管权进行针对性研究。

一、期货交易所的自律监管

在国家行政力量介入期货市场监管前，期货市场的监督管理以及秩序的维护均依赖期货交易所按其章程和交易规则实行的自律监管。随着资本市场的深入发展，在经济危机和金融风险面前，市场自发调控的弊端凸显，国家力量开始越来越多地介入资本市场，不仅通过立法将期货交易所自律监管的合法性予以确认，还形成了自律监管与行政监管相互分工、配合的期货市场监管基本模式。

（一）期货交易所自律监管概述

自律监管是与行政监管相对应的概念，其权力源于私法主体通过契约性文件对自身权利的让渡，即私法上的授权，是运用行政权力之外的力量对期货市场进行的监管。在实践中，许多专业性较强的行业均习惯通过自律组织实现行业

〔1〕 2013年，上海顺泰创强实业有限公司、施某民以深圳证券交易所行政不作为为由向深圳市中级人民法院提起行政诉讼；2015年，郑某以申请上海证券交易所政府信息公开为由向上海市第一中级人民法院提起行政诉讼；2017年9月，新都酒店以要求深圳证券交易所撤销退市决定为由向深圳市中级人民法院提起行政诉讼。

〔2〕 2013年深圳证券交易所作为被告的行政诉讼案件以一审裁定驳回起诉、二审裁定驳回上诉结案，回避了对交易所履职行为性质的认定。但是，2015年郑某诉上交所信息公开案以行政法上权利义务纠纷进行了实质性审理，最高人民法院再审判决认为证券交易所在按照法律、法规、规章的规定和授权实施包括对证券市场的违法行为予以处罚等监管行为时，具有相应的行政管理职能，属于行政案件的适格被告。2017年9月，新都酒店诉深交所撤销退市决定案已由深圳市中级人民法院正式立案行政诉讼。

内部的自律监管,而在金融领域,自律监管的功能与重要性尤其突出。“对复杂的、动态的、总是处于变化中的金融服务业而言,能够将私人利益与监督管理相结合的自律监管,是一种有效的监管方式。”[3]

从期货市场的历史发展来看,自律监管是推动期货市场发展且贯彻始终的重要因素,期货交易所自律监管在其中充当了重要角色。所谓期货交易所自律监管,是指期货交易所基于会员或市场参与者一致授权而进行的监管,一般包括期货交易的组织和监管、规制市场参与者行为以及制定并执行规则等。较之政府监管,期货交易所自律监管具有更高的监管效率。期货交易所直接贴近市场,熟知市场变化,可以根据市场反馈的信息,结合期货市场的实际情况,对自律监管及时作出调整、改变相应规则或采取相应措施。因此,各个国家均将交易所定位为期货市场的一线监管者,重视交易所对期货市场自律监管功能的发挥。

(二)期货交易所自律监管的实践与发展

1. 境外期货交易所自律监管的实践与发展

从世界范围看,期货市场起步时,主要依靠市场自身调节,交易所的出现正是这种自我约束、自我管理的规范化、制度化的表现。早在1859年,芝加哥期货交易所(Chicago Board of Trade,CBOT)就通过章程正式确定了其对期货市场的自律监管权,这比行政力量介入美国期货市场早近60年。

资本市场频繁发生的经济危机和金融风险事件严重损害投资者权益,危及各国金融安全与政治稳定。市场失灵与经济损害理论,验证了政府实施监管和干预之必要性与合理性。国家力量通过立法规制和行政干预两种方式越来越多地介入市场监管,期货市场作为资本市场的重要组成部分,自然不能例外。如美国就确立了期货交易所自律监管与政府监管相结合的法律体系,[4]但总体而言,美国相关立法仍然对交易所自律监管更侧重,不仅通过立法强调自律监管的重要性,划分行政监管、自律监管的监管范围,还允许交易所在不违反法律的前提下采取灵活的监管方式。

事实上,重视交易所自律监管地位,同时明确交易所自律监管应当接受行政权力的监督、制约和控制以克服自律监管自身的局限性,也是国际上成熟期货市场的普遍经验。如日本《金融商品交易法》确立的第三方自律监管模式强调交易

---

〔3〕 The International Organization of Securities Commissions (IOSCO), "Model for Effective Self-Regulation,3 September 2007,p2". Accessed Sep 3,2017. http://www.unctad.org/sections/wcmu/docs/c1em33p16_en.pdf.

〔4〕 SeeRobert Zwirb, *Self-Regulation in The Futures Industry*, May 1,2008.

所履行自律监管职责的独立性,同时自律监管权的行使要受政府的严格监督;德国《期货交易所法》明确了监管机构和交易所各自的职权,从交易所组织架构上保证自律监管权行使的独立性;香港特别行政区通过交易所和政府间的《谅解备忘录》明确自律监管和行政监管的范围,同时其证监会通过人事、业务规则审批等途径对交易所的自律监管予以制约。

新兴市场发展时间较晚,英、美等国资本市场监管发展已经较成熟,新兴市场在发展路径和监管模式上大多主动借鉴其他成熟市场的经验。此外,许多经济学家都强调政府干预的重要性,奥地利经济学家保罗·罗森斯坦-罗丹(Paul Narcyz Rosenstein-Rodan)的论证〔5〕就是典型代表。新古典综合派、〔6〕修正学派〔7〕等许多不同派别的观点和理论分析都为政府对新兴市场的监管和干预提供了不同程度的论据,因此,就国际上新兴期货市场而言,在重视交易所自律监管的同时,都强调立法规制和行政干预对资本市场健康发展的必要性。

2. 我国期货交易所自律监管的实践与发展

我国资本市场发展起步晚,期货市场作为资本市场中的新兴市场,相关制度的建立与完善经历了从无到有的过程,相应的市场监管也经历了从主要依靠交易所自律监管到重视期货交易所自律监管的同时,强调立法规制和行政监管的必要性,逐步建立了期货交易所自律监管与国家行政监管相互分工、配合的期货市场监管模式。

1988年,国务院有关部门在批发市场尝试借鉴期货交易机制,当时我国没有任何关于期货交易机制的全国性的法律、法规或者政策,也未对期货市场进行全国范围内集中统一的行政监管,各交易所均依据章程和业务规则对市场进行自律管理。在这一阶段,期货市场"盲目发展",政府各部门、各地方出于自身利益的诉求,竞相开办期货交易所,各自为政,交易所在其主管部门、地方利益最大化这一目标指导下进行的"自治"难以做到真正的自律,更无法从全局层面考到行业乃至全国资本市场的安全与稳定,在此背景下出现一系列事件损害了投资者

---

〔5〕 保罗·罗森斯坦-罗丹认为,即使竞争条件下的市场机制也是有缺陷的,为了国民收入最大化和最优化,国家必须以规划为中心对经济进行干预。

〔6〕 新古典综合学派,是"凯恩斯革命"之后最有影响力的凯恩斯学派,又称"后凯恩斯主流经济学"(Post-Keynesian Mainstream)和"现代主流经济学新综合"。其实质上是将马歇尔(Alfred Marshall)为代表的新古典经济学与凯恩斯主义经济理论综合在一起,代表著作是萨缪尔森的《经济学》。其核心思想是在采取凯恩斯主义的宏观财政政策和货币政策来调节资本主义的经济活动,使现代资本主义经济能避免过度的繁荣或萧条而趋于稳定的增长。

〔7〕 修正学派(Revisional School)一般持激进的观点,其基本理论的内核是,如何完善国家系统以避免其对外扩张的倾向。

利益、破坏了行业秩序,更凸显集中统一的行政监管的必要性。

为改善我国期货市场盲目发展的状况,维护公共利益与秩序,保障全国资本市场安全与稳定,国务院于1993年下发《国务院关于坚决制止期货市场盲目发展的通知》,明确"国务院证券委和中国证监会是期货市场的监管机构",着手建立对期货市场集中统一的行政监管。其后,中国证券监督管理委员会(以下简称证监会)为理顺管理体制,于1995年印发《关于期货交易所进行会员制改造的意见》,要求期货交易所按会员制改造组织形式。1998年,证监会印发《关于进一步整顿和规范期货市场的通知》,确定期货交易所由证监会负责监管。随后,国务院和证监会于1999年分别颁布《期货交易管理暂行条例》和《期货交易所管理办法》,期货市场全国统一的法律制度逐步完善,为期货交易所的自律监管和证监会集中统一的行政监管提供了明确的行政法规、规章依据。在此基础上,期货交易所自律监管与国家行政监管相互分工、配合的期货市场监管模式逐步建立、完善和巩固。

二、期货交易所自律监管权法理分析

(一)自律监管权的双重属性:权利与权力

在期货市场发展的很长一段时期内,期货交易所均采用会员制组织形式,属于经典民法理论上的社团法人,在这一意义上,其自律监管权属于一般意义上的社团自治权。在社团自治权中,权利和权力的界限已变得模糊,难以用传统意义上的权利和权力给予分类和分析,其更多的是以权利和权力的混合体形式存在。[8] 虽然近年来许多期货交易所进行了公司化改革,但建立在社团自治基础上的改革并未改变行业内自治的本质,因此,一般认为,交易所自律监管权同时具备"权利"和"权力"的双重属性。[9]

权利属性,是指相对于国家权力来说,意在强调交易所作为独立的市场组织体,实行自律监管是一项固有权利,在行政监管出现前,自律监管就已经存在了。交易所对进入其市场的会员公司等市场参与者实行监督、管理和约束,是其作为

〔8〕 参见鲁篱:《行业协会经济自治权研究》,法律出版社2003年版,第142页。

〔9〕 参见徐明、卢文道:《从市场竞争到法制基础:证券交易所自律监管研究》,载《华东政法学院学报》2005年第5期。

自律性组织的基本权利，也是其是否具备独立法律人格和法律地位的衡量标准。[10] 因此，国家对这一基本权利也负有保护并不得侵犯和干涉之义务，这也是各国通过立法对自律监管权予以确认的原因之一。

权力属性，是指相对会员公司等市场参与者来说，交易所对其享有监督、管理和处罚权力。从理论上来看，市场参与者接受交易所的监管，甚至处罚，是自愿让权利受到限制，将部分权利让渡给交易所，而交易所则获得市场参与者让渡的权利并因之而集合为自治权力的重要内核。因此，交易所对市场参与者的自律监管权力，实质上是市场参与者自发让渡权利的结果，是一种以私法自治为基础的权力。[11] 依据戴雪对公权力和私权力的划分，源于国家的权力属于公权力，源于私人的权力为私权力。[12] 交易所基于市场参与者的同意和权利让渡而取得的权力，属于私权力，在本质上有别于政府行使的公权力。

（二）自律监管的法律基础

从期货市场的历史发展来看，自律监管是推动期货市场发展且贯彻始终的重要因素，芝加哥期货交易所早在1859年就通过章程和业务规则正式确定了其对期货市场的自律监管权。“当民间组织或个人认为，建立规范行为来管理或监督他们的活动与事务符合他们的利益时，自律就会发生。”[13] 期货交易所自律监管权以私法自治为基础，其法律基础是私法主体之间通过契约性文件对自身权利的让渡。但是，根据期货交易所组织形式的不同，让渡权利行成自律监管权的逻辑有所不同。期货市场具有一定公共性，因此，这种以私法自治为基础、本质上体现市场集体意志的自律监管权必须在法律框架内运行，接受立法的规制。

事实上，正是由于期货交易所自律监管权源自私法上契约性文件的约定，在具体监管要求上，交易所可以提出超出法律或行政法规要求的更高的道德要求，且在适用范围上可以超越司法管辖权的限制，实现跨国界的适用，并触及法定权力无法涉及的领域。

1. 会员制期货交易所：通过交易所章程让渡

20世纪90年代以前，世界上大多数交易所均采用会员制组织形式。就我国

---

〔10〕 参见李响玲：《论新趋势下的证券交易所自律监管》，华东政法大学2012年博士学位论文，第123页。

〔11〕 参见徐明、卢文道：《从市场竞争到法制基础：证券交易所自律监管研究》，载《华东政法学院学报》2005年5期。

〔12〕 参见袁曙宏、苏西刚：《论社团罚》，载《法学研究》2003年第5期。

〔13〕 See Eugenio J. Cardenas, Self-Regulation by The Mexican Stock Exchange: A Promising Path Toward Developing Mexico's Securities Market? *Stanford Journal of International Law*, 2011, p. 202.

而言,证监会于1995年印发《关于期货交易所进行会员制改造的意见》,要求期货交易所按会员制改造组织形式,截至1999年年底,我国3家商品交易所均完成了会员制改造。

在所有权结构上,会员制交易所由全体会员所有。交易所会员通过制定交易所章程,将自身的部分权利让渡给交易所,由章程规范交易所与会员之间、会员与会员之间的权利义务关系,进而实现内部的自治。交易所作为期货市场的组织者,只有成为其会员,才能直接在该市场进行期货交易。而成为交易所的会员,就要参与这个市场的自治中,这意味着会员加入交易所即表示其接受交易所的章程并接受交易所根据章程确立的权利义务关系对其进行的监督、管理,甚至是处罚。章程授予交易所制定业务规则的权力,因此,只要业务规则经交易所最高权力机构通过,就对交易所会员具有应然层面的约束力。

期货交易所作为私法主体,其章程的实质即契约。其业务规则依据章程产生应然层面的约束力,因而同属契约性文件。凡违反章程或业务规则的会员既是违约,交易所根据契约的约定,对违约者行使相应的私法上的监督、管理,甚至处罚,进而履行自律监管权。在这个意义上,交易所的自律监管行为完全是私法上的行为。

2. 公司制期货交易所:通过市场协议让渡

自1993年斯德哥尔摩交易所实行了公司制改革后,各国交易所纷纷放弃会员制,实行公司制。〔14〕 2006年,中国金融期货交易所以股份有限公司的形式设立,自此,我国也有了公司制组织形式的期货交易所。

无论在公司制交易所,还是会员制交易所,必须成为其会员才能进行期货交易。一方面,由于组织形式和所有权结构的不同,公司制交易所的"会员"与会员制交易所的"会员"有很大的差别:会员制交易所由其全体会员所有,会员受交易所章程约束;公司制交易所由全体股东所有,章程仅约束其股东,而不约束其会员。另一方面,二者又有本质上的共通性:公司制和会员制交易所的会员均认可并接受交易所基于业务规则进行的监管。

如前所述,若要在公司制期货交易所组织的期货市场进行期货交易,必须是其会员。成为交易所的会员,必须与交易所签订市场协议。会员通过其与交易所签订的市场协议让渡部分自身权利给交易所,认可并接受交易所基于业务规则进行的监管。因此,任何违反业务规则的行为就是违约,交易所根据市场协议

---

〔14〕 如悉尼期货交易所、芝加哥商品交易所、印度多种商品交易所、纽约证券交易所、东京工业品交易所分别于2000年、2001年、2002年、2006年、2008年转变为公司制交易所。

的约定，对违规违约者予以相应的私法上的监督、管理，甚至处罚，进而实现自律监管权。

因此，无论会员制还是公司制交易所，其自律监管权都是市场主体通过契约性文件自愿让渡取得的。当然，这也意味着业务规则适用范围具有相对性：交易所业务规则适用于与交易所签订协议并约定认可交易所业务规则的机构或者个人；其他主体间约定遵守交易所业务规则，但交易所不作为合同的当事方，则不能直接依据业务规则对这些机构或者个人进行自律监管。

3. 权力经立法确认并受其规制

如前所述，期货交易所自律监管远早于国家力量的介入，自律监管权在章程、交易规则外以法律形式再次呈现，是一种立法确认，意味着法律对交易所享有的自主权的认可和保护。另外，期货交易所的自律监管权是以私法自治为基础的权力，其法律基础是协议的约定。合同最终目标自然是最大化合同当事人自身利益，因此，完全的私法自治难以做到真正的自律，更无法从全局层面考虑到行业乃至全国资本市场的安全与稳定。因此，期货交易所的自律监管权必须在符合法律法规规章的框架内运行，并接受行政力量的监督管理。

这一点最明显的体现是期货市场法律法规对期货交易所自律监管职能的确认，如明确规定“期货交易所是实行自律管理的法人”等。在相关期货市场行政法规、规章等规范性文件中，往往较抽象地划定期货交易所履行自律监管职能的方式和范围，意在认可并保护自律监管权的效力，同时划定自律监管的边界，只要不违反强制性规定，期货交易所具有一定程度的自主性。此外，在自律监管的语境下，期货交易所的章程和业务规则的本质是协议，当然不得违反合同法的强制性规定。

三、我国期货交易所自律监管权实证分析

期货市场作为我国资本市场中的新兴市场，其法律规制及政府监管由缺失到相对完备经历了逐步发展的过程。经过数十年的发展，期货市场法律制度不断完善，但尚未颁布《期货法》。目前，我国尚无法律层级的规范性文件对期货市场确立制度基础，对期货交易所监管权有所规定的最高层级的规范性文件是国务院颁布的行政法规《期货交易管理条例》（以下简称《条例》），以及中国证监会根据《条例》的规定与授权制定的部门规章《期货交易所管理办法》（以下简称《办法》）。

(一)立法对期货交易所自律监管权的配置

分析监管权性质的前提是明确期货交易所对期货市场参与者有哪些监管权。笔者从分析说明监管权法律性质的角度对《条例》《办法》中规定的部分交易所的职责和可采取的措施进行了系统的梳理。

一是期货交易所的职责。《条例》第 7 条规定期货交易所不以营利为目的,按照其章程的规定实行自律管理,以其全部财产承担民事责任。《办法》第 3 条则规定期货交易所是履行《条例》和《办法》规定的职责,按照其章程和交易规则实行自律管理的法人。《条例》第 10 条、《办法》第 8 条集中规定了期货交易所的职责:第一,提供交易的场所、设施和服务;第二,设计合约,安排合约上市;第三,组织并监督交易、结算和交割;第四,为期货交易提供集中履约担保;第五,按照章程和交易规则对会员进行监督管理;第六,制定并实施期货交易所的交易规则及其实施细则;第七,发布市场信息;第八,监管会员及其客户等期货市场参与者的期货业务;第九,查处违规行为。此外,《条例》第 11 条规定期货交易所应当建立健全保证金制度、当日无负债结算制度、涨跌停板制度等风险管理制度,也可理解为其职责。

二是期货交易所可采取的措施。《条例》第 12 条规定了期货交易所可以按照其章程规定的权限和程序采取的紧急措施:第一,提高保证金;第二,调整涨跌停板幅度;第三,限制会员或者客户的最大持仓量;第四,暂时停止交易;第五,其他紧急措施。《办法》第 85 条规定期货交易所在有根据认为会员或者客户违反期货交易所交易规则及其实施细则并对市场正在产生或者即将产生重大影响时,可以对其会员或者客户采取的临时处置措施:第一,限制入金;第二,限制出金;第三,限制开仓;第四,提高保证金标准;第五,限期平仓;第六,强行平仓。此外,《办法》第 87 条规定了期货交易所可以采取要求会员和客户报告情况、谈话提醒、发布风险提示函 3 项风险警示措施。

(二)立法的规定是对自律监管权的确认

《条例》和《办法》规定了期货交易所应履行的职责和在特定情形下可采取的措施,如何判断这些职责和措施属于自律监管属性而非行政授权属性,是问题的关键。

其一,从规定职责的本质看,均是期货市场运行不可或缺的,是交易所作为期货市场主体之一必然应当具备的条件,而非因行政法规、规章的规定才享有的。在提供交易场所等方面,设立期货交易所的目的就是为期货交易提供相应的场所、设施和服务,这是市场赋予的天然使命。在设计合约等方面,交易所通过提供标准化的期货合约,满足市场参与者进行期货交易的需求,因此,设计合约、安排合约上市是交易所为满足私法主体之间的商业交易需求而天然应当履行的义务。在组织交易、结算、交割并提供履约担保方面,加入交易所组织的期货市场的会员均以契约的方式将部分自身的权利让渡给交易所,自愿接受交易所依据其交易规则进行的监督与管理,追求的就是交易所集中市场主体让渡的权利后能够组织并监督市场主体之间的交易、结算和交割,向市场发布即时信息,进而提高交易效率,降低交易成本,同时享受交易所基于其市场地位而提供的集中履约担保,保障交易的安全性和有效性。在按照章程和交易规则对会员进行监管方面,章程和交易规则本质上都是契约性文件,会员通过章程(会员制期货交易所)或市场协议(公司制期货交易所)向交易所让渡自己对违约方责任的追求权并承诺在自己违反市场公认的规则后接受交易所依据其交易规则进行的处理,因此,交易所对违规违约的查处职责实际上是市场主体通过契约自愿让渡的权力。也就是说,《条例》第 10 条和《办法》第 8 条规定的职责实质上是交易所固有的职责,没有这些职责,期货市场是不完整的,期货交易也无法正常进行。

其二,从职责履行的直接规则依据看,其均是期货交易所的章程和交易规则。《办法》第 8 条规定交易所应当制定并实施交易规则及其实施细则,《条例》第 10 条规定交易所应按照章程和交易规则对会员进行监督管理。目前,我国期货交易所存在会员制和公司制两种组织形式,会员制交易所的章程由会员大会制定,会员均为市场上的私法主体。因此,章程的实质即契约,交易所依据章程获得交易规则制定权和执行权,业务规则依据章程产生应然层面的约束力,因而同属契约性文件。公司制交易所是公司法人,虽然其章程不约束会员,但交易所同样依据章程获得交易规则制定权和执行权,凡在该市场直接交易者必须是会员,凡会员必须与交易所签订进入该市场的会员协议,业务规则通过列入该协议而产生对市场参与者实然层面的约束力,其本质同属契约性文件。事实上,行政法规、规章并没有也不可能详细规定合约设计、交易规则、结算规则、交割规则。因此,虽然《条例》《办法》规定了交易所的若干职责,但交易所履行这些职责的直接依据却是私主体基于私法自治进行的私法上的授权,权力最终来自市场主体的让渡,而非行政法规、规章的规定,从这个角度看,《条例》《办法》的规定显然是对私法授权合法性的确认。

其三,从职责内容看,《条例》《办法》对交易所职责的规定与对证监会职责的规定有明显区别,后者具有明显的职权性、行政性。如《条例》第 46 条规定证监会的查处对象是“违反期货市场监督管理法律、行政法规的行为”,且《条例》并未规定交易所的查处职责。证监会《办法》第 8 条规定交易所查处对象是“违规行为”,虽然这里没有明确违“规”的范围,但结合《办法》第 11 条、第 12 条关于期货交易所章程、交易规则应载明的内容的规定,第 20 条、第 37 条关于期货交易所的会员大会或股东大会职权的规定,以及第 24 条、第 25 条、第 40 条关于理事会、董事会性质、地位、职权的规定,在《办法》的规则体系内即可明确"规"指交易所制定的交易规则及其实施细则。笔者在上一段中已经详细论述了交易所交易规则的私法属性和契约性质,因此,二者的查处行为有本质的区别。再如,《条例》第 55 条、第 56 条规定证监会对期货公司及其高级管理人员采取的措施具有明显的行政性,如限制分配红利、限制转让财产,撤销业务许可、关闭分支机构,限制相关责任人员出境等,属于直接针对市场主体进行的行政强制措施或行政处罚,有行政法规作为依据。但是《条例》第 12 条规定的交易所可采取的紧急措施和《办法》第 85 条规定的交易所可采取的临时处置措施均是直接针对交易行为采取的措施,以市场为直接导向,且均明确了采取措施的依据:章程或交易规则及其实施细则。

需要特别注意的是,《条例》第 46 条第 3 项规定的证监会对市场主体期货业务活动的监管职能和《办法》第 8 条第 3 项规定的交易所对市场主体期货业务活动的监管职能,在表述上几乎一致,单独比较这两个条文,无法在认定前者为行政授权的情况下,得出后者是对私法授权的自律监管职能的确认。但是任何条文都不是孤立存在的,对类似这样的情况,可以通过体系理解的方式比较其异同。《条例》第 46 条第 1 项首先要求证监会"制定有关期货市场监督管理的规章",第 7 项明确证监会查处的对象是违反"法律、行政法规"的行为,结合证监会作为行政授权组织的法律地位,其履行第 3 项规定的监管职责,只能是依据法律、法规、规章,是运用国家权力从宏观上对期货市场的统一监管。但是《条例》第 10 条提到的交易所对会员的管理,却明确限定应"按照章程和交易规则"进行。《办法》作为《条例》的下位法,按《条例》的规定进行细化,因此,《办法》第 8 条第 3 项的"监管"只能是在章程和交易规则下的监管,是在市场一线依据私法上权利让渡进行的监管。

结合上述分析,回归到《条例》第 7 条和《办法》第 5 条对交易所实行自律管理的肯定可以认为,目前《条例》《办法》中规定的交易所职责均属交易所固有的自律监管权范畴,其权力渊源是私法上的权利让渡,《条例》《办法》仅是对该等自律监管权的确认,在国家规范和监管的层次上,肯定交易所自律监管权的合法性,并将其范围予以固化,以划定明确的自律监管边界,方便行政权力对其的监督管理;同时,在法律制度的框架内,交易所进行自律监管具有一定的自主性。

四、坚持期货交易所监管权自律性的现实必要性

期货交易所依据市场主体通过契约进行的权利让渡，按照其章程及交易规则履行自律监管权，得到了我国期货市场法律制度的确认。事实上，坚持期货交易所监管权的自律属性，也是我国期货市场健康、有序发展的现实需要。

（一）“五位一体”监管机制的必然要求

《条例》和《办法》不仅规定了期货交易所的监管权，还规定了证监会、证监局、期货保证金安全存管监控机构和期货业协会的相关监管职责。其中，证监会履行行政监管权，具有统筹性与宏观性，与自律监管范围存在重合不可避免。那么，在相互重合的范围内，如何处理二者之间的关系，从而避免监管真空或监管措施重复实施的现象发生，是问题的关键。此外，证监会、期货交易所、期货保证金安全存管监控机构和期货业协会的监管权限和属性也各有侧重，如何在实践中处理好不同监管主体间的配合与衔接，进而使其充分发挥各自的优势，最大化监管效率，打好监管组合拳，也是必须面对的课题。

为解决以上问题，在证监会的统筹下，结合我国期货市场的发展历史与实践，我国期货市场建立了“五位一体”的期货监管协调工作机制。“五位”即国证监会、证监局、期货交易所、中国期货保证金监控中心和中国期货业协会。“五位一体”按照“统一领导、共享资源、各司其职、各负其责、密切协作、合理监管”的原则开展工作，目的是形成一个分工明确、协调有序、运转顺畅、反应快速、监督有效的工作网络。从实际运作情况看，各监管主体的监管范围较为明确，基本实现了各司其职、各负其责。具体而言，期货交易所着眼于对所有市场参与者市场活动的动态监管；期货业协会着眼于对期货从业人员的监管；保证金监控中心负责对期货保证金的监控，并及时将有关情况向相应监管部门报告；证监局着眼于对期货公司资格方面的持续合规性以及其内部风险防范机制的监管；证监会则对期货市场实行集中统一的监管。

在这一协调工作机制下，期货交易所的自律监管构成其重要一环。期货交易所作为联系政府监管机构与期货市场主体的桥梁和纽带，处于缓冲政府监管机构与期货市场主体之间矛盾的中间地带，在期货市场监管体制中发挥重要的、特殊的作用。其被赋予具体、特殊的监管职责和使命，只有坚持行使自律监管权，以市场主体授予的权力监督、管理市场，才能够处理好就纽带两段的关系，实现对违规违约行为的快速反应，使“五位一体”监管机制能够有效触及市场活动

的第一线,从市场端确保整个监管体制的顺畅运转,进而对其他监管主体,尤其是证监会集中统一的行政监管形成有效的配合。

(二)自律监管的比较优势

坚持期货交易所监管权的自律属性,还因自律监管具有行政监管无法比拟的优势。事实上,之所以将交易所定位为对所有市场参与者市场活动的动态监管,就是因为交易所自律管理权的私权利(力)属性,决定了其相对行政监管具有高效、灵活、柔性等特点,能够更有效地触及行政监管的盲区,补位行政监管的不足。

其一,有利于提高监管效率,适应瞬息万变的市场。期货市场复杂多变,根据法治原则,政府的行政监管必须严格遵守主体法定、职权法定、程序法定等要求,在复杂多变的市场面前,政府的有形之手往往旷日持久、容易错失良机。但交易所的自律规则不仅出台快,且随时可以回应期货市场中出现的新兴法律问题,更新监管措施。

其二,有利于填补法律真空,补位行政监管无法触及的地带。一方面,自律监管可以细化立法中的概括性条款,落实立法中的要求,使原则性规定具有可操作性;另一方面,自律监管可以根据法律的精神,甚至是商业伦理对市场行为进行监管,通过警告或者非正式制裁的方式来处理不是明显违法的权利滥用行为。

其三,有利于实施预防性监管,抓早、抓小、降低监管成本。一方面,交易所能够在棘手问题出现的初期识别和理解其复杂性,发挥自律监管的灵活优势,迅速采取处置措施,防止小问题发展成大危机,并由此减少违法违规行为给社会带来的危害,降低社会成本。另一方面,交易所无论在人力、财力等资源方面较证监会更有优势,发挥交易所的自律监管,能有效降低行政监管成本。

五、立法建议

综上所述,目前,我国期货交易所对期货市场履行的自律监管权为私法上的权力,权力渊源是市场主体通过契约行为的自愿让渡,不具有公权力性质;且期货交易所作为期货市场上的私法人显然不是作为公法人的行政机关,其履行自律监管权的行为不具有公法上的行政职权属性,因此,其履行自律监管权的行为应当接受私法上的审查,而非行政法上的司法审查。

期货交易所履行自律监管权和行政监管相比有其独特的优势,也是实现“五位一体”期货监管协调工作机制的必然要求。目前,尚无期货交易所作为行政诉讼被告的案例，但是司法实践中出现了个别就证券交易所履职行为提起的行政诉讼案件，且在审判实践中出现了将交易所履职行为纳入行政诉讼审查范围的倾向。如果这一倾向发展成为惯例，可能使期货交易所面临行政诉讼的风险，这不仅与期货交易所自律监管行为的私法性质不符，还可能影响自律监管独特优势的发挥。对此，笔者建议，在《期货法》立法时，进一步明确期货交易所自律监管的法律性质和职责范围，引导司法政策，避免将期货交易所履行自律监管权的行为作为行政法上的审查对象。

一是进一步明确期货交易所的自律监管地位。其一，在自律监管依据方面，采用《办法》的规定，除章程外，明确将交易所交易规则作为自律监管的依据。其二，在确认交易所自律监管权的条文表述上，采用《条例》的规定，将重心和落脚点放在交易所监管行为"自律性"上，交易所的法人属性可另设条文专门进行规定。其三，在自律监管职责范围上，进一步明确不同监管主体的职责属性，如"期货交易所履行以下自律管理职责"，进而避免引起不必要的争议。

二是完善"五位一体"的监管工作机制。证监会2007年下发的《期货监管协调机制规程（试行）》对这一监管工作机制作了较详细的规定。但从规范性文件的层级来看，《期货监管协调机制规程（试行）》属于期货市场监管系统内工作机制，并不属于广义的法律范畴，因此，关于各监管机构的分工，仍有必要通过立法上升至法律层面予以明确。因此，建议立法时能够围绕期货市场各监管主体的职权属性、监管范围等特点，明确各自的监管权内容，在法律上对我国期货市场发展中经过长期摸索积累的监管经验予以确认。

三是明确对自律监管的司法审查途径。鉴于期货交易所自律监管权的法理基础和私权力属性，以及期货交易所作为私法人的法律地位，建议通过立法明确阻隔对其履行自律监管权的行为进行行政法上的审查，由司法机关制定统一的司法政策，避免在履行自律监管权时，将期货交易所认定为行政诉讼的适格被告，进而保障期货交易所自律监管职能的即时、高效履行。

【制度分析】

期货及衍生品法律评论
第二卷，第121～138页

期货交易所强平强减法律问题研究

张啸尘[*]　刘宏光[**]

摘要：强行平仓是中央对手方处置清算会员违约方面国际通行的强制措施。在操作方面，国外期货清算机构普遍设置独立账户、法律隔离账户等更丰富的账户模式，规定对非违约客户的移仓安排，并同时允许集中市场竞价、拍卖竞价、向特定对象转移等多种处置方式。我国各期货交易所在处置会员违约事件时并未区分违约与非违约客户的持仓，缺少对非违约客户的移仓安排，且平仓方法单一，无法充分保护非违约客户的利益。为全面落实《金融市场基础设施原则》(Priciple for Financial Market Infrastructures，PFMI)，强化对客户的保护，未来我国应进一步丰富客户账户模式，补充对非违约客户的移仓安排，增加强行平仓的方法。强制减仓制度是境内期货交易所应对行情剧烈波动、市场流动性缺失而出现结算风险时采取的具有本土特色的风控措施。强制减仓制度在法律性质、适用条件、双方主体、具体方法等方面与境外的变动保证金收益折扣制度差异显著。从我国期货市场的发展现状看，强制减仓作为我国期货市场特色的风控制度，近期不宜废除，而应该对其进行优化。具体而言，可通过《期货法》立法来完善强制减仓制度的法律基础，细化强制减仓的具体操作来增强市场预期，并将强制减仓作为风险化解

* 中国金融期货交易所法律部总监。

** 中国金融期货交易所与华东政法大学联合培养博士后。

感谢中国金融期货交易所交易部提供近年我国商品期货交易所强制减仓执行情况的相关数据。

的最后手段而少用慎用。

关键词:强行平仓　强制减仓　违约处置　收益折扣

强行平仓和强制减仓是我国期货交易所普遍采用的风险控制措施。强行平仓,是指在特定情况下,期货交易所按照规定对会员、客户持仓进行清算的一种强制措施。根据强行平仓的不同情形,主要可以分为清算会员违约[1]情况下的强平、客户违反持仓限额情况下的强平、客户违规、违约情况下的强平、交易所采取紧急措施情况下的强平等。强制减仓,是指在期货市场出现连续单边市行情时,由交易所将当日以涨跌停板价格申报的未成交平仓报单,以当日涨跌停板的价格与该合约净持仓盈利客户按照持仓比例自动撮合成交。总体而言,强行平仓是境内外期货交易所普遍采用的违约处置措施,强制减仓是我国期货市场在风险控制方面的独创性制度设计。在期货市场深化对外开放的背景下,有必要对强行平仓、强制减仓制度进行深入研究,以求在制度设计上进一步与国际接轨,加强对期货交易的利益保护,提升我国期货市场的国际竞争力。

一、期货交易所违约强平法律问题研究

(一)期货交易所违约强平的渊源与法律性质

1. 期货交易所违约强平制度的历史渊源

期货交易所违约强平制度是指在清算会员(clearing member)违约的情况下,交易所对该清算会员名下的持仓进行强制清算的制度安排。

从国外情况看,清算会员违约,是指清算会员未能即时履行对清算所所负义务或进入破产、清算程序的情况。在我国,清算会员违约是指清算会员的结算准备金余额小于零且未能在规定时间内补足。违约强平是中央对手方的一种结算风险控制措施,也是目前国际通行的违约处置方法。

从制度本质上来看,违约强平制度与期货交易的中央对手方清算安排及保证金制度密切相关。在传统双边清算、环形清算背景下,互交保证金并不是期货交易的必要条件,很多机构,尤其是大型机构之间通过授信来进行期货交易。而随着1891年美国明尼阿波利斯谷物交易所建立完整结算系统,引入中央对手方

[1] 境外期货市场普遍允许会员开展自营,所以清算会员违约分两种情况,一种是自营账户违约,另一种是客户违约导致会员违约。本报告主要关注因客户违约而导致清算会员违约的情形。

清算制度，清算所作为“所有买方的卖方”和“所有卖方的买方”介入期货清算流程中，成为期货结算风险的集聚中心。〔2〕中央对手方为控制风险，要求所有交易者均提交保证金，并采用盯市制度对保证金进行动态调整。当会员不能提供足额的担保品时，则中央对手方的权利可能得不到充分保障。此时，不能及时满足保证金要求的清算会员会被中央对手方认定为违约，其持仓将被强制清算。

2. 期货交易所违约强平行为的法律性质

强行平仓本质上是交易所为了维护自身合法权利而采取的民事行为，对于强行平仓的法律性质，有权利说、义务说、权利转义务说和权利兼义务说 4 种观点。〔3〕从期货交易角度看，违约强平行为作为违约处置方法，是期货交易所基于其与会员的结算关系而采取的自我保护措施，交易所进行强平操作的直接基础是其业务规则及其与清算会员之间的会员协议。最高人民法院的司法解释亦认可交易所交易规则的法律效力。〔4〕从期货监管角度看，违约强平还是期货交易所的公法义务。在我国禁止透支交易的背景下，交易所不得为会员提供授信。在会员保证金不足时，交易所应进入违约处置程序，对会员名下的头寸强行平仓。我国《期货交易管理条例》第 34 条、第 36 条和《期货交易所管理办法》第 83 条都明确了这一点。〔5〕交易所有义务将法律法规的规定落实于业务规则，并在

〔2〕关于明尼阿波利斯谷物交易所建立清算所的相关历史，参见［英］彼得·诺曼：《全球风控家——中央对手方清算》，梁根林译，中国金融出版社 2013 年版，第 108～111 页。

〔3〕关于强行平仓行为性质的 4 种观点，参见最高人民法院民事审判第二庭编著：《最高人民法院〈关于审理期货纠纷案件若干问题的规定〉的理解与适用》，人民法院出版社 2015 年版，第 166～169 页。

〔4〕最高人民法院《关于审理期货纠纷案件若干问题的规定》第 36 条第 1 款规定：“期货公司的交易保证金不足，又未能按期货交易所规定的时间追加保证金的，按交易规则的规定处理；规定不明确的，期货交易所有权就其未平仓的期货合约强行平仓，强行平仓所造成的损失，由期货公司承担。”

〔5〕《期货交易管理条例》第 35 条规定：“期货交易所会员的保证金不足时，应当及时追加保证金或者自行平仓。会员未在期货交易所规定的时间内追加保证金或者自行平仓的，期货交易所应当将该会员的合约强行平仓，强行平仓的有关费用和发生的损失由该会员承担。”《期货交易管理条例》第 37 条规定：“会员在期货交易中违约的，期货交易所先以该会员的保证金承担违约责任；保证金不足的，期货交易所应当以风险准备金和自有资金代为承担违约责任，并由此取得对该会员的相应追偿权。客户在期货交易中违约的，期货公司先以该客户的保证金承担违约责任；保证金不足的，期货公司应当以风险准备金和自有资金代为承担违约责任，并由此取得对该客户的相应追偿权。”《期货交易所管理办法》第 84 条规定：“会员在期货交易中违约的，应当承担违约责任。期货交易所先以违约会员的保证金承担该会员的违约责任，保证金不足的，实行全员结算制度的期货交易所应当以违约会员的自有资金、期货交易所风险准备金和期货交易所自有资金承担；实行会员分级结算制度的期货交易所应当以违约会员的自有资金、结算担保金、期货交易所风险准备金和期货交易所自有资金承担。”

出现规定情况时,依照业务规则的规定执行。

总体而言,在会员违约时进行强平既是期货交易所维护自身权益的合法手段,也是在监管政策要求下的必然行为,采权利兼义务说最符合实际。单纯的权利说或义务说失之于片面,权利转义务说则由于交易所依法不能为会员提供授信而不符合实际情况。[6] 当然,如果未来我国允许交易所为会员提供授信,则违约强行的性质可以采用权利转义务说。

(二)违约强平的操作层面

1.我国期货交易所的违约强平制度

我国4个期货交易所的业务规则中均规定了会员违约时的强行平仓安排,[7] 主要规则如下。第一,各交易所均允许先由违约会员在交易所规定时间内自行平仓,会员未能完成平仓要求的,再由交易所执行强平。郑州商品交易所在执行强平时,还允许会员提供平仓名单,更具有灵活性。第二,各交易所使用的清算账户属于综合隔离模式,交易所强行平仓时仅平到违约会员层面,不关注具体期货头寸所归属的交易者。按照交易所业务规则,非违约客户的持仓也可能被强平,非违约客户的保证金可能用于弥补违约客户造成的损失,非违约客户面临同僚客户风险。第三,各个交易所虽然都规定了移仓制度,但均未明确包括会员违约这一情形。[8] 交易所在执行强平前,并无对非违约客户进行移仓的流程。第

〔6〕 权利转义务说的主要观点认为期货公司的强行平仓在不同阶段具有不同的法律属性,当保证金余额低于期货经纪合同约定的最低限额但高于期货交易所确定的法定最低限额时,强行平仓是一种权利;而当保证金余额低于法定最低限额时,强行平仓则转化为一种义务。这种学说存在的基础是期货公司对客户有经纪合同约定和交易所确定的两个保证金标准,而交易所对会员则只有一种保证金要求标准,故权利转义务说无法适用于交易所违约强平会员场景中。关于权利转义务说的详细内容,参见王海洋:《股指期货强行平仓的法律性质与后果》,载《政治与法律》2008年第5期;谭婧:《个股期权强行平仓实施方式及其法律后果探讨》,载黄红元、徐明主编:《证券法苑》(第9卷),法律出版社2013年版,第753~763页;钟维:《期货强行平仓的法律属性及规则解释》,载《河南财经政法大学学报》2017年第6期;张啸尘、王超:《期货公司强行平仓的通知义务》,载曹越主编:《期货与衍生品法律评论》(第1卷),法律出版社2018年版,第262~274页。

〔7〕 参见《上海期货交易所风险控制管理办法》第33~41条、《郑州商品交易所期货交易风险控制管理办法》第37~44条、《大连商品交易所风险管理办法》第36~43条、《中国金融期货交易所风险控制管理办法》第19~27条等。

〔8〕 参见《上海期货交易所结算细则》第53~57条、《大连商品交易所结算细则》第53~58条、《郑州商品交易所结算细则》第43~44条、《中国金融期货交易所结算细则》第78~82条。我国各期货交易所在会员因故不能从事金融期货经纪业务、会员发生合并、分立、破产、解散等事件时,可以统一将该会员所有客户的持仓及相应的交易保证金进行移仓。该种移仓服务和PFMI原则十四中要求的移仓不同,原则十四中要求的移仓是指会员违约后,为了保护其客户的权益,将其客户的持仓和资金转移给替代会员的操作。在会员违约情况下移仓的作用是为了在清算会员违约时为客户提供保护,使客户的持仓可以继续存续,不至于被强平。

四，各交易所强行平仓的方法均为公开市场交易，其价格通过公开市场交易形成。与境外交易所相比，缺少违约头寸的内部风险对冲、拍卖、向特定对象转移等方法，处置方式较单一（见表1）。

表1　我国各期货交易所强行平仓规则比较

项目	上海期货交易所	郑州商品交易所	大连商品交易所	中国金融期货交易所
自行平仓时段	除交易所特别规定外，第一节交易时间内	除交易所特别规定外，10:15之前	除交易所特别规定外，夜盘交易品种：夜盘交易小节、第1节、第2节； 非夜盘交易品种：第1节、第2节	除交易所另有规定外，在第一节交易结束前
强平前提	需要强行平仓的头寸，若会员未在规定时限执行完毕，则由交易所执行	需要强行平仓的头寸，若会员未在规定时限执行完毕，则由交易所执行	需要强行平仓的头寸，若会员未在规定时限执行完毕，则由交易所执行	需要强行平仓的头寸，若会员未在规定时限内执行完毕，则由交易所执行
强平顺序	需要强行平仓的头寸由交易所按先投机、后套期保值，先期货、后期权的原则；并按上一交易日闭市后合约总持仓量由大到小顺序，先选择持仓量大的合约作为强行平仓的合约；再按该会员所有客户该合约的净持仓亏损由大到小确定	交易所按照会员提供的平仓名单进行，若会员没有提供名单的，按照上一交易日闭市后期货合约总持仓量由大到小顺序确定强行的合约，再按照该会员客户该期货合约净持仓亏损由大到小确定	以会员在13:00的结算准备金余额为依据，计算该会员应追加的交易保证金，该会员所有客户按交易保证金等比例平仓原则进行平仓。 其客户需要强行平仓的头寸由交易所按先投机、后套期保值的原则；并按上一交易日闭市后合约总持仓量由大到小顺序确强行的合约	按照上一交易日结算后合约总持仓量由大到小的顺序确定强平的合约，再按照该会员所有客户交易保证金由大到小的顺序，选择单向大边持仓依次强行平仓。若释放资金不足的，再按照上述顺序对双边持仓依次强行平仓。 在选择单向大边持仓进行强行平仓时，按照客户相关品种买、卖方向持仓保证金差额确定平仓数量

续表

项目	上海期货交易所	郑州商品交易所	大连商品交易所	中国金融期货交易所
多个会员需要强平时的处理	按需要追加保证金由大到小的顺序确定平仓的会员	按需追加保证金由大到小顺序确定平仓的会员	按需追加保证金由大到小顺序确定先平仓的会员	按需追加保证金由大到小顺序确定先平仓的清算会员
强平方法与价格	强行平仓通过公开市场进行,其价格通过竞价交易形成	强行平仓通过公开市场进行,其价格通过竞价交易形成	强行平仓通过公开市场进行,其价格通过竞价交易形成	强行平仓通过公开市场进行,其价格通过竞价交易形成
会员违约时的客户移仓安排	未规定	未规定	未规定	未规定

2. 境外期货交易所的违约强平制度

美国商品期货委员会(U. S. Commodity Futures Trading Commission,CFTC)监管规章和欧洲证券和市场管理局(European Securities and Markets Authority,ESMA)发布的《欧洲市场基础设施条例》都对衍生品清算机构的客户资产隔离机制作了强制要求。CFTC 规章规定期货清算可以使用综合账户模式,但对场外衍生品的集中清算则必须使用法律隔离账户管理客户账户。[9] 而 EMIR 则规定清算机构在场外衍生品清算中要同时提供综合账户模式和独立账户模式两种隔离模式供客户做选择。[10] 总体而言,境外交易所衍生品清算业务中主要使用以下 3 种账户模式,即"综合账户"(Omnibus Account Model)模式、"法律隔离但操作混合账户"(Legal Segregation with Operational Commingling,LSOC)模式和"独立账户"(Individual Client Segregation Model)模式。[11] 实践中,芝加哥商业交易

〔9〕 参见 CFTC 规章第 1.20 节和第 22.15 节。

〔10〕 参见《欧洲市场基础设施条例》第 39 条。

〔11〕 综合账户模式是指将客户的持仓与抵押品和清算会员的持仓与抵押品分别账户存放的账户模式,根据客户账户内不同客户之间的持仓与保证金是否进行折抵,又可进一步分为全额综合账户和净额综合账户。LSOC 账户模式是指客户的持仓与抵押品和清算会员的持仓与抵押品分别账户存放,且客户账户内不同客户之间持仓与抵押品以价值为基础进行法律隔离,但客户抵押品可以混合操作。根据是否可以对客户缴纳的多于初始保证金的抵押品进行隔离,可以进一步分为不允许多余抵押品的 LSOC(LSOC with excess)与允许多余抵押品的 LSOC(LSOC without excess)。独立账户模式是否不但将客户的持仓与抵押品和会员的持仓与抵押品分别存放,还将不同客户的持仓与抵押品分别存放,实际客户资产与会员及其他客户资产的彻底隔离。关于不同账户模式的具体特点,参见张今:《衍生品清算同僚客户风险的防范机制——账户隔离与移仓制度研究》,载《金融期货研究》2015 年第 19 期。

所(Chicago Mercantile Exchange,CME)在场内清算业务中使用综合隔离账户,在场外清算业务中使用法律隔离账户;[12]欧洲期货交易所(EUREX)在清算业务中提供综合隔离账户和独立账户模式。

此外,违约强平制度还与客户移仓制度密切相关,违约强平的对象是客户综合账户中移仓剩下的头寸。《金融市场其他设施原则》原则十四要求中央对手方提供隔离与移仓安排。国际主要清算所,如 CME,伦敦清算所(London Clearing House,LCH)和 ICE,也都将违约后移仓机制作为标准违约处置流程的一部分。以 CME 为例,其违约处置流程均是先将非违约客户的资产移仓,然后再对违约会员的自营头寸或违约客户头寸进行强平。[13] 但由于账户结构问题,移仓时并不一定能将所有非违约客户的头寸和保证金都全部成功转移其他非违约会员处。

在综合隔离账户模式下,以 CME 清算所为例,尽管其要求清算会员将客户隔离账户中的保证金及头寸与清算会员自营账户中的保证金及头寸分开,但每个清算会员名下的所有客户保证金存款及头寸却是集中在一起持有的,而不是将每个客户的保证金和头寸分开存放。由于清算所不掌握客户的持仓及保证金情况,移仓较为困难。相应地,在清算所进行强行平仓时,违约清算会员处非违约客户的头寸与保证金可能会受到波及。在 LSOC 模式下,清算机构一方面对客户初始保证金(对变动保证金未明确规定)进行法律上的价值隔离,另一方面允许清算会员将客户保证金放在一个账户内操作。基于会员对清算所的报告义务,清算所能够掌握客户保证金的价值情况。[14] 相对于综合账户模式,LSOC 账户模式便于清算会员违约时对非违约客户的持仓与抵押品进行移仓。但由于法律法规强制隔离的标的是客户的初始保证金,对变动保证金的隔离未作明确要求,故在移仓过程中转移的是客户的初始保证金,违约清算会员处非违约客户的变动保证金在强平过程中会被波及。在独立账户模式下,由于对客户的头寸与保证金(包含初始保证金和变动保证金)进行完全的物理隔离,非违约客户能够进行完全移仓,强行平仓时仅涉及违约客户及会员,不存在同僚客户风险。

在违约强平的操作层面上,在平仓处理前,国外交易所一般明确要求对违约

---

〔12〕 CME 拟推进另一项制度即直接资金参与者制度(Direct Funding Participant,DFP),类似于独立账户。DFP 作为一种新型的清算会员类型,但需要 FCM 为其提供担保。DFP 可就其自营持仓与 CME 直接清算,将担保品直接缴存到 CME 的账户,彻底消除其以 FCM 的客户参与清算时所面临的同僚客户风险。

〔13〕 境外期货市场普遍允许清算会员开展自营,所以会员违约分两种情况:一种是自营账户违约,另一种是客户违约导致会员违约。本报告主要关注因客户违约而导致会员违约的情形。

〔14〕 参见 CFTC 规章第 22.11 节。

会员的违约头寸组合采取风险对冲及避险操作,通过对违约头寸组合的对冲可以锁定风险,甚至做到风险中性,避免违约处置期间风险敞口进一步扩大。在强行平仓方式上,境外交易所同时允许集中市场竞价、拍卖、向特定对象转移等多种平仓及转移方式,违约头寸可根据资产特性进行分拆打包并分别以不同方式处理。[15] 其中,拍卖方式最为常用,交易所通常要求所有守约清算会员必须参与违约头寸拍卖,并通过设置最低竞价规模、收取惩罚金等方式督促其履行拍卖义务,其他会员及客户可自愿参与拍卖,拍卖可能通过交易所违约拍卖电子系统或组织喊价执行;场内集中竞价方式适用于流动性较好的违约头寸,通常规模较小的场内品种采用这一平仓方式;此外,CME、ICE(欧洲)、香港交易所(Hong Kong Exchange and Clearing Limited,HKEX)、纽约证券交易所(New York Stock Exchange,NYSE)等交易所也明确允许通过私下双边协商方式向特定会员转移违约持仓。拍卖和向特定对象转移等非集中市场的处置方式相对集中市场竞价方式对市场的冲击力更小。

(三)我国看穿式监管模式与违约强平规则并不冲突

我国期货市场实行交易编码制度、客户保证金安全存管监控制度为基础的看穿式监管。客户交易编码是指客户从事交易时使用的专用代码,由会员号与客户号组成,原则上,每一客户在同一期货交易所仅有一个客户号,交易所通过客户号可以识别该客户在不同会员处的所有持仓。实践中,客户只能在自己的编码下进行交易,交易所对客户交易的确认是依编码确定的。客户保证金安全存管监控是指期货市场监控中心(以下简称监控中心)通过期货结算银行、期货交易所获取与结算相关的外部信息,利用计算机监控系统逐笔验证期货公司结算数据的真实性,对期货公司保证金管理实施逐日监控以杜绝期货公司挪用和占用客户保证金的制度安排。在看穿式的监管模式下,我国期货交易所通过客户编码制度,结合期货市场监控中心提供的客户保证金明细,可以实际追踪到每个客户的持仓以及持仓对应的保证金。就理论上而言,在交易所进行违约处置时,交易所可以对违约客户实施精准平仓。

但基于清算会员这一风控制度,交易所在违约强平时并不直接对违约客户进行强平,而是依照风险控制规则的规定对会员代理结算的持仓头寸执行强平,并不区分拟平仓头寸是否属于违约客户所有。由于缺少对违约客户和其他非违约客户进行隔离及对非违约客户进行移仓的安排,实践中被强平的可能是非违

---

〔15〕 参见尹小为:《中国股票指数期货产品与业务规则差异分析——基于中国内地、中国香港和新加坡的比较》,载《金融期货研究》2019 年第 14 期。

约客户的头寸。但由于清算会员制度已事先写入交易所业务规则，并纳入交易所与会员之间的会员协议以及会员与客户之间的经纪合同中。客户、会员在知悉业务规则的情况下自愿来交易所参加交易，虽然可能存在“错平”非违约客户头寸的可能性，但由于客户已经事前同意，并不能认定这种强平行为对其存在不公平，而应认定交易所依照业务规则进行的违约强平行为合法有效。最高人民法院的司法解释亦明确认可了交易所强行平仓规则的法律效力。[16] 并且，理论上，非违约客户在其头寸被“错平”后，有向会员追偿的权利。

看穿式监管模式与违约强平规则并不冲突。以交易编码和保证金存管监管为基础的看穿式监管模式是一种交易监管制度，能够有效防范期货公司挪用客户保证金的行为，是我国期货市场的特殊制度安排。而清算会员制度是国际上中央对手方为控制风险而做的通行安排，意在隔离中央对手方面临的信用风险，扩大中央对手方处理违约事件的财务资源，避免因会员违约而危及中央对手方的存续。看穿式监管模式与清算会员制度，前者是交易监管制度，后者是结算制度，在交易层面上看穿客户持仓与结算层面上不直接针对具体客户并不矛盾。两者相结合的制度设计既增强了市场的透明度，也保护了中央对手方不会频繁受客户违约事件的影响。

（四）小结与建议

违约强平是交易所基于结算关系而对违约会员的头寸进行平仓的强制措施，根源于期货交易的中央对手方清算安排及保证金交易制度。在我国禁止透支交易的背景下，交易所不得为会员提供授信，违约强平的法律性质采用权利兼义务说更符合实际。我国期货市场在交易方面采用看穿式监管，在结算方面采用综合隔离账户模式。期货交易所在违约强平是只平仓到会员层面，且在违约处置流程中缺少对非违约客户的移仓安排，可能导致非违约客户的头寸被平仓。相比之下，境外交易所普遍采用更丰富的账户模式，并设有会员违约时的客户移仓安排，对客户资产保护水平更高。结合我国期货市场的发展现况及 PFMI 的要求，我国有必要研究设计更丰富的账户类型，并引入违约移仓制度，更好地保护客户的利益。在我国看穿式监管的基础上，若能引入非违约客户的移仓制度，即可建立类似于 LSOC 的客户保护机制。由于我国存在客户保证金存管监管制

〔16〕 最高人民法院《关于审理期货纠纷案件若干问题的规定》第 36 条第 1 款规定：“期货公司的交易保证金不足，又未能按期货交易所规定的时间追加保证金的，按交易规则的规定处理；规定不明确的，期货交易所有权就其未平仓的期货合约强行平仓，强行平仓所造成的损失，由期货公司承担。”

度,交易所结合监控中心的数据可以直接追踪到每个客户的持仓及保证金,我国在借鉴移仓制度时甚至不需要如国外一样要求会员承担客户头寸的报告义务。

此外,在违约强平的操作层面上,境外期货交易所在平仓处理前一般对违约会员的违约头寸组合采取风险对冲及避险操作,且在平仓方式上允许采用集中市场竞价、拍卖、向特定对象转移等多种方式,违约头寸可根据资产特性进行分拆打包并分别以不同方式处理,更好地适应不同资产的处置需求。而我国期货交易所目前违约强平的方式较单一,缺少在平仓前对违约头寸组合进行风险对冲的安排,且缺少除集中竞价交易以外的拍卖、向特定对象转移等其他平仓方式,未来有必要进一步完善相关安排。

二、期货交易所强制减仓法律问题研究

(一)强制减仓制度概论

强制减仓是在期货合约出现连续涨跌停板时,对收市时未成交的合约报单与盈利合约进行配对成交,进而释放风险的行为。强制减仓制度是境内期货交易所应对行情剧烈波动、市场流动性缺失时针对结算风险的事前防范手段,是我国期货市场特有的风险控制措施。强制减仓制度在《期货交易管理条例》中并未规定。在部门规章层面,强制减仓制度最早出现于1999年《期货交易所管理办法》第58条,后来在《期货交易所管理办法》的历次修改中均得以保留,[17]现为2017年《期货交易所管理办法》第85条:"期货价格出现同方向连续涨跌停板的,期货交易所可以采用调整涨跌停板幅度、提高交易保证金标准及按一定原则减仓等措施化解风险。"

目前,我国4个期货交易所均在风险控制办法中规定有强制减仓制度,[18]但在制度细节上有所差别。在减仓条件方面,3个商品期货交易所为连续3个交易日单边市,金融期货交易所为连续两个交易日单边市。在减仓决定日期方面,上海期货交易、郑商品交易所是第三个连续同方向涨跌停板交易日收市后暂停

[17] 参见2002年《期货交易所办法》第46条、2007年《期货交易所办法》第86条。

[18] 参见《上海期货交易所风险控制管理办法》第14条、《郑州商品交易所期货交易风险控制管理办法》第17~23条、《大连商品交易所风险管理办法》第18~20条、《中国金融期货交易所风险控制管理办法》第28~30条。另外,值得说明的是,各期货交易所均在《期权交易管理办法》明确规定期权交易中不实行强制减仓制度,但大连商品交易所、上海期货交易所保留了在异常情况下实施强制减仓措施的权利。

交易1日以作出决定，而大连商品交易所和中国金融期货交易所则分别是在第三/二个连续同方向涨跌停板交易日收市后直接根据实际情况决定（见表2）。在减仓方法与顺序方面，商品期货交易所按盈利大小和投机与保值的不同按四级逐级分配，先投机再套保；金融期货交易所按盈利大小按三级逐级分配，未区分投机与套保。此外，各期货交易所在申报平仓数量、客户该合约持仓盈亏、持仓盈利客户平仓范围等方面也有不少区别。

从历史演变分析，商品期货交易所强制减仓制度经历了"三板必减"到"三板可减"的转变过程。这一转变，一方面，增强了强制减仓制度的灵活性，避免强制减仓制度被恶意交易者利用的风险。以上海期货交易所为例，2003年之前，一些交易者利用"三板强减"制度的刚性，事先建立好模型，算好3天涨跌停板的幅度，然后利用资金优势，先把期货合约的价格拉上去，再快速出货，三个跌停板强行减仓后也能获得巨额利润。这种行为市场剧烈震荡，价格扭曲。后来，上海期货交易所为改变这一情况，引入扩大涨跌停板幅度作为应对连续3个交易日同方向单边市行情的可选措施，打破了恶意交易者的预期，并有力打击了上述行为。〔19〕另一方面，由"必减"变为"可减"也使业务规则更能适应市场实际情况。大连商品交易所于2018年11月23日对强制减仓制度进行修改，改变了原"区分焦炭、焦煤、铁矿石、鸡蛋、纤维板、胶合板、聚丙烯、玉米淀粉合约与其他合约，前者出现连续同方向单边市时根据市场情况决定是否减仓，后者直接减仓"的做法，统一为"根据实际情况决定是否减仓"，使业务规则更具有灵活性、统一性。同时，大连商品交易所的这一修改也标志我国期货市场全面完成从"必减"到"可减"的转变，"强制减仓仅作为控制风险的备选措施之一，而不是必须采取的措施，逢三必减"成为历史。〔20〕而我国金融期货所的强制减仓制度自设立之日起即为"逢二可减"。

表2　我国期货交易所现行强制减仓规则比较

规则要素	上海期货交易所	大连商品交易所	郑州商品交易所	中国金融期货交易所
减仓条件	连续3个交易日出现同方向单边市，且第三日、第四日均不是最后交易日	连续3个交易日出现同方向单边市，且第三日、第四日均不是最后交易日	连续3个交易日出现同方向单边市	连续2个交易日出现同方向单边市，且第二日不是最后交易日

〔19〕参见姜洋：《发现价格：期货与金融衍生品》，中信出版集团股份有限公司2018年版，第453～455页。

〔20〕参见姚宣兵：《大商所取消"逢三必减"风控措施》，载《期货日报》2018年11月26日，第6版。

续表

规则要素	上海期货交易所	大连商品交易所	郑州商品交易所	中国金融期货交易所
决定日期	第四天暂停交易1日,交易在第四天根据市场情况作出是否减仓决定	第三日收市后根据市场情况决定是否减仓	第三个交易日收市后根据市场情况作出第四天暂停交易1日,并强制减仓;若第三个交易日是最后交易日,则根据市场情况决定直接配对交割还是强制减仓后再交割	在第二日收市后根据市场情况作出是否减仓的决定
申报平仓数量	在第三交易日收市后,已在计算机系统中以涨跌停板价申报无法成交的,且客户该合约的单位净持仓亏损大于或等于第三交易日结算价6%(天然橡胶、燃料油、石油沥青和漂针浆为8%)的所有申报平仓数量的总和为平仓数量。同一客户持有双向头寸,则首先平自己的头寸。客户已在收市前撤单的不计	在第三交易日收市后已在系统中以涨跌停板价申报无法成交的,且客户合约的单位净持仓亏损大于或等于第三交易日结算价的5%(棕榈油合约标准为4%)的所有持仓。同一客户持有双向头寸,则其净持仓部分的平仓报单参与强制减仓计算,其余平仓报单与其对锁持仓自动对冲。客户已在收市前撤单的不计	在第三交易日收市后已在系统中以涨(跌)停板价申报但没有成交的,且该客户该期货合约的单位持仓亏损大于或者等于第三交易日结算价一定比例的所有申报平仓数量的总和。因自动对冲客户双向持仓造成客户持仓少于平仓单所报数量时,系统自动将平仓数量进行调整。客户已在收市前撤单的不计	在第二交易日收市后已经在交易所系统中以涨跌停板价格申报未成交的,且客户合约的单位净持仓亏损大于等于第二交易日结算价一定比例的所有持仓。同一客户在同一合约上双向持仓的,其净持仓部分的平仓报单参与强制减仓计算,其余平仓报单与其反向持仓自动对冲平仓。客户已在收市前撤单的不计

续表

规则要素	上海期货交易所	大连商品交易所	郑州商品交易所	中国金融期货交易所
客户该合约持仓盈亏	客户该合约净持仓盈亏的总和是指在客户该合约的历史成交库中从当日向前找出累计符合当日净持仓数的开仓合约的实际成交价与当日结算价之差的总和	客户该合约持仓盈亏总和是指客户该合约的全部持仓按其实际成交价与当日结算价之差计算的盈亏总和	客户该期货合约持仓盈亏总和是指客户该期货合约的持仓按其实际成交价与当日结算价之差计算的盈亏总和	客户该合约持仓盈亏的总和是指客户该合约所有持仓中第一交易日前一个交易日(含)前成交的按照第一交易日前一个交易日结算价、第一交易日和第二交易日成交的按照实际成交价与第二交易日结算价的差额合并计算的盈亏总和
持仓盈利客户平仓范围	客户单位净持仓盈利的投机头寸以及客户单位净持仓盈利大于或等于第三交易日结算价 6%(天然橡胶、燃料油、石油沥青和漂针浆为 8%)的保值头寸都列入平仓范围	客户单位净持仓盈利大于零的客户的所有投机持仓以及客户单位净持仓盈利大于或等于第三交易日结算价的 7% 的保值持仓	客户单位持仓盈利的投机持仓(包括套利持仓)以及客户单位持仓盈利大于或等于期货合约规定价幅 2 倍的保值持仓都列入平仓范围	单位净持仓盈利大于零的客户的盈利方向净持仓均列入平仓范围
减仓价格	第三个交易日涨跌停版价格	第三个交易日涨跌停板价格	第三个交易日涨跌停板价格	第二个交易日涨跌停板价格
减仓方法与顺序	按盈利大小和投机与保值的不同按四级逐级分配,先投机再套保	按盈利大小和投机与保值的不同按四级逐级分配,先投机再保值	按盈利大小和投机与保值的不同按四级逐级分配,先投机再套保	按盈利大小、按三级逐级分配,未区分投机与套保
减仓损失承担	会员及其客户承担	会员及其客户承担	会员及其客户承担	会员及其客户承担

续表

规则要素	上海期货交易所	大连商品交易所	郑州商品交易所	中国金融期货交易所
后续措施	若仍未化解风险,交易所进入异常情况,并按有关规定采取风险控制措施	若风险仍未释放,交易所进入异常情况,并按有关规定采取风险控制措施	若风险仍未释放,交易所进入异常情况,并按有关规定采取风险控制措施	若风险仍未释放,交易所进入异常情况,并按有关规定采取紧急措施

(二)强制减仓制度在我国的实践

强制减仓是具有本土特色的期货交易风险控制措施,在国内商品期货市场发展初期有效化解了极端市场行情下的风险。尤其是在2008年金融危机后的我国期货市场风险化解中发挥重要作用。但随着境内期货市场的成熟发展,近年来各商品期货交易所对于强制减仓制度的使用相对谨慎,在出现极端行情时,交易所一般采用扩大涨跌停板幅度、提高保证金比例等风险控制措施,尽量不使用强制减仓这一"核武器"。[21] 从实践来看,上海期货交易所及大连商品交易所进行的强制减仓主要集中在2008年全球金融危机爆发前后。国内商品期货市场最近一次强制减仓发生于2014年12月22日,郑州商品交易所对甲醇1501合约执行了强制减仓。截至目前,我国金融期货市场尚未进行过强制减仓(见表3)。

表3 近年我国商品期货交易所强制减仓执行情况

交易所	日期	强制减仓执行情况
上海期货交易所	2008年10月24日	对铜Cu0811、Cu0812、Cu0901、Cu0902、Cu0903、Cu0904、Cu0905、Cu0906、Cu0907合约和锌Zn0812、Zn0901、Zn0902、Zn0908合约执行强减
	2008年10月27日	对黄金Au0908合约执行强制减仓
	2008年12月8日	对铝AL0902和AL0903合约执行强制减仓
	2009年1月7日	对铜Cu0903合约,天然橡胶Ru0901、Ru0903、Ru0904、Ru0905、Ru0907合约和天然橡胶Ru0909执行强制减仓
	2009年1月8日	对铜Cu0901、Cu0902、Cu0904、Cu0905、Cu0906、Cu0907、Cu0911、Cu0912合约执行强制减仓

〔21〕 参见姜洋:《发现价格:期货与金融衍生品》,中信出版集团股份有限公司2018年版,第456页。

续表

交易所	日期	强制减仓执行情况
大连商品交易所	2008 年 10 月 8 日	对豆一 0901 合约、0905 合约、豆粕 0901、0905、豆油 0905 执行强制减仓
郑州商品交易所	2010 年 11 月 9 日	对 PTA1101、1102、1103、1104、1105、1106、1107、1108、1109、1110 执行强制减仓
	2014 年 12 月 22 日	对甲醇 1501 合约执行强制减仓

(三)与境外交易所收益折扣(gain haircut)制度的比较

从境外情况看,境外主要期货交易所均未设立在期货市场出现连续同方向单边市时让亏损方与盈利方“互相让步”的强制减仓制度。但作为中央对手方恢复与处置计划(Recovery and Resolution Plan)[22]的一部分,境外主要期货交易所多设有按比例扣减盈利方收益的收益折扣(gain haircut)制度。收益折扣制度,是指中央对手方将违约瀑布未覆盖时,根据盯市价值,向当日亏损的参与者全额收取变动保证金,而向当日盈利者按一定比例支付变动保证金,进而将损失分配给其债权人的制度。[23] 以 CME 清算所为例,CME Rule 802. B. 7 规定了收益折扣制度。在清算会员违约情况下,若耗尽 CME 清算所的违约财务资源仍无法覆盖违约损失时,CME 清算所可以对盈利方的变动保证金收益按比例进行扣减以覆盖清算所违约资源的缺口。在 ICE 交易所集团清算业务规则中,ICE 欧洲清算所 Rule 914 和 ICE 美国清算所 Rule 807 也作了相似的制度安排。

从两者对比来看,强制减仓制度是会员违约之前的风控措施,通过将盈利客户的持仓与未成交的报单强制配对成交来化解市场行情持续单向变动的极端情况,是防范整个市场出现大面积违约的事前防范性安排。而收益折扣制度则是在出现会员违约后,耗尽中央对手方违约财务资源仍无法覆盖损失时对未违约

〔22〕 中央对手方恢复与处置计划是中央对手方面临极端场景,预置违约资源与流动性安排耗尽时用来恢复流动性、使中央对手方账面匹配的制度以及恢复行为失败时有序关闭的安排。恢复与处置计划是中央对手方重要的风控要求,2014 年支付清算委员会与国际证监会组织联合发布的《金融市场基础设施恢复》明确规定恢复计划、恢复工具等内容。恢复工具主要包括交易强制提前终止、合约拍卖与强制分配、变动保证金收益折扣、初始保证金估值折减等工具。关于中央对手方恢复与处置计划,参见[英]乔恩·格雷戈里:《中央对手方:场外衍生品强制集中清算和双边保证金要求》,银行间市场清算所股份有限公司译,中国金融出版社 2017 年版,第 213 ~ 215 页。

〔23〕 参见[英]乔恩·格雷戈里:《中央对手方:场外衍生品强制集中清算和双边保证金要求》,银行间市场清算所股份有限公司译,中国金融出版社 2017 年版,第 213 ~ 215 页。

清算会员的变动保证金收益直接按比例扣减的措施,作为中央对手方出现危机时的一种恢复措施,是违约行为出现后对违约损失的事后分摊政策(见表4)。

表4　强制减仓制度与收益折扣制度比较

项目	强制减仓	盈利折扣
制度属性	事前的违约防范措施	事后的损失分摊政策
双方主体	盈亏交易者之间	盈利者与清算所
适用条件	连续3个或2个交易所日出现同方向单边市	清算会员违约,耗尽违约瀑布后仍无法覆盖全部损失
具体方法	将其合约单位持仓亏损客户的未成交合约报单与该合约盈利持仓进行配对成交	直接按一定比例对未违约会员及其客户的变动保证金收益进行扣减

(四)强制减仓制度的合法性与合理性辨析

强制减仓制度是我国期货市场发展初期起源于商品期货市场的特殊风险控制制度,也是在极端行情下化解市场风险的有力措施。但随着我国期货市场的成熟以及国际化发展需要,该制度受到不少质疑。对于强制减仓制度,目前存在“支持说”与“反对说”两种观点。

“支持说”的主要论点是我国期货市场尚不成熟,强制减仓是在我国期货市场不成熟背景下防范系统性风险的利器。强制减仓制度让亏损方在三板(金融期货市场为两板)位置上被强制出局,终止了客户的损失继续扩大的可能性,也终止了客户风险向经纪公司、交易所和关联银行等相关机构的传导的可能性,不至于引发多米诺骨牌效应,损害期货市场和整个国民经济的健康发展。[24] 这一制度能够较好地适应我国长假休市多、破产清算制度缺失等问题,过往实践也证实了这一制度的效果。历史上,强制减仓制度曾经帮助我国期货市场成功应对了2008年国际金融危机带来的巨大冲击,有效化解传递到我国期货市场的风险,不可轻言废除。[25] 虽然这一制度的适用可能导致部分交易者利益受损,但期货交易所已经普遍将“三板/两板必减”修改为“可减”,主动限制减仓制度的适用。在出现市场风险时,期货交易所优先适用扩大涨跌停板、提高保证金比例等措施,强制减仓仅作为风控措施工具箱的一种备用工具,让交易所在应对极端行情时掌握更多主动权。

---

〔24〕 参见曲立峰:《“三板强减”制度的利弊分析》,载《期货日报》2010年10月14日,第6版。

〔25〕 参见姜洋:《发现价格:期货与金融衍生品》,中信出版集团股份有限公司2018年版,第450页。

“反对说”认为强制减仓制度的合法性与合理性均有欠缺,我国期货交易所应废除强制减仓制度。其立论依据在于以下四点。第一,采取强制减仓措施将会在未经交易者明确同意的情况下处分交易者的交易头寸,实质上牺牲了合约盈利方的利益,是一种“劫富济贫”的行为,与《民法总则》《物权法》等法律法规关于财产权保护的规定存在一定冲突,公平性存疑。[26] 目前,强制减仓制度的法律基础主要包括《期货交易所管理办法》和各交易所的业务规则,但这些规则的位阶较低,强制减仓制度的法律基础薄弱。第二,强制减仓实施过程中区分或不区分交易者的持仓性质都面临难题。在减仓过程中,若区分交易者投机或套保的持仓性质,则会构成一种歧视,有违公平原则。[27] 若不区分,则可能导致套期保值者现货头寸面临敞口风险,使套保交易所者难以达到预先设定的套期保值目标,可能影响市场盈利方的正常投资和风险对冲需求。[28] 第三,强制减仓是我国本土的特色制度,国际上没有相应的制度,且这种做法和国际市场通常做法存在较大差别,难以得到境外机构的认可,甚至影响我国期货市场对外开放进程的推进。第四,在极端行情下通过强制减仓等手段化解风险,市场冲击较大,容易引发风险外溢,甚至可能引发整个金融市场的系统性风险。

笔者认为,上述观点都有一定道理。在合法性方面,虽然《期货交易所管理办法》的位阶较低,但强制减仓也通过交易所业务规则及会员协议、经纪合同等进入期货交易结算流程中,且在实践中有不少适用的先例,司法上可以作为商事习惯对待。[29] 交易者明知存在强制减仓的规定而自愿选择参与期货市场交易,应该承担交易所在规定条件下根据预定规则执行强制减仓的后果。在合理性方面,强制减仓行为虽然可能给交易者造成损失,但这是市场极端行情下的特殊措施。强制减仓是在市场可能出现的重大风险与交易者个体利益之间进行利益抉择的结果,虽然可能损害部分交易者的利益,但却可以避免市场在更大范围的损失,相较之下,强制减仓也具有合理性。总体而言,强制减仓在现行法下并无法律障碍,也具有相应的合理性,制度总体上利大于弊。

(五)小结与建议

强制减仓制度是境内期货交易所应对行情剧烈波动、市场流动性缺失而出现结算风险时采取的一种风险化解手段,虽然在合法性与合理性方面有不少质

---

〔26〕 吴凌翔:《关于完善我国期货市场法制的几点思考》,载《新金融》2017 年第 8 期。

〔27〕 同上。

〔28〕 姜洋:《发现价格:期货与金融衍生品》,中信出版集团股份有限公司 2018 年版,第 453 ~ 454 页。

〔29〕 参见季奎明:《用法律保障金融基础设施》,载《中国社会科学报》2017 年 10 月 25 日,第 4 版。

疑,但总体而言,在现行法下并无法律障碍,也被实践证明行之有效。强制减仓制度是我国交易者成熟程度不高、清算会员风险控制能力不强的背景下的特殊风险控制措施,为期货交易所处置极端行情提供了一个有力工具。由于强制减仓对市场具有重大影响,在适用上应慎之又慎,将其作为风险化解的最后措施,少用、慎用,在出现极端行情时优先适用提高保证金标准、扩大涨跌停板幅度等措施来化解市场风险。

从我国期货市场的发展现状看,我国仍是新兴市场,尤其是期货市场还很不成熟。考虑市场背景、路径信赖等因素,短期内以保留强制减仓制度为宜。在此基础上,可通过《期货法》立法来完善强制减仓制度的法律基础,细化强制减仓的具体操作来增强市场预期。〔30〕 配套措施方面,除进一步完善涨跌停板幅度、保证金标准外,还应进一步研究完善中央对手方恢复与处置计划,引入境外通行的变动保证金收益折扣、初始保证金估值折减、交易强制提前终止等制度,〔31〕提高中央对手方的风险应对能力。至于强制减仓制度的存废问题,可待市场进一步成熟、中央对手方恢复与处置制度进一步健全后再行探讨。

〔30〕 参见姜宇:《衍生品市场的法逻辑——兼及“期货法”立法之六大问题》,载《上海经济》2016 年第 1 期。

〔31〕 初始保证金估值折减,是指中央对手方使用非违约清算会员缴纳的初始保证金来吸收损失,进而要求会员补缴保证金方法。交易强制提前终止,是指将非违约会员名下受违约行为影响的交易以一定价格进行提前结算,进而终止该交易的行为。参见[英]乔恩·格雷戈里:《中央对手方:场外衍生品强制集中清算和双边保证金要求》,银行间市场清算所股份有限公司译,中国金融出版社 2017 年版,第 215 ~ 220 页。

期货及衍生品法律评论
第二卷,第 139 ~159 页

境外期货交易所规则体系比较与借鉴

普丽芬* 王 超** 陈 献*** 李雅光****
卢 熠***** 刘宏光******

摘要:期货交易所规则体系是期货交易所为履行自律管理职责,依照国家法律、行政法规、规章和交易所章程制定的一系列规则。本文对境外主要的期货交易所,包括芝加哥商品交易所、欧洲期货交易所、ICE 美国期货交易所、新加坡交易所、香港交易所和中国台湾期货交易所的交易和结算业务规则体系进行了深入研究,分析其业务规则体系概况,比较其业务规则体系特点,旨为完善我国期货交易所业务规则体系提供借鉴。

关键词:期货交易所 业务规则 规则体系

一、境外期货交易所规则体系概况

(一)芝加哥商品交易所(Chicago Mercantile Exchange, CME)

芝加哥商品交易所(CME)隶属于芝加哥商品交易所集

* 中国金融期货交易所法律部员工。
** 中国金融期货交易所法律部员工。
*** 中国金融期货交易所法律部员工。
**** 中国金融期货交易所法律部员工。
***** 中国金融期货交易所法律部员工。
****** 华东政法大学法学博士。

团(CME Group)。2007 年,CME 与芝加哥期货交易所(Chicago board of Trade, CBOT)合并成立了 CME Group。2008 年,纽约商品交易所(New York Mercantile Exchange, NYMEX)和纽约金属交易所(New York Commodity Exchange, COMEX)并入 CME Group。因此,截至目前,CME Group 下设了 4 个交易所。4 家交易所目前依然是各自独立且都是在美国期监会注册的指定合约市场。相应的,也都保留了各自独立的业务规则。CME 所有业务规则都汇编在规则手册中,没有其他规则,也不存在分层次的问题。不过,规则手册从内容上看可以分为前言、总则和分则 3 个部分。具体见图 1:

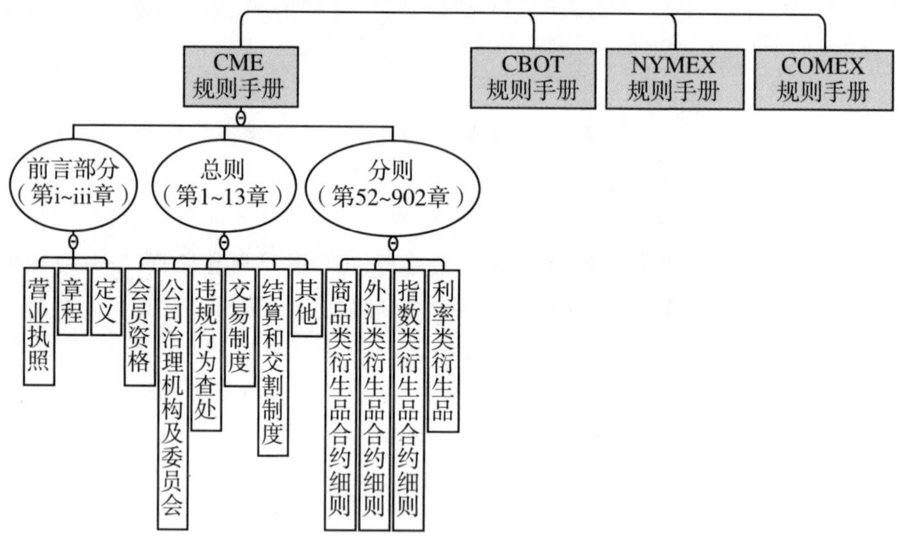

图 1 芝加哥商品交易所集团业务规则体系[1]

CME 规则手册从体例上来看可以分为两部分。第一部分可视为前言,章节以小写的罗马数字表述,主要收录交易所的营业执照、章程和术语定义等;第二部分章节以小写的阿拉伯数字表述,具体规定交易所的各项业务制度。例如,CME 规则手册第 i ~ iii 章可归入第一部分,第 1 ~ 902 章则可归入第二部分。这两部分从内容、章节编号和具体条文序号看都有较大区别。

鉴于本文主要是针对金融衍生品市场的业务规则安排,因此,主要对 CME 规则手册第 1 ~ 902 章进行介绍。第 1 ~ 902 章从内容上可以进一步分为总则和分则两部分。

---

〔1〕 标有颜色的部分为交易所对外发布的规则;未标颜色的部分是为便于理解进行的分类。

1. 总则

总则含规则手册第1～13章，主要包括以下方面内容。

（1）会员资格（第1章）。其主要规定会员资格和责任，会员资格的购买、出售和转让程序，会员种类及相应的权利、义务，会员资格的强制出售等内容。其中，做市商及类似激励计划也包括在这部分。

（2）公司治理机构及委员会（第2～3章）。其主要规定董事会职权和义务，包括重大行动中如何避免利益冲突；交易所管理层及员工因职务行为卷入纠纷时的免责、交易所因物理因素导致的紧急情况处理；交易所委员会及委员资格，委员的违纪行为，委员会使用和披露实质且非公开信息等。

（3）违规行为查处（第4章）。其规定首席合规官、业务行为委员会、结算风险委员会、交易池委员会、场内行为委员会、立案委员会在查处违反交易所规则行为中的职责和分工，包括各自可以采取的措施种类等；具体查处程序，包括调查、起诉、听证、上诉、简易程序、回避制度、禁止接触等。

（4）交易制度（第5章）。这部分是CME关于交易制度的重点章节，分为4个部分规定了目前CME的交易制度。一是场内权利，主要规定进场交易的资格、享有的权利和场内交易行为；二是交易资格和管理，主要规定场内交易和电子化交易参与的资格，报告、交易行为违规的处理；三是具体交易制度，对集中交易、大宗交易、期转现交易、预先安排交易等各种交易类型作出规定，还规定了交易指令类型、客户指令优先、禁止的交易行为、持仓限额及其豁免、大户持仓报告等制度；四是Globex电子交易系统规则，主要对CME的Globex交易系统进行了规定。

（5）结算和交割制度（第7～9章）。交割规则主要区分农产品交割、持续联结结算货币交割、非持续联结结算货币交割、其他商品交割、可替代交割程序和证券期货品种6个部分，规定了交割设施、交割程序等交割事项。结算部门和履约保证金规则主要包括结算部门管理、结算会员和其他参与结算的交易所违约时的处理，动用违约结算会员担保品后仍无法偿还债务结算部门可以采取的措施，赔偿后的追偿权，担保基金来源，违约管理，交易数据的处理系统，最后结算价，每日结算价，对结算会员履约担保资产的基本要求、履约担保资产的种类结算费用、罚款。规则手册还包括了关于其他交易所场所和场外交易的产品结算的特别规定。结算会员规则主要规定结算会员的类型、资格条件、申请程序、资金要求、退出机制等，账户体系、监管要求、风险责任等，账户所有人的保证金要求，基于客户保护对清算会员的要求，综合账户相关规定，财务要求和财务紧急情况处理，记录和报告，税务合规事项。

(6)其他(第6章、第10~13章)。主要是对上述章节规定无法涵盖的特殊事项作出规定,包括非会员职员或会员与会员之间、投资者与会员之间、一定情况下与交易所之间纠纷的仲裁机制,互换数据的监管报告要求,CME现货市场电子交易规则(包括了整套有关该市场的交易规定)和外汇即期交易规则(包括了从准入、交易、结算到责任承担内容)。

2. 分则

第52~902章是规则手册的分则,主要对各上市和结算的合约特殊条款作出规定。从已有的章节来看,大致按照商品类、外汇类、指数类、利率类的顺序进行分类。每个类别下基础资产相同的期货合约、期权合约及其他衍生品一般会放在同一目录数字编号下。在此数字编号下,期货合约的直接用数字编号,期权合约及其他则分别在该数字编号后增加"A""B"等字母区分。例如,第261章为欧元/美元期货合约,第261A章为欧元/美元期货期权合约。

分则主要是对具体上市合约的内容作出规定。以标普500股指期货合约交易细则为例,其内容大体包括:标的指数属性、交易、结算及异常情形处理等。其中交易内容包括交易时间、合约成数、持仓限制、持仓合并计算、持仓豁免、合约修改、价格限制、交易暂停等;结算程序包括最后交割结算价的计算及异常情况下交割结算价的确定等。不过,利率类品种只有一个整体的利率品种细则,没有具体细分几年期国债期货合约。

(二)欧洲期货交易所(Eurex)

欧洲期货交易所集团下属四家公司,分别是欧洲期货交易所(Eurex)、欧洲能源交易所(European Energy Exchange,EEX)、欧洲期货交易所结算公司(Eurex Clearing AG)和欧洲期货交易所回购交易平台(Eurex Repo)。其中,金融衍生品业务主要由Eurex和Eurex Clearing AG负责。前者主要负责交易业务,后者主要负责结算业务。

Eurex和Eurex Clearing AG业务规则都未采用规则手册的方式,而是通过发布多个规则的形式来进行规定。从综合业务规则的内容和形式来看,欧洲期货交易所的业务规则大致可以分为三个层级,结算公司的业务规则可以分为两个层次。具体见图2:

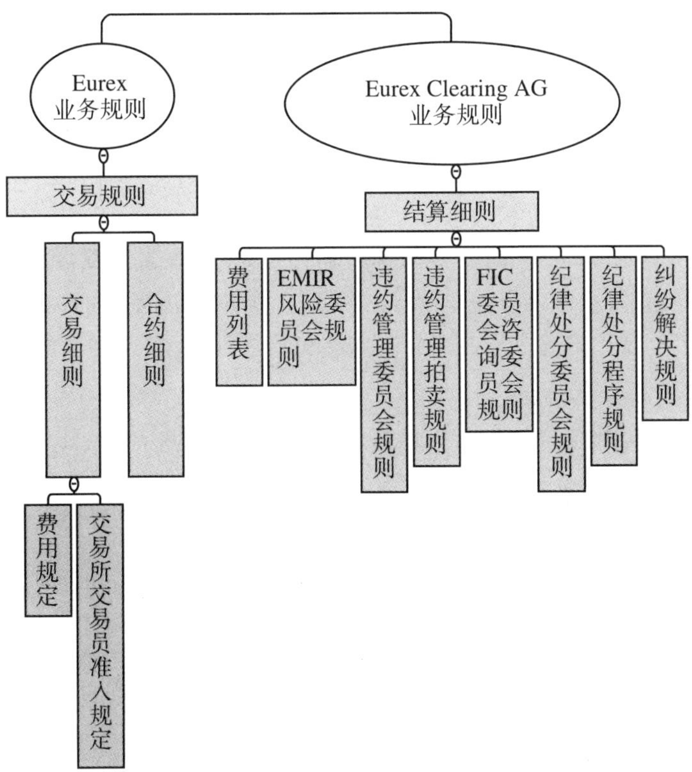

图 2　欧洲期货交易所集团金融衍生品业务规则体系〔2〕

1. Eurex 业务规则

Eurex 业务规则体系可以分为三个层级：一是交易规则（Exchange Rules）；二是交易细则（Conditions for Trading）和期货及期权合约细则（Contracts Specifications for Futures Contracts and Options Contracts）；三是其他，包括费用规则（Fee Regulations）、交易员准入规则（Admission Regulations for Exchange Traders）、稽核小组规则（Regulations for the Audit Group）等。

（1）交易规则

交易规则共 8 章 72 条，整体内容多为原则性规定，除第 8 章附则外，其余 7 章可以归为以下几个方面的内容：

1）组织结构（第 1 ~2 章）。本章主要规定欧洲期货交易所的业务范围和组织结构，以及履行监管职责的相关机构设置（主要为交易所委员会、管理委员会、

〔2〕 标有颜色的部分为交易所对外发布的规则；未标颜色的部分是为便于理解进行的分类。

交易监管办公室以及纪律处分委员会)。

2)交易制度(第3章、第5章、第6章)。这部分主要对欧洲期货交易所交易基本制度作出规定,主要包括电子交易系统(第5章专章规定)、交易前检查、持仓限额、交易暂停和终止、市场参与者确保市场完整性的义务、中央对手方及结算系统(条文主要明确这些内容适用结算公司的规定)、交易所数据和数据保护、交易时间和时段、开盘价和收盘价等价格的确定。

3)交易所参与者(第4章)。本章涵盖了交易所参与者从资格条件、义务、资格暂停和撤销、终止等内容,同时对与交易所参与者密切相关的交易所交易员制度和做市商制度作出规定。这部分内容除交易规则外,其余层次的业务规则未再作出规定。

4)公开透明和报告义务(第7章)。对公开透明和报告义务作出了原则性规定,包括交易前的公开透明、交易后的公开透明、企业在第600/2014号(欧盟)法规范围外的交易报告义务、商品衍生品的持仓报告义务以及配合欧洲期货交易所管理委员会获取和保存数据的义务。

(2)交易细则及合约细则

交易细则和合约细则可以认为同属于第二层次,但二者规定的内容不同。交易细则规定的是可适用于所有合约的交易制度,属于通用性条文;合约细则主要规定适用于某一类合约的特殊条款,属于个性化条文。

交易细则共7章60条,除第1章总则、第6章附则和第7章生效日期外,主要包括以下内容:

1)交易一般规定(第2章)。本章主要明确了可交易合约的确定、组合策略工具、交易的法律效力、指令薄中的指令和报价、交易的完成、交叉交易和预约交易、异议、取消交易和价格修改、参与者紧急情况的处置等内容。

2)指令种类及其执行(第3章)。指令包括市价指令、限价指令和止损指令。限价指令可以附带全部成交或者部分成交剩余转市价指令、成交或者撤销两类属性。此外,还有自成交防范指令限制、收盘集合竞价的指令等内容。

3)场外交易(第4章)。本章主要对合格指令、场外交易的程序和类型、场外交易的成交、第三方信息提供商、数据接入义务及证据提供义务、交叉交易、交易的取消以及选择性询价服务等内容进行规定。

4)参与者的持仓账户(第5章)。本章规定了两类交易所参与者的持仓账户类型及相应的管理制度:一是自营持仓账户(Principal Position Accounts),包括P-持仓账户和M-持仓账户;二是代理持仓账户(Agent Position Accounts)。

合约细则包括3章。第1章和第2章类似中国金融期货交易所的合约交易细则,主要是针对已上市的21类期货合约和11类期权合约,制定了对应的2章、33小节合约交易细则。每小节内容大致相同,主要说明某一类合约的主要条款,包括合约标的、履约义务、最后交易日、最终结算日、最小价格变动等内容。第3章对场外合约作出规定,主要是对大宗交易、期转现交易等场外交易类型作出规定。

(3)费用规则等

除前述业务规则外,欧洲期货交易所还针对交易员准入、稽核小组、收费事项等制定了规则。其中,对市场参与者来说,比较重要的是费用规则。该规则主要规定了各类费用的标准、收取方式、延期、放弃、免除等内容。

2. Eurex Clearing AG 的结算规则

Eurex Clearing AG 除负责结算欧洲期货交易所上市交易的合约外,还涉及其他交易场所产品和部分场外衍生品的结算。结算公司业务规则大致可分为两个层次:第一层次为结算细则(Clearing Conditions),第二层次为委员会规则(Committee Regulations)和价格表(Price List of Eurex Clearing AG)。

(1)结算细则

结算细则包括9章13个附录。正文采用总分模式,第1章为总则,规定适用于所有产品的结算规则,第2~9章分别是欧洲期货交易所达成的交易、回购交易、法拉克福证券交易所达成的交易、爱尔兰股票交易所达成的交易、场外交易、证券借贷交易的结算规则,其中第3章和第7章无内容。以下主要介绍第1章总则和第2章关于欧洲期货交易所交易的结算规则。

1)总则(第1章)。总则共5部分,主要从结算会员制度和业务制度进行规定。结算会员制度包括申请、资格许可和存续、结算代理、账户、保证金及变动保证金、违约基金、终止及终止后果等内容;业务制度主要规定了保证金制度、内部账户体系、费用、违约基金、结算公司的终止、违约规则、结算协议或许可证的终止等内容。

2)欧洲期货交易所交易的合约结算细则(第2章)。本章包括通用条款、期货合约的结算、期权合约的结算及场外交易的结算4部分。通用条款主要规定结算许可证、保证金要求、结算会员的账户等适用于所有在欧洲期货交易所交易的合约的内容。期货合约、期权合约的结算规则与欧洲期货交易所的合约细则相对应,即根据21类期货合约和11类期权合约,分两章规定了适用于这些合约的具体结算条款,主要包括一般义务、每日结算价、保证金要求以及最终结算价等。

(2)价格表和委员会规则等

价格表(Price List of Eurex Clearing AG)规定了结算许可证费、衍生品交易费、回购交易费、现货市场交易费用、抵押品和违约担保金的服务费、场外交易和结算费用等的具体标准。委员会规则主要对 EMIR 风险委员会(EMIR Risk Committee)、违约管理委员会(Default Management Committees)、固定收益和货币董事会咨询委员会(Fixed Income and Currencies Board Advisory Committee)以及纪律委员会(Disciplinary Committee)等的组成、召开、程序作出规定。

(三)ICE 美国期货交易所

美国期货交易所及结算公司的业务规则体系与美国其他交易所和结算公司的规则具有一定的相似性,即以一本规则手册的形式收录所有的规定。不过,交易所与结算公司在处理章程的方式上有所不同,交易所将章程一并纳入规则手册,而结算公司则将章程与结算规则并列。为对比 ICE 旗下几家期货交易所业务规则体系的差异,笔者还对 ICE 欧洲期货交易所和 ICE 新加坡期货交易所及各自对应的结算公司的业务规则体系作了初步的梳理(见图 3)。

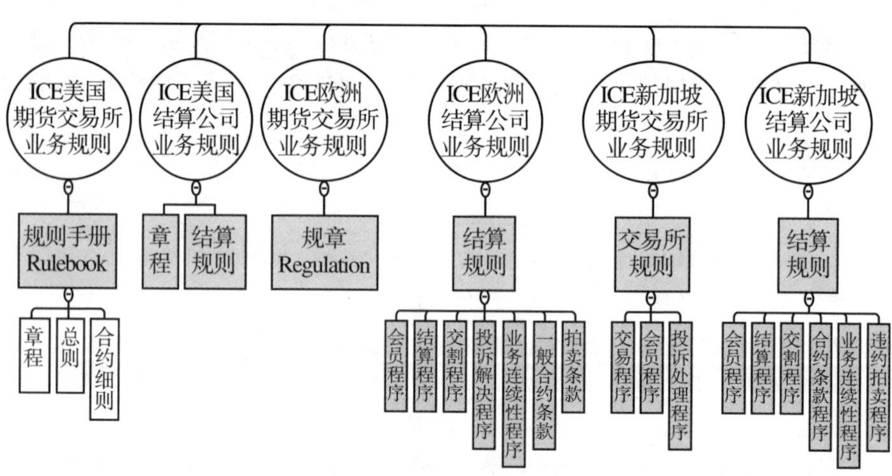

图 3　洲际交易所下属部分交易所业务规则体系〔3〕

1. ICE 美国期货交易所业务规则

ICE 美国期货交易所的业务规则(Rulebook)目前共有 35 章。除前言的章程,其余部分可以视为总则和分则的关系,除第 1 章定义和第 7 章关于交割仓库等的许可外,其他章节内容如下。

〔3〕 标有颜色的部分为交易所对外发布的规则;未标颜色的部分是为便于理解进行的分类。

(1)总则

1)会员规则(第2章)。本章主要规定会员的资格条件(值得注意的是,个人也可以成为交易所的会员)、申请程序、会员资格出售等内容,特别规定了会员企业和场内交易的特权,以及获得和取消这种特权的要求。此外,还规定会员义务、责任、期货公司会员的财务和报告要求。结算会员也有所提及,主要是要求为这些合约提供结算服务的结算会员必须也同时是交易所的会员。

2)委员会规则(第3章)。原则性规定仲裁委员会、商业行为委员会、控制委员会、会员资格委员会、监管监控委员会以及可可、咖啡、棉花、卡诺拉等各类产品委员会的职责及成员构成。

3)交易业务(第4章)。本章明确了部分交易违规行为和禁止的行为(如禁止散播虚假消息),规定了可接受的交易指令、指令簿、指令修改、盘前交易阶段、电子交易阶段的开盘和收盘、交易时间、指令执行、无效交易、错误交易等。其中,交易时间直接规定到具体某一合约的交易时间。特殊的是,交易业务中还规定了结算价和权利金的确定方法。

4)保证金制度(第5章)。保证金规则规定了最低保证金、维持保证金相关要求、综合账户、保证金标准变更以及交易所会员有资格参与结算所交叉保证金计划等。

5)监管要求(第6章)。本章重点关注监管相关事项,包括紧急情况及应对措施、利益冲突情形、交易所及其雇员免责规定、记录要求、持仓报告及投机持仓限制(除规定持仓的计算、需要承担的责任外,还分合约具体规定合约的持仓限额制度)、对会员及其雇员的监管(包括反洗钱、破产时的交割、信息及交易数据等的披露)。

6)仲裁、纪律处分(第20~22章)。仲裁规则规定了仲裁方式的适用范围(会员与会员之间、会员与客户之间的纠纷),仲裁程序、裁决的修改、不执行裁决的后果等。纪律处分规则规定了适用范围(会员及其他市场参与者的违规行为),明确了纪律处分过程中合规人员、业务行为委员会和听证委员会的职责以及指控、答辩、听证申请、听证前和解、听证到处罚决定的作出与生效等各环节的内容。

(2)分则

分则主要是合约细则,包括第8~19章和第23~38章,主要对咖啡、可可、棉花、糖、外汇、股票指数、信用债指数、金、银等衍生品合约的特殊条款作出规定。合约细则安排无太多规律,商品类衍生品和金融类衍生品交叉出现。其在内容上大致是按照相同的合约标的予以归类,但划分类别的标准不一致,例如,

第23章规定的是指数类衍生品中的一类——MSCI指数期货和期权,第16章则直接将所有的货币期货和期权合并在一起。此外,也存在部分对某一合约规定一章的情况,如第31章100盎司黄金期货合约、第32章100盎司黄金期权合约。

从目前显示的目录来看,合约规则部分还在根据上市合约情况不断整合。例如,原来关于MSCI指数期货的所有内容(原第40~60章、第62章)目前已被整合到第23章MSCI指数期货和期权。

2. ICE美国结算公司的业务规则

ICE美国结算公司业务规则包括章程和结算规则,其章程未像ICE美国期货交易所被纳入结算规则中。结算规则共9章,除第1章定义和第7章杂项外,其余7章内容可分为两方面内容。

(1)结算会员制度(第2章和第8~9章)。第2章以专章从资格要求、申请程序、报告和通知要求、需要提交的文件、通信和款项、记录和信息、资格暂停的结算会员的义务、持仓风险、被结算会员豁免、结算会员的退出、结算会员资格的终止、反洗钱等方面,对结算会员制度进行了全面的规定。第8~9章则从违约和纪律处分角度,明确了结算会员的违约行为、失责行为及交易所可以采取的措施、纪律处分制度等。

(2)业务制度(第3~6章)。这部分主要从担保金、结算机制、保证金和权利金、交割、违约等角度,对结算具体业务制度作出规定。其中,担保金制度包括结算公司建立和维持担保金的义务、结算会员的货币违约情况、担保金的使用、评估制度、等待期制度;结算机制包括结算的接受、未平仓合约的每日报告、开仓头寸的转移、期权的行使;保证金和权利金制度包括保证金和权利金的要求、追加保证金、结算金、交叉保证金、现金保证金存款、保证金和权利金的支付机制、存放证券和批准的外国货币作为初始保证金、客户资金的隔离等。

(四)新加坡交易所(Singapore Exchange,SGX)

新加坡交易所(以下简称新交所)于1999年由新加坡证券交易所、新加坡国际金融交易所和证券结算及计算机服务有限公司合并成立,下属两个交易所和两个结算公司,包括负责证券上市和交易的新加坡证券交易所有限公司(Singapore Exchange Securities Trading Limited, SGX - ST)、负责衍生品交易SGX-DT(新加坡期货及商品交易有限公司)、负责证券结算业务的中央存管有限公司(Central Depository,CDP)、负责衍生品结算业务的新加坡衍生品结算公司(Singapore Exchange Perivatives Clearing Limited,SGX-DC)。

新交所业务规则均以规则(Rules)来命名。具体到金融衍生品的业务规则,区别交易和结算,分为期货交易规则(Futures Trading Rules)和SGX-DC结算规则（SGX-DC Clearing Rules），以及在这两个规则之下的合约细则。与其他交易所不同的是，新交所交易和结算的基本规则是分开的，但是在合约细则层面又是合并在一起的。具体如图4。

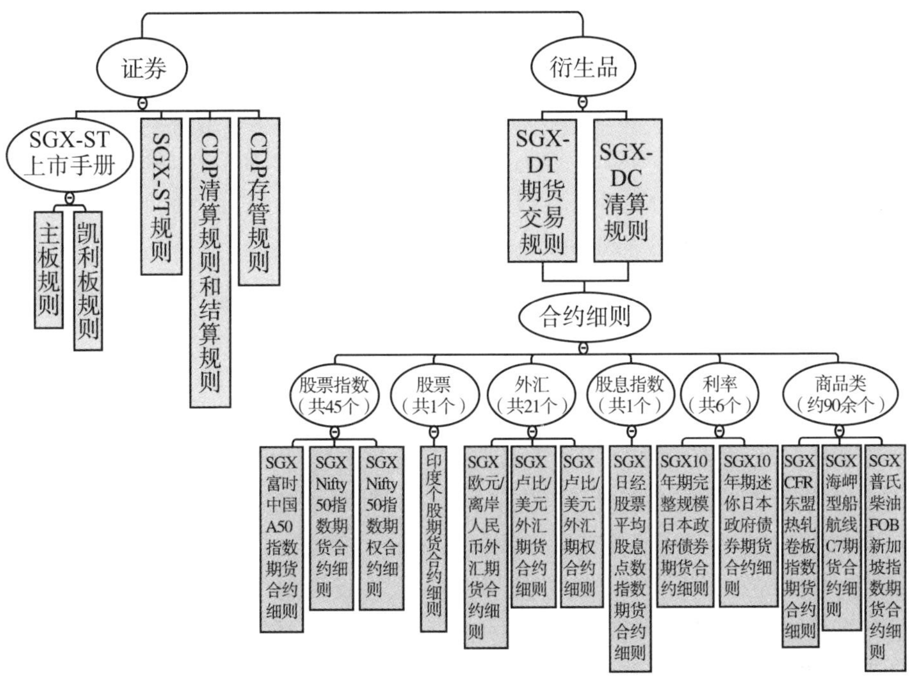

图4　新加坡交易所规则手册〔4〕

1. 期货交易规则

（1）正文

正文共计9个章节，除第8章和第9章关于定义和过渡时期安排的规定外，主要包括以下内容：

1）整体市场情况（第1章）。本章主要规定了新交所的市场名称、市场规则及可交易产品的范围、监管责任、保密要求、投资者赔偿、免责申明、规则效力、交易所弃权、规则修订、指令及监管通知和实践说明、司法管辖、生效时间和过渡期安排。

2）市场主体（第2～3章）。参与交易的主体主要包括会员、经批准的交易商和代理人。其中，第2章会员制度包括了会员类型、准入标准、牌照及信用评级要求、财务能力、技术及风险控制情况、适当性要求、清算安排、相关收费标准、情

〔4〕 标有颜色的部分为交易所对外发布的规则；未标颜色的部分是为便于理解进行的分类。

况变更、会员身份暂停或终止会员等内容。第3章会员、经核准的交易商和经注册的代理人的行为则主要对这些主体的义务、交易惯例和行为规则等作出规定。

3)合约上市及交易(第4章)。本章对新交所合约的上市和交易事项作出了较全面的规定,具体分为三个部分。第一部分适用于所有合约,内容涵盖广泛,包括合约上市、摘牌、交易时间、交易撮合程序、错单交易、交叉交易、协商的大宗交易、期转现交易、禁止的预先安排交易、合约结算、价格限制和冷静期、交易中止、持仓限额、持仓累计、每日结算价、最终结算价、合约条款的修改、紧急情况、交易系统暂停等事项。第二部分主要区分现金交割和实物交割,分别规定交割违约的内容。第三部分对期权合约的部分特殊内容进行规定。各合约的具体条款则在网站其他地方以表格形式显示,不归入规则。

4)实物交割(第5章)。该部分内容只适用于采用实物交割方式的期货合约,主要规定了实物交割的文件及程序、制定交割仓库等、交易所在实物交割中的免责声明。

5)争议解决和仲裁(第6章)。本章规定了会员之间就市场交易合约产生的争议解决问题,包括在SGX-DT市场上交易的所有合约的争议解决方案以及采用实物交割方式的商品期货合约争议解决的一些特别规定。本章最后规定了采用实物交割方式的商品期货合约在仲裁后的相关程序。

6)违规处理(第7章)。本章就不良事件、违反规则行为和纪律处分的内容进行了规定,明确了不良事件和违反规则行为的范围;交易所的纪律处分权、不良事件发生时的处置权及调查权;纪律委员会的组成、权利及诉讼程序;当事人的上诉权、上诉委员会概况以及上诉的程序;规定了纪律委员会和上诉委员会的调查费用和处罚事宜。

(2)监管通知、实践说明和附表

期货交易规则正文之后还包括12个监管通知、14个实践说明和1个附表,主要目的是对规则正文中的一些条文作进一步解释说明。例如,附表对期货交易规则中涉及违规处理条文的进一步细化,以表格形式明确列出违反规则哪一条将可能受到多少金额的罚款。

2.新交所衍生品结算所结算规则

(1)正文

正文共12个章节,除第1章(规则适用范围)、第9章(定义)和第10章(过渡时期安排)外,主要包括以下内容:

1)结算会员资格(第2章)。本章主要规定了不同类别结算会员的资格条件,并对申请、批准合规和报告等事项予以明确。区分新加坡注册和非新加坡注册的结算会员，分别规定不同的最低资本和财务要求、通知要求、早期预警财务要求、特别准备基金；同时，还对综合账户、持仓限制、持仓累计、审计要求等结算事项作出规定。值得注意的是，该部分明确了新交所采用分级结算制度，交易所对结算会员结算，结算会员对交易会员进行结算。

2）委员会（第3章）。本章就结算业务中的委员会进行了规定。纪律委员会可以对结算规则指定管辖权的事项进行听证和调查。上诉委员会可以进行上诉听证和调查，并对其进行管辖。值得注意的是，上诉委员会的权力除了纪律委员会的所有权力，还包括增加或减少处罚，推翻、改变或坚持任何纪律委员会作出的决定。

3）违规处理及纠纷解决（第4～5章）。本部分明确了从清算所的调查、纪律处分、纪律委员会诉讼程序，到上诉程序、罚款赔偿等所有流程。此外，本部分还明确规定期货合约在结算过程中发生的争议可以通过新加坡国际仲裁中心（Singapore International Arbitration Centre，SIAC）解决。

4）交割及相关事项（第6章）。本章主要规定了结算所交割流程、交割违约处置等内容。

5）结算、保证金及相关事项（第7章、第7A章和第7B章）。这部分对结算业务、保证金制度、结算会员暂停资格和违约时的特殊规定、支付方式等作出了规定。结算业务包括了结算所的结算范围、自动对冲和非自动对冲、虚假信息、持仓变化报表、每日结算价、最终结算价、大户持仓报告等；保证金制度主要对保证金账户、第三方保证金、交易所内部交叉保证金、紧急保证金等作出规定；结算会员暂停资格和违约时的特殊规定主要明确了结算会员被暂停资格的情形、结算会员违约事件及结算会员被暂停资格或违约时的处理；支付方式主要规定了付款账户、现金支付、其他支付方式等。

6）相互抵消机制（第8章）。相互抵消机制是指结算会员持有的指定交易场所的合约，在符合条件的情况下可以与持有的新交所合约进行抵消。该章主要明确相互抵消机制下结算会员的权利和责任。

（2）指令、实践说明、附件及附表

结算规则后附有14个实践说明、2个附录和1个附表。实践说明和附表与交易规则的大致相同，2个附录主要列明了上市合约的最后结算价计算方法、可与芝加哥商品交易所进行相互抵消的具体合约。

3. 合约表和合约细则

与中国金融期货交易所类似，新交所会针对每个合约会制定一个合约表和合约细则。合约细则先规定了合约交易细则的适用范围和定义，然后区分交易和结算(含交割)对合约的特殊规定予以明确。值得注意的是,合约细则明确规定合约细则是需要与交易规则和结算规则同时阅读的,内容上有不一致的,以交易规则和结算规则为准。合约表内容包括合约规模、最小价格波动、合约月份、交易时间、每日价格限制、结算方式、最后结算价格、持仓限额、协商大宗交易手数等从交易到结算的内容。需要说明的是,合约细则在新交所网站上不在规则栏目下,而是在产品栏目下。

(五)中国香港交易所

中国香港交易所由香港联合交易所、香港期货交易所及香港中央结算有限公司合并成立。香港衍生品交易业务主要由香港交易所旗下的香港期货交易所和香港联合交易所负责。其中,香港期货交易所是主要的交易场所,香港联合交易所仅负责香港上市的个股的期权合约交易;结算业务则相应由香港交易所旗下的香港期货结算公司(对应香港期货交易所的业务)和香港联合交易所期权结算所(对应香港联合交易所的业务)负责。

作为香港交易所下属公司,香港联合交易所、香港期货交易所、香港期货结算公司和香港联合交易所期权结算所的业务规则体系大致相同,都会发布多于一个的规则,且都有一定的层级。通常来说,第一层次为规则(Rules),第二层级为规例(Regulations)和程序(Procedures)。香港期货交易所基于其产品的特殊性,在上述层次基础上,还有第三层级合约细则(Contract Specifications)。具体情况见图5。

1.香港期货交易所业务规则

香港期货交易所的业务规则分为3个层次,第一层级为规则(Rules),第二层级为规例(Regulations)和程序(Procedures),第三层级为在规例下面的合约细则(Contract Specifications)。

(1)规则

规则共16章,除了第1章定义和第2章市场及委员会外,其余章节可以分为交易主体和业务制度两部分。

1)交易主体(共8章)。从交易所参与者的资格条件、授权人员、交易所参与者的一般责任、交易所参与者及其客户、对交易所参与者的纪律处分等5个方面对交易所参与者进行了规定。此外,还分别以专章的形式对做市商、海外附属参与者、远程接入客户3类特殊的主体作出规定。除做市商外,关于市场主体的内容主要在规则中体现,规例及程序、合约交易细则中不再对交易所参与者作出规定。做市商具体指标会因交易品种不同而有所区别,因此,在下一层级的程序中也会出现做市商的相关规定。

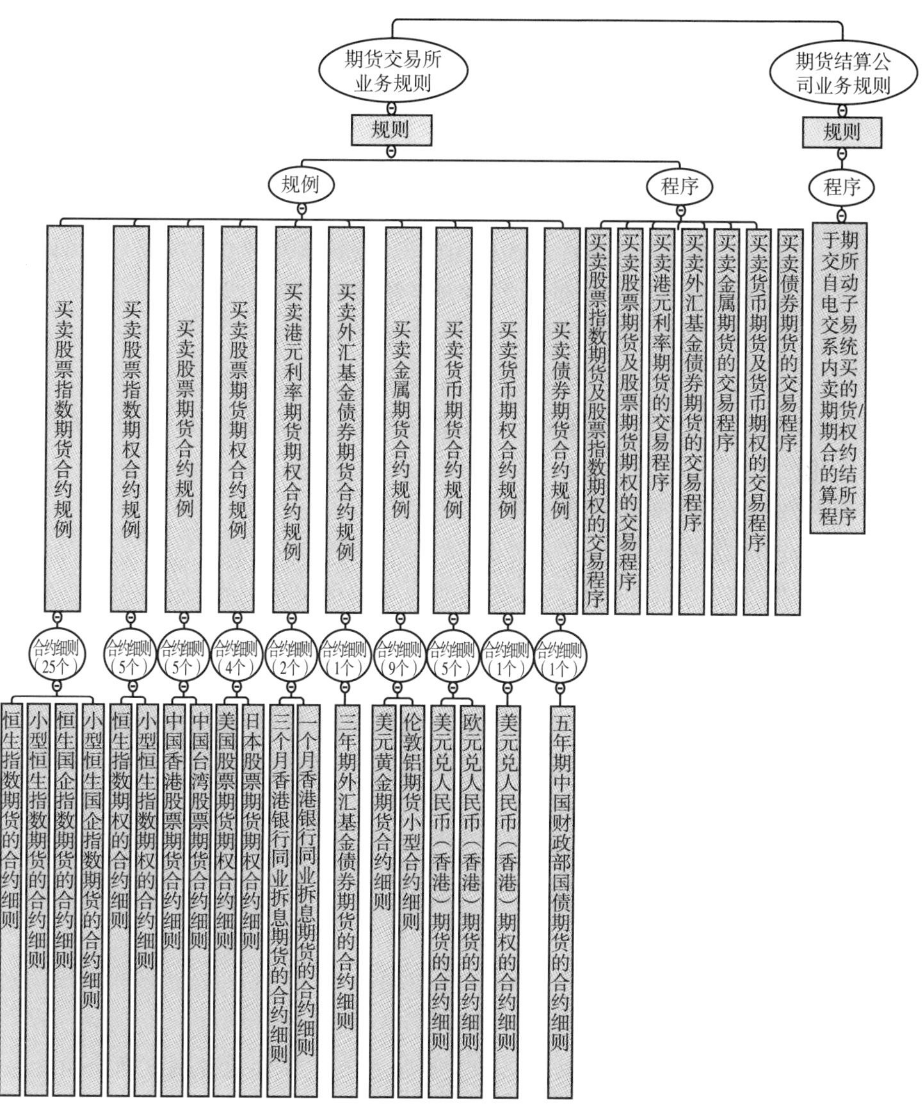

图5　香港期货及期权业务规则体系〔5〕

2）业务制度（共6章）。主要从交易安排、交易系统、紧急及特殊情况、费用、指定指数套利交易和股票期货套期保值交易6个方面对业务制度作出规定。业务制度不仅规定在规则中，规例和程序会在规则基础上对一些业务制度作出更细

〔5〕 标有颜色的部分为交易所对外发布的规则；未标颜色的部分是为便于理解进行的分类。

节的规定。通常来说,会因交易品种不同而有差异的规定,一般都会放到下一层级的规例和程序中。只有大宗交易的最低交易手数,规则直接分合约作出了规定。

(2)规例、程序

规例和程序同属第二层级,但两者侧重点不同。规例主要是对某一类别合约条款的共性内容作出规定,包括最小报价单位、最后结算价、结算方式、保证金制度、持仓限额制度、大户报告制度等;程序则主要对与某一类合约交易相关的事项作出规定,通常包括交易系统和适用的规则、具体品种参与交易权、具体品种的做市商制度(如有)、指令和成交、紧急及特别情况等内容。

无论是规例还是程序,都按照不同类别的合约进行规定,而不是针对某一具体合约作出规定。例如,针对指数期货和指数期权,香港期货交易所分别制定了《买卖股票指数期货合约规例》《买卖股票指数期权合约规例》以及统一适用指数期货和指数期权的《买卖股票指数期货及股票指数期权的交易程序》。目前,香港期货交易所已发布了10个规例和7个程序。

(3)合约交易细则

香港期货交易所的合约交易细则类似境内期货交易所的合约表,主要是通过表格的方式,对具体合约的主要条款作出规定。不过,与境内交易所的合约表相比,香港期货交易所的合约交易细则包括的内容更丰富。以股票指数期货合约为例,合约交易细则除了包括合约标的、合约乘数、合约月份、最小变动价位、最大价格波动限制、交易时间、最后交易日、交割方式,还规定了持仓限额、大户持仓报告标准、最后结算价、交易费及其他费用等内容。

2. 香港期货结算公司业务规则

结算规则体系相比交易规则体系更简单。从目前公布的业务规则来看,香港期货结算公司业务规则只有两个,分别是规则和程序。规则可被视为第一层级,程序为第二层次。

(1)规则

规则共11章,除定义外,其余章节主要从参与主体和业务制度两个角度进行规定。

1)参与者制度(第2章和第5章部分内容)。第2章以专章形式从资格条件、申请程序、享受的权利、财务要求、持续责任、资格转让和退还、参与者准入上诉委员会等方面,对参与者制度进行了全面规定。第5章限额及失责,对参与者的失责行为及对应的纪律处分制度作出了具体规定。

2)业务制度(第3~4章、第5章部分内容、第6~11章)。这部分主要从登记、结算、交割、保证金及变价调整(结算盈亏调整)制度、账户体系、储备基金及亏损分配程序、紧急情况、结算及交收系统、共同抵押品管理系统、结算服务终止事件等角度,对结算具体业务制度作出了规定。第5章则规定了限仓制度(包括结算所制定的限仓和期货交易所制定的限仓)。此外,规则附录部分具体规定了某一合约的结算费。

(2)程序

程序部分首先按照结算的流程,规定了登记程序、结算及交收程序,保证金制度包括在结算程序中。其后对结算流程外的业务作出规定,主要包括结算文件、储备基金来源、以资本额确定的持仓限额、台风及暴雨、结算服务终止事件、期货结算公司未能支付事件及期货结算公司资不抵债事件等。

从具体规定内容来看,程序是对规则的进一步细化。以账户类规定为例,规则主要规定结算公司应当为参与者在衍生品产品结算及交收系统、共同抵押品管理系统开立多于一个的账户,程序在规则基础上进一步规定结算公司为参与者开立的账户名称及各类账户的适用范围等。

(六)中国台湾期货交易所

中国台湾期货交易所目前同时承担着已上市合约的交易和结算职能,因此,其业务规则同时包括了交易类规则和结算类规则。具体来说,中国台湾期货交易所业务规则可以分为3个层次。第一层次为业务规则,对交易所基本制度作出规定;第二层次分为业务类和产品类,分别从业务角度和合约细则角度作出规定,其中业务类规则还可进一步分为交易制度、结算制度、稽核制度和资讯制度;第三层次主要集中在业务类,均为对第二层次业务类规则的进一步补充规定。具体体系如图6。

1.业务规则

业务规则是中国台湾期货交易所业务规则体系的核心,主要规定市场基本问题和共性问题,相当于中国金融期货交易所现行的交易规则。业务规则共18章,除第1章总则、第2章交易市场(主要规定市场一般规定)和第18章附则外,大致分为以下几个方面:

(1)期货商(第3章)。该章主要规定参加中国台湾期货交易所业务的期货商如何向交易所申请,以及交易所对这些期货商的管理要求。其内容上类似其他交易所的交易参与者制度。

(2)交易业务(第4~7章)。本部分主要从合约上市要求、市场交易基本规定、期货商受托买卖和自行买卖相关要求等方面,对交易业务作出规定。其中,业务规则大量条文用于规定期货商受托买卖的内容,具体细分受托客户种类,明确期货商受托买卖时应当遵守的规定和不得从事的行为。

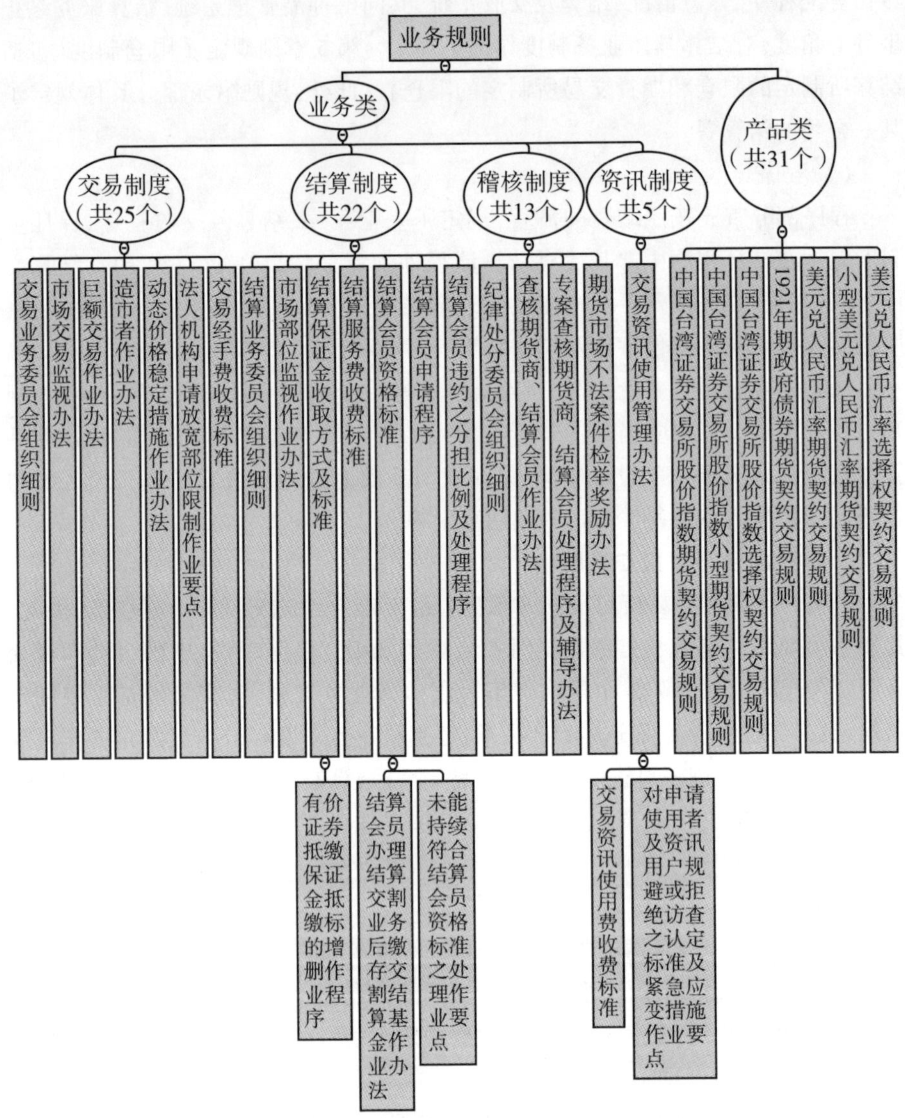

图 6　中国台湾期货交易所业务规则体系〔6〕

(3)结算会员(第 8 章)。本部分主要从结算会员类型、结算会员义务、结算资格的终止情形等方面进行规定;另外,期货商报告事项、财务要求、内部稽核以及业务人员要求等条款同样适用于结算会员。

〔6〕 标有颜色的部分为交易所对外发布的规则;未标颜色的部分是为便于理解进行的分类。

(4)结算业务(第 9～14 章)。本部分明确了中国台湾期货交易所结算与交割基本制度、保证金和权利金制度、限仓制度、结算会员违约处理、交割结算基金及相关费用等内容。

(5)市场监视、紧急处理及违规处理措施(第 15 章、第 17 章)。本部分主要规定了交易所有权对市场价以及结算交割进行监视和调查,并在出现紧急情况及期货商、结算会员违规时交易所可以采取的措施。

(6)仲裁(第 16 章)。本章规定期货商与委托人之间、结算会员与委托期货商之间发生的纠纷,可以申请仲裁。

2. 业务类规定

中国台湾期货交易所根据业务规则分别制定了交易制度、结算制度、稽核制度以及资讯制度 4 个方面的具体业务规则。其中,交易制度包括 25 个业务规则;结算制度包括 22 个业务规则;稽核制度包括 13 个业务规则;资讯制度包括 5 个业务规则。这些规则依据制定的依据,还可以进一步区分为两个层次。总体来说,第二层次数量最多,第三层级仅是对第二层次中个别规则的进一步说明,数量较少。

(1)交易制度。这部分内容主要包括对"市场交易监视办法""造市者作业办法""巨额交易作业办法""动态价格稳定措施作业办法"以及对董事会下属委员会作出规定的"交易业务委员会组织细则"等。其内容涵盖了对交易制度、期货商和相关委员会的规定。

(2)结算制度。结算制度主要包括 3 个方面的内容。一是结算会员相关内容,包括结算会员资格标准、结算会员申请程序、结算会员更换结算银行的注意事项等。二是结算和交割业务,规定结算保证金收取方式及标准、有价证券抵缴保证金及程序、结算会员违约的分担比例及处理程序、期货商和结算会员办理结算交割业务规范等。三是市场部位监视规范,包括市场部位监视作业办法、结算会员处理委托期货商部位作业程序等。

(3)稽核制度。其主要规范交易所对期货商、结算会员的内部管理、查核、辅导以及市场案件举报等内容,主要包括"查核期货商、结算会员作业办法""专项查核期货商、结算会员处理程序及辅导办法""台期所期货商不法案件检举奖励办法"等。

(4)资讯制度。其主要规范交易资讯的使用以及核查。资讯制度主要以"交易资讯使用管理办法"为核心,还包括依据该办法制定的"交易资讯使用收费标准""申请使用者及资讯用户规避或拒绝访查之认定标准及紧急应变措施作业要点"等。

3. 产品类规定

产品类规定主要是针对已上市合约的合约细则。除股票期货合约和期权合约的合约细则外,其余合约细则均各自对应一个上市的品种。因此,与目前上市的29个非个股类衍生品对应,中国台湾期货交易所已发布了29个针对某一品种的合约细则和2个针对个股类期货合约和期权合约的合约细则。

关于合约交易规则的具体内容,以中国台湾证券交易所“股价指数期货契约交易规则”为例,主要规定合约代码、标的、面值、最小变动价位、交易时间、挂牌合约、每日结算价、涨跌幅度、最后结算价、交割方式、保证金要求(具体标准由交易所公告)、部位限制(持仓限制)具体标准等内容。

二、境外期货交易所业务规则体系的比较与启示

(一)境外交易所业务规则一本通和多规则模式均有,体系性较强

从本文研究的6家交易所来看,美国国内的两家交易所(CME和ICE)采用一本通模式,以规则手册形式将所有业务规则汇编到一起。另外,4家交易所(Eurex、SGX、中国香港交易所、中国台湾期货交易所)则采用多个规则的方式,将业务规则分散到不同层次的文本中。无论哪种模式,境外交易所业务规则经过多年的发展,大多形成了自己的逻辑,体系性较强。CME的规则手册按照总分逻辑,将业务类规则和合约细则类规则进行划分;中国台湾期货交易所业务规则数量最多,但也按照一定的层次和维度进行了适当区分。

(二)区分交易规则和结算规则,无独立的风险控制管理办法

6家交易所业务规则均区分为交易业务和结算业务两个部分。不过,具体区分标准略有不同。CME和中国台湾期货交易所因交易业务和结算业务均由交易所负责,交易业务规则和结算业务规则都由一家公司制定和发布。其他4家交易所因交易业务和结算业务分属不同公司负责,交易业务规则与结算业务规则大多各自独立成体系(新加坡交易所的合约细则除外),在具体内容上也有一定差异。例如,ICE的交易业务规则规定了结算价的计算方式,而其他交易所中这部分内容基本归属结算业务规则。与境内交易所相比,境外交易所没有单独的风险控制管理办法,相关风险控制措施都归入交易类业务规则和结算类业务规则中。

(三)针对具体合约的内容一般都会归入合约细则,但合约细则的划分标准不一

6家交易所都有针对合约的合约细则,但合约细则的划分标准不一。SGX、

香港交易所和中国台湾期货交易所除股票期货和期权合约外,直接以具体一个合约为对象制定合约细则。CME 和 Eurex 则按合约类别规定合约细则,但划分方法也有不同。CME 按照基础资产划分,基于同一基础资产的衍生品大多归入同一数字编号的章节中。Eurex 则是先按期货合约和期权合约进行大类划分,在此大类下再按照合约标的的类别划分(例如,货币市场期货合约、固定收益期货合约、指数期货合约等)。ICE 美国期货交易所既有按照某一合约制定的合约细则,也有针对一类合约制定的合约细则。

(四)条文编号具有一定的统一性,且大多具有条旨

在业务规则条文编号方面,除中国台湾期货交易所外,其他 5 家交易所的业务规则编号都采用阿拉伯数字编号,且第一个数字体现所在章。不过,在具体形式上有两种模式:一是 CME、ICE 结算类规则和香港交易所模式,采用 3 ~ 4 位数字编号,前 1 ~ 2 位为章,后面为条文排序,如 Section 201 代表第 2 章第 1 条;二是 Eurex、SGX 和 ICE 交易类规则模式,用点隔开章、节和条,如 2. 1. 1 代表第 2 章第 1 节第 1 条。此外,为便于投资者了解规则某一条的主要内容,CME、Eurex 和 ICE 美国期货交易所的条文都会使用条旨,对条文主要内容进行概括总结。中国香港期货交易所大部分条文都有条旨,只有少量内容较少的条文合并在一起写一个标题。

期货及衍生品法律评论
第二卷，第160~169页

我国信用债充抵金融期货交易担保品的特殊法律问题研究

——以国债与信用债的区别为分析视角

于　萍*

摘要：信用债以其流动性强、价值稳定、易于估值等特点天然地具备成为担保品的资质，其在提高资源配置效率、盘活存量资源等方面蕴藏着巨大的市场价值，因此，应当大力探索我国信用债充抵金融期货交易担保品的可行性。前期国债充抵金融期货交易担保品的成功实践为信用债奠定了基础，但二者在债券属性方面存在一定差异决定了信用债在充抵交易担保品的过程中存在一些特殊法律问题。第一，信用债内含参与公司治理的功能，应当明确信用债充抵担保品的法律形式为让与担保，在确保信用债担保功能的同时不妨碍其持有人正常行权；第二，针对信用债风险水平更高且波动更明显的特性，应当建立一套与之相契合的担保品管理与应急处置机制；第三，信用债的二级市场定价机制不及国债完善，应当加强处置信用债担保品时的法律约束，如引入第三方监督机制。

关键词：信用债　让与担保　强行平仓　道德风险

* 华东政法大学博士研究生，现供职于上海证券交易所债券业务中心。

一、问题的提出

2014 年 12 月,中国金融期货交易所(以下简称中金所)发布《关于开展国债作为国债期货保证金业务试点的通知》,国债充抵金融期货交易担保品开始在我国试行;2019 年 1 月,中金所发布《关于国债作为保证金业务的通知》,进一步将国债可担保的金融期货交易品种范围放宽。随着国债充抵金融期货交易担保品试点的良好、稳健运行,拓宽充抵期货交易担保品的债券品种范围在我国也有着十分强烈的需求,中央国债登记结算有限责任公司(以下简称中债登)于 2018 年 9 月发布《债券作为期货保证金业务操作指引》(以下简称《操作指引》)正顺应了这一趋势,表明我国正在进行将其他债券品种纳入期货交易担保品范围的探索。不容忽视的事实是,信用债作为债券品种中的一个重要组成部分,具有流动性强、价值稳定、易于估值等债券基本特性,天然地具备成为担保品的资质,且信用债在充抵金融期货交易担保品、提高资源配置效率等方面蕴含巨大的市场价值,应当大力探索信用债充抵金融期货交易担保品在我国的实践。由于国债与信用债在债券属性方面存在一定差异,前期国债充抵金融期货交易担保品的实践经验难以完全适用于信用债,信用债品种本身的复杂性与风险特性决定了其在充抵交易担保品的过程中存在一些特殊法律问题,应当予以研究解决。

二、现行设立担保的法律形式较难保证信用债持有人在存续期内正常行权

发行主体的不同决定了国债与信用债在产品属性上存在根本差异,其中一个重要体现便是债券持有人对发行主体的影响程度不同。投资者购买国债仅代表其享有投资价值,即获得到期收取固定收益或通过低买高卖赚取债券差价的权利,却不可能因此对一个国家的经济决策、国家治理等方面产生任何影响,而信用债持有人则不同,信用债持有人因购买公司发行的债券而获得双重身份,即成为资本市场投资者,享有与国债持有人相类似的投资收益,以及更重要的是持有人因买入债券而成为该公司的债权人,与公司股东及银行等其他债权人一道加入公司出资人的行列,享有参与公司治理的权利。随着现代公司治理理论的丰富与发展,过去坚持“股东中心主义”的传统公司法理论越来越受人诟病,债权

人参与公司治理的功能日益受到重视,这一趋势也明显体现在债券的发行环节。目前,市场上各种信用债募集说明书的条款设计十分丰富,如关于债券持有人会议的召开情形、议事范围、决议效力等约定日臻细致、明确,[1]如对发行人在债券存续期内设置各项对公司经营的限制与事先约束条款,[2]又如债券持有人的派生诉讼制度趋于完善等,本质上都体现了信用债持有人以直接或间接的方式参与公司治理,债券持有人对公司治理的影响与介入程度越来越深。

因信用债具有参与公司治理的功能,且随着现代公司治理理论的发展此项功能愈发重要,意味着债券持有人在债券存续期内通过参加债券持有人会议并行使表决权等方式参与公司治理的情形也将逐渐增多,那么债券存续期内持有人的确认与行权就十分重要。这是信用债充抵期货交易担保品时不同于国债的一个重要方面,因为国债几乎不涉及债券持有人行权的问题。当前,中金所关于国债与信用债充抵金融期货交易担保品相关业务规则均要求交易参与人以"提交"的方式设立担保,[3]但对于具体"提交"的形式尚不明确,也未对国债与信用债的"提交"方式予以区分。事实上,债券充抵交易担保品时采取何种法律形式将直接影响担保关系的有效性、相关权利义务关系尤其是债券持有人如何行权等一系列问题。因此,基于信用债区别于国债所具有的参与公司治理的功能,应当对信用债设立担保的法律形式予以特殊考虑,既确保信用债担保功能的实现,即被担保人对于债券拥有绝对的控制权与处分权,一旦发生交易风险处置担保品时不需要取得任何人的同意,也不存在其他任何权利负担;同时,保证信用债在充抵交易担保品期间其持有人能够按照募集说明书正当行使其享有的参与公司治理、及时启动债券持有人保护机制等各项权利。

从目前我国证券市场相关实践来看,在证券产品上设立担保物权以促进交易实现的业务主要有证券公司融资融券业务(以下简称两融业务)与交易所债券质押式回购。两融业务是通过设立信托的方式使得债权人对担保物享有法定的管理与处分权能,从而实现债权人对担保物享有较强的控制力。根据我国《证券公司融资融券业务管理办法》相关规定,客户将用于信用交易的担保品委托给证券公司持有,由证券公司存放在以自己名义在证券登记结算机构开立的证券账

---

〔1〕 伍坚、黄入凌:《债权人参与公司治理视野下的债券持有人会议制度研究》,载《上海金融》2016年第7期。

〔2〕 2019年4月10日,中国银行间市场交易商协会发布《投资人保护条款示范文本(2019年版)》。

〔3〕 《期货交易所管理办法》第74条:"客户以有价证券充抵保证金的,会员应当将收到的有价证券提交期货交易所。非结算会员的客户以有价证券充抵保证金的,非结算会员应将收到的有价证券提交结算会员,由结算会员提交期货交易所。"

户中,[4]法律性质上属于证券公司的信托财产,[5]据此,证券公司可依信托法的相关规定对担保物行使管理与处分权能,[6]且信托财产仅在法律规定的极少数特定情形下才可被强制执行。因此,证券公司对担保物拥有较强的控制权,能够较好地实现保障交易安全的功能。信托模式的一个问题是存在作为担保品的证券持有人(客户)如何行权的问题。两融业务给出的解决方案是,证券公司依信托关系成为担保财产名义上的所有人,但相关证券上附着的权利依然归属于客户,证券公司应当为客户的利益,在事先征得客户同意的情况下代为行使。[7]交易所债券质押式回购业务则是通过对债券进行质押登记的方式来设立质权。[8]此种方式最大的优势在于上位法依据充分,是标准的法定权利质权,权利义务关系清晰明确,且所有权没有发生转移,在证券登记结算机构登记的债券持有人依然是原始投资者即正回购方,也就不存在证券附着权利行使的问题,但缺陷在于保障功能有限,此种情形下质权人对于作为担保物的债券的控制力是比较微弱的。因为其法律效果是仅通过质权登记限制出质人在担保期间对债券的处分权能,且此种限制是否可以对抗强制执行等也无法律规定,其保障交易的功能能否实现存在一定法律风险。

---

〔4〕《证券公司融资融券业务管理办法》第10条:"证券公司经营融资融券业务,应当以自己的名义,在证券登记结算机构分别开立……客户信用交易担保证券账户……客户信用交易担保证券账户用于记录客户委托证券公司持有、担保证券公司因向客户融资融券所生债权的证券……"

〔5〕《证券公司融资融券业务管理办法》第14条:"融资融券合同应当约定,证券公司客户信用交易担保证券账户内的证券和客户信用交易担保资金账户内的资金,为担保证券公司因融资融券所生对客户债权的信托财产。"

〔6〕《信托法》第2条:"本法所称信托,是指委托人基于对受托人的信任,将其财产权委托给受托人,由受托人按委托人的意愿以自己的名义,为受益人的利益或者特定目的,进行管理或者处分的行为。"

〔7〕《证券公司融资融券业务管理办法》第32条:"对客户信用交易担保证券账户记录的证券,由证券公司以自己的名义,为客户的利益,行使对证券发行人的权利。证券公司行使对证券发行人的权利,应当事先征求客户的意见,并按照其意见办理。客户未表达意见的,证券公司不得行使对发行人的权利。前款所称对证券发行人的权利,是指请求召开证券持有人会议、参加证券持有人会议、提案、表决、配售股份的认购、请求分配投资收益等因持有证券而产生的权利。"

〔8〕《上海证券交易所债券质押式协议回购交易暂行办法》第2条:"债券质押式协议回购交易是指回购双方自主协商约定,由资金融入方将债券出质给资金融出方融入资金,并在未来返还资金和支付回购利息,同时解除债券质押登记的交易。"

三、尚未建立契合我国信用债风险水平及其变化特点的担保品管理机制

不同于国债、地方债等利率债有政府信用为背书,几乎不存在违约风险,信用债代表的是企业信用,即便是主体资质再好的企业都存在违约或破产的可能,尤其是随着近年来我国债券信用风险事件的逐渐暴露,债券违约渐成常态。另外,利率债的风险波动很小,其内在价值主要取决于市场利率和资金成本,相对稳定;而信用债除了要面临同样的利率风险、流动性风险外,最核心的风险来自发行人的主体信用风险,即发行主体是否具有到期还本付息的能力,受到诸如自身的盈利能力、现金流管理水平、外部融资环境、政策环境等,其内在价值存在较大波动,风险水平波动也更明显。因此,应当针对信用债较国债风险水平更高且波动更明显的特点相应作出紧急情况下的处置安排。

强行平仓作为紧急情况下控制交易风险的通行做法,除了在《期货交易管理条例》最高人民法院《关于审理期货纠纷案件若干问题的规定》中有明确规定外,〔9〕中国期货业协会发布的《期货经纪合同指引》也鼓励期货公司与投资者在期货经济合同中对强行平仓的标准、适用、执行主体等内容进行约定。〔10〕问题在于,“法无禁止即可为”是私法领域一项重要的解释原则,除非法律有明确规定,否则投资者的交易自由应当受到严格保护,那么期货交易所或期货公司执行强行平仓的法律依据为何;另外,如因执行强行平仓给投资者造成了损失,期货公司或交易所是否应当承担赔偿责任。要解决上述问题,关键是要明确执行强

---

〔9〕《期货交易管理条例》第34条:“期货交易所会员的保证金不足时,应当及时追加保证金或者自行平仓。会员未在期货交易所规定的时间内追加保证金或者自行平仓的,期货交易所应当将该会员的合约强行平仓,强行平仓的有关费用和发生的损失由该会员承担。客户保证金不足时,应当及时追加保证金或者自行平仓。客户未在期货公司规定的时间内及时追加保证金或者自行平仓的,期货公司应当将该客户的合约强行平仓,强行平仓的有关费用和发生的损失由该客户承担。”最高人民法院《关于审理期货纠纷案件若干问题的规定》第36条:“期货公司的交易保证金不足,又未能按期货交易所规定的时间追加保证金的,按交易规则的规定处理;规定不明确的,期货交易所有权就其未平仓的期货合约强行平仓,强行平仓所造成的损失,由期货公司承担。客户的交易保证金不足,又未能按期货经纪合同约定的时间追加保证金的,按期货经纪合同的约定处理;约定不明确的,期货公司有权就其未平仓的期货合约强行平仓,强行平仓造成的损失,由客户承担。”

〔10〕《期货经纪合同指引》第46条:“在期货交易所或结算机构根据有关规定要求甲方对乙方持有的未平仓合约强行平仓的情况下,甲方有权未经乙方同意按照期货交易所或结算机构的要求和甲方相关规则对其持有的未平仓合约强行平仓。乙方应承担由此产生的结果。”

行平仓的法律性质。

根据民法基本原则,投资者天然享有根据自己的意愿自主作出买入或卖出某种期货产品以及参与或退出期货交易等决定的自由,并受到法律的严格保护,但此种自由并非绝对的、无限制的,由于期货交易的特殊性,其对维护期货市场的平稳运行与维护国家经济安全均有重要影响。法律在兼及现代社会经济生活的复杂性和风险性的情况下,对具有系统重要性的交易活动加以适当引导和监管,出于保障交易安全、维护市场平稳运行的目的对民事主体的自由进行适当干预与限制,最终仍然是为了维护交易参与者的利益。强行平仓本质上是在未事先取得交易参与者同意的情况下,由其他主体强制性地替该交易参与者作出持仓处分的决定。从表面上来看,这是对交易参与者自由交易权利的侵害,与民法的意思自治原则存在冲突,但该等“侵害”是出于防范证券信用交易的风险、保障整个市场平稳有序运行的目的,符合商法的基本原则,这也正是证券公司股权质押、融资融券、场外配资等证券交易中强行平仓制度的法理依据。

目前,我国证券法等基本法律中尚未明确强行平仓制度,仅在行政法规层面予以认可,且强行平仓的法律性质、各方主体的权利义务关系等关键内容仍属空白,学术界对此也是众说纷纭,如权利说、义务说、权利义务并存说、权利转义务说等,也尚未达成统一。在债券充抵金融期货交易担保品的实践中,关于强行平仓的法律性质不宜一概而论,应区分情形来看。当作为担保品的债券价值等于或低于法定最低限额时,由于触及了最低风险底线,如不及时止损将可能导致出现系统性风险,需要国家强制力介入对市场进行干预以保障整个期货市场的平稳运行。此时,期货交易所或证券公司执行强行平仓可理解为代为履行国家经济管理责任的行为,应适用我国《期货交易管理条例》第 36 条关于“应当”执行强行平仓的规定,将强行平仓解释为一项法定义务,期货交易所或期货公司不应当为执行强行平仓而给投资者造成的损失承担责任。当作为担保品的债券价值低于约定限额而高于法定最低限额时,由于此时风险尚不具有紧迫性,强行平仓只是防范交易风险的措施之一而非唯一选择,尚未达到需要政府“有形之手”发挥干预作用的程度,仍属于市场主体意思自治的范畴,此时,期货交易所或期货公司应当审慎执行强行平仓,即在穷尽其他所有可能采取的风险管理措施却依然无法有效防范交易风险的情况下,才可适用强行平仓,如实施强行平仓给投资者造成损失的,执行强行平仓的主体应当在未能尽到审慎义务的情况下对投资者的损失承担赔偿责任。

四、信用债缺乏成熟定价的二级市场可能诱发担保品处置的道德风险

国债的价格与收益率曲线在我国宏观调控中始终发挥着市场风向标的重要作用,中债登专门编制了国债收益率曲线,国债的估值定价机制已十分完善,其也拥有非常成熟的二级市场,其内在估值稳定、市场认可度高、投资者购买需求丰富,市场价格能够及时公允地反映国债的内在价值。因此,国债冲抵金融期货交易担保品不存在任何变现障碍,且在市场机制约束下国债担保品的变现价格公信力高,不存在道德风险。然而信用债则不同,我国信用债的定价机制尚不完善,其交易价格较难客观公允地反映债券真实的货币时间价值以及当前市场上的供求关系。由于信用债的投资者通常以长期持有为目的,换手率不高、成交量相对有限,极少量的异常交易就可引起债券价格的大幅波动,不同于国债,债券价格较难真实准确地反映其信用风险的真实波动情况,如目前市场上一些违约债券在违约停牌前的债券价格仍维持在较高水平。总体来看,目前我国信用债尚缺乏一个定价机制成熟的二级市场,且信用债的二级市场交易价格可能被人为操纵,处置担保品时其变现价格的客观公允性较难证明,存在一定的道德风险。

我国现行担保物权法律体系中的一项重要内容是禁止流质,即禁止抵押权人在债务履行期限届满前与抵押人约定债务人不履行债务时抵押财产直接归债权人所有。这一项制度的初衷在于防止债权人乘债务人之危而滥用其优势地位,通过恶意压低担保物真实价值的方式获取不当得利,而这种道德风险天然地存在于金融担保品的管理过程中。不同于其他普通的担保物通常都有一个真实存在可比的同类品市场,物品所对应的现金价值易于确定,由于金融产品的虚拟性,其价值的确定缺少一个客观存在的实物基础,主要由市场参与主体的博弈结果来确定,本身就具有价值难以确定且波动较大的特点,而迅速、高效又是金融担保品在管理处置过程中的首要目标,[11]这更提高了抵押权人在处置金融担保品时的道德风险。因此,十分有必要针对信用债充抵担保品时的变现处置作出明确的法律约束,使信用债担保品在处置的各环节均有明确的法律规定与业务规则,在最大程度上降低担保权人恶意压低债券可变现价值的可能性。

---

〔11〕 参见徐良堆、李杨:《金融担保品制度建设研究》,载《华北金融》2016年第2期。

五、推动我国信用债充抵金融期货交易担保品的相关法律建议

(一)以让与担保作为债券充抵交易担保品的法律形式

建议明确信用债充抵金融期货交易担保品以让与担保的形式实现,即要求交易参与人将拟充抵担保品的信用债转移至中央对手方名下并完成变更登记,在交易参与人无法按约履行合同义务时,质权方可及时将债券进行变现,并就变卖后的价款优先受偿。根据质押担保原理,出质人仅在其提交的担保品上为担保的目的而设立相应权利限制(如转移占有且不得转让等),但不放弃其作为证券持有人的原始权利,据此,附着在作为担保品的信用债上的权利,依然应当由原始的债券持有人(出质人)行使。为了解决让与担保模式下,充抵担保品的信用债的名义持有人与实质持有人分离的问题,可借鉴两融业务的做法,要求出质人(实质债券持有人)与质权人(名义债券持有人)事先在合同中明确约定债券上附着的债券持有人权利的归属与行使方式,使质权人完全依照出质人的意思代为行使其参与公司治理、启动持有人维权机制等权利。尽管我国现行法律体系尚未明确认可让与担保,但根据"法无禁止即可为"的私法解释原则以及合同效力与物权效力的区分原则,只要是当事人的真实意思表示且未违反相关法律、行政法规等强制性规定,该等担保合同即为有效,可作为现行法律框架下的一项过渡方案,待未来我国担保法律体系明确认可让与担保后,信用债让与担保的模式将不存在法律障碍。

(二)建立一套契合债券风险特性的担保品管理与紧急处置机制

信用债相比于国债的风险水平更高且波动更为明显,应当高度重视信用债充抵交易担保品的管理机制与紧急情况下的处置安排,防止因担保品管理不当而引发期货交易风险。[12] 首先,建议对信用债担保品建立更严密的入池筛选标准及风险评估与监测机制,先从信用债中低风险、高评级、流动性好的个债入手纳入担保品范围,随着债券作为交易担保品实践的逐渐成熟,再考虑是否向中等评级的信用债进行适度拓展,严格把好信用债作为金融期货交易担保品的准入关。其次,对于符合筛选标准的入池债券,也应对其加强风险监测:一是以债券市场估值水平为基础并综合考虑其他风险信息,建立一套可量化的筛选指标,估值考虑因素可包括债券的发行人主体信用等级、债券到期日、含权条款等要素,

---

〔12〕 参见张婷:《三方回购业务的担保品管理及违约处置机制》,载《债券》2016 年第 11 期。

科学合理地设置一套质押率折算方法,以使作为担保品债券的质押率能够与其真实的风险等级相匹配;二是及时针对风险变动情况采取相应的担保品管理措施,如担保品管理机构根据债券的风险变动情况及时调整担保品折算系数、要求交易参与方置换或补足担保品,当投资者未能补足担保品时,对其执行强行平仓。最后,对于因执行强行平仓而带来的投资者损失,应当区分执行该等强行平仓是为防止出现系统性风险而代为履行国家经济管理责任,还是基于市场主体意思自治的普通风控措施,从而确定不同的归责方式与举证原则。

(三)在处置信用债担保品时引入第三方监督的法律约束机制

针对信用债处置时可能存在的道德风险,建议相关法律规定和业务规则要求在处置信用债担保品时引入第三方监督机制,综合考虑担保品的变现效率与我国债券市场发展的现行格局,将中债登作为监督方是一个值得考虑的方案。首先,中债登是我国银行间债券市场的基础设施提供者,是隶属于中国人民银行的自律监管机构,与任何市场参与主体均不存在利益关系,相对客观中立;其次,中债登提供的一项重要市场服务是中债估值,即按照统一的标准对我国境内人民币债券的价值进行评估并向全市场公开评估结果,目前中债估值几乎已实现了对境内人民币债券产品的全覆盖,其样本量充足、估值经验丰富,估值结果为市场普遍认可和接受,能够在一定程度上发挥信用债产品的公允定价功能,适当弥补当前我国信用债二级市场定价不完善的问题;最后,中金所可以与中债登建立信息共享与担保品处置联动机制,使信用债担保品在引入第三方监督以确保变现价值客观公允性的同时,依然能够满足及时、高效的处置要求。

(四)进一步完善市场化、法制化的信用债担保品处置机制

从我国债券市场的发展现状来看,当债券出现重大信用风险时对其进行流转与处置是目前我国债券二级市场建设的一项"短板"。尽管我国银行间和交易所债券市场已分别针对风险信用债的转让作出了制度安排,目的是为低评级债券、风险债券,甚至是违约债券提供转让平台,提高风险债券的流动性,健全债券全生命周期的定价机制,使信用债更符合充抵担保品所需的"流动性好、便于处置"的特性要求。但是,现阶段该市场的流动性水平与定价机制还不够理想,市场机制作用的发挥比较有效,对此,可考虑在低评级、风险债券转让市场引入类似做市商的交易制度,即由一些成熟度高、专业性强的不良资产管理机构或基金公司负责提供流动性支持,在债券担保品出现风险时,可以通过将其转让给这些专门机构以实现快速处置变现的目的。另外,关于特殊情形下的债券处置——强行平仓的适用,建议借鉴美国融资融券交易的风险预警机制以及我国上市公司权益收购中的"慢走规则",建立阶梯式的强行平仓预警机制,即在强行平仓线上另行设定一条预警线，当投资者的担保品价值触发该警戒线时应当进行一次强行平仓预警，其后该账户每次向强行平仓线方向靠近达一定比例的，均应当进行一次强行平仓预警，这不仅能提前反映投资者持仓账户的平仓风险、控制风险的蔓延，同时能够给投资者提供平仓预期，提前避免强行平仓的风险或为即将执行的强行平仓提前做好准备。

期货及衍生品法律评论
第二卷,第170~182页

期货交易所收取惩罚性违约金的法律问题探析

王　超*

摘要:惩罚性违约金作为"金钱罚"的一种,是期货交易所在日常监管中有权针对违规、违约市场参与者实施的重要纪律处分措施。该措施直接涉及当事人的财产权益,因此具有较强的威慑及惩戒作用。但目前市场各方对于期货交易所惩罚性违约金制度的必要性、正当性尚未达成共识,交易所对于是否采取该项措施也较为慎重。鉴此,有必要认真分析惩罚性违约金的法律性质以及法理基础,并在比较境内外期货市场相关实践的基础上明确该制度存在的价值,并探讨如何更好地在自律监管中发挥惩罚性违约金的效用。

关键词:惩罚性违约金　内部救济　自律管理

一、期货交易所惩罚性违约金与罚款监管制度概况

目前,依据我国期货交易所相关业务规则,各所有权对违规、违约的市场参与者采取惩罚性违约金、罚款等经济处罚措施。由于上述措施直接涉及当事人的财产权益,具有较强的威慑及惩戒作用。通过两类措施的比较可以发现,虽然二者名称不同,但适用依据、适用对象、适用范围等方面具有高度的相似性(见附件一)。首先,适用依据大多为期货交易

* 中国金融期货交易所法律部员工。

所章程、交易规则及其他有关规定;其次,适用对象包括会员、客户等;再次,适用范围涵盖会员或者客户违反交易管理规定、会员违反结算管理规定等;最后,在适用目的上,核心思路是通过"金钱罚"对违规行为进行震慑,进而维护交易秩序。

依据我国《期货交易管理条例》(以下简称《条例》)、《期货交易所管理办法》(以下简称《办法》)相关规定可知,交易所的法律性质是依据章程和交易规则实行自律监管的法人,定位是一线自律监管机构。期货交易所的处罚权源于自律组织的内部契约、惯例和外部契约性文件,以及法律、法规等规范性文件的授权。如图1所示,自律处罚权实际是包含了三种不同类型的权利(力)的集合:组织权利、合同权利、法定权力。由于权利来源的多元化,期货交易所采取的罚款似乎并不能等同于行政罚款,惩罚性违约金也不能简单视为我国《合同法》上具有惩罚性质的违约金。从某种意义上来说,《条例》等法规,通过对交易所自律管理地位的确认,创造了一类新的处罚。虽然名称不同,但罚款与惩罚性违约金本质上都是交易所基于自律规则对会员或者客户以及其他市场参与者违规、违约行为实施的具有自律属性的"金钱罚"。

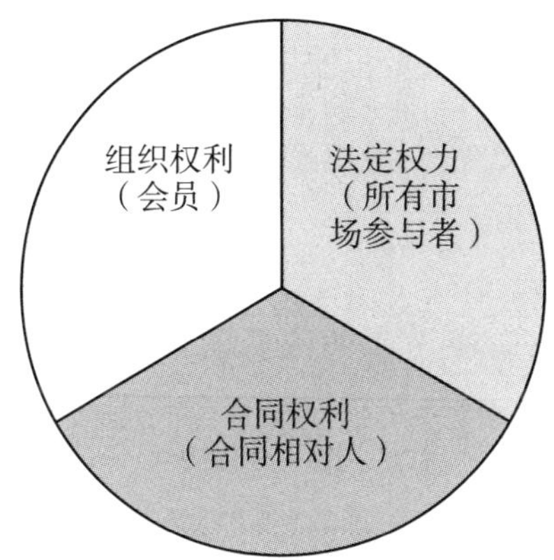

图1 期货交易所自律处罚权法律性质的三元结构〔1〕

二、惩罚性违约金制度的正当性分析

处罚是以惩戒为目的的制裁,单纯从语义的角度来看,处罚可包括刑事处

〔1〕 参见孔康妮:《期货交易所自律管理权法律属性及司法介入政策》,载《期货与金融衍生品》2016年11月。

罚、行政处罚、行政处分、民法上的惩罚性违约金与惩罚性赔偿金等。从法律用语的约定俗称来看,处罚大多仅指刑事处罚与行政处罚,处罚权为国家公权力机关所特有。但在行政分权化的背景下,存在这样一个现实,即特定社会组织依据组织章程、业务规则以及行业惯例享有针对组织内部成员,乃至整个市场或者行业参与者的社会公权力,有权对相关主体实施处罚。

以期货市场为例,为了保持法治的统一,《条例》等法规对上述权力进行了确认,将其纳入了法律的范畴。从某种意义上说,《条例》等创造了一类新的处罚。由财政部下发的《商品期货交易所财务管理暂行规定》也认可了这一处罚措施的合法性,该规定指出"期货交易所对违规会员实施处罚所得的罚款收入,计入营业外收入"。尚未走出传统法学的部分法律界人士,在排除刑事处罚后,想当然地将《条例》赋予期货交易所的处罚权,理解为经法律授权给交易所的行政处罚权,将法定监管看成法定授权。实际上,该处罚权与行政处罚权有本质的区别,当然也不同于民事上惩罚性违约金的请求权。下面以惩罚性违约金为例,通过其与行政罚款、民事违约金的对比,分析其存在的正当性。

(一)惩罚性违约金性质的阐释

所谓惩罚性违约金,其本质是一种具有自律属性的"金钱罚"。《办法》虽然赋予了期货交易所查处市场违规行为并进行处罚的权力,但是,该处罚权却要依交易所业务规则及其他有关规定行使,从本质上看,《办法》只是对该处罚权进行了承认,将其纳入法律的范畴。按照业务规则行使处罚权,这是该处罚权的一大特点,这也正是这种处罚权具有自律性的充分条件。以惩罚性违约金为例,其自律性集中体现在以下三个方面。第一,承认接受交易所的管辖,受到交易所业务规则的约束,是每个市场参与者参与期货市场的前提条件。他们可以选择不接受,则不能成为交易所的会员或者进场参与交易等。由此可见,该处罚权对于期货市场之外的主体不具有约束力,这就决定了期货交易所没有对外的财产保全权、强制调查权、强制执行权等。第二,会员、投资者以及其他市场参与者对期货交易所的处罚不服,可以依据业务规则寻求内部救济——向期货交易所申诉、申请复议等。第三,它没有排除刑事处罚、行政处罚与民事责任,该处罚与刑事处罚、行政处罚、民事责任性质不同,同一处罚事由可能在违反交易所自律规则的同时,又违反了民法、行政法,甚至违反了刑法,期货交易所实施的处罚不影响其他法律责任的追究。

(二)惩罚性违约金与行政罚款的区别

惩罚性违约金与罚款虽然名称不同,但性质相差不大,都是期货交易所行使自律处罚权的一种手段。因此,在比较惩罚性违约金与行政罚款时,只需将交易所的金钱处罚权与行政罚款权进行对比。依据《行政处罚法》的规定,"罚款"属于行政处罚的一种,具有罚款权的主体只有行政机关、法律法规授权的组织或者行政机关委托的组织。交易所作为自律组织,不符合上述规定的任何一种情形。[2] 我国《条例》并未对交易所自律处罚措施可以使用金钱处罚手段进行规定。部门规章《办法》虽然对交易所查处市场违规行为进行了授权,但也未明确认可"金钱罚"可以作为交易所自律监管手段。因此,从行政授权角度去理解交易所的金钱处罚权,并不能获得一个圆满的解释。实际上,该处罚权与行政罚款权有本质区别。第一,处罚的事由不同。前者的处罚事由是在期货市场中违反了交易所业务规则,而无论其是否违法。后者的处罚事由是尚不构成犯罪地违反行政法,而无论其是否违反了交易所业务规则。第二,处罚依据的规范性文件不同。前者依据的规范性文件是期货交易所的章程以及其他业务规则,后者依据的规范性文件必须是法规。

(三)惩罚性违约金与《合同法》上违约金的区别

虽然期货交易所业务规则中的惩罚性违约金与《合同法》第114条规定的违约金名称相近,但二者存在很大的不同。第一,性质不同。前者是一种经法律、法规确认的权力,期货交易所必须行使。后者只是一种民事权利,期货交易所有行使的自由,它可行使,也可不行使。第二,权源不同。前者源于法律的授权规定,出于实现期货市场公益目的的需要,不以存在实际损害为前提,处罚的金额与损害也没有直接关联。后者则源于期货交易所已遭受的损害或已遭受损害的威胁,赔偿金额遵循违约金酌减规则。第三,权益不同。前者实现的是社会公共利益,它超出了期货交易所本身利益的范畴,它表现为期货交易所存续的目的。后者实现的是期货交易所本身的利益,它表现为期货交易所存续的条件。这些不同决定了两者定性的不同,从而决定了两者在其他方面的不同。

三、期货交易所创设惩罚性违约金监管制度的必要性

(一)期货市场发展迅速,违规行为频发

近年来,我国期货市场在交易品种、交易量、投资者数量等方面都发生了翻天覆地的变化。短短数十年,实现了从商品期货到金融期货,从期货产品到期权产品的飞跃。但是在这火爆市场的背后,也同时伴随违规主体多元化、违规行为

---

[2] 参见兰晓为:《期市自律组织罚款权的执行力》,载《期货日报》2012年8月14日,第4版。

多样化等局面,给交易所一线监管工作带来巨大的挑战。随着技术水平的发展,实践中出现了许多新型的违规交易行为,如程序化交易,特别是高频交易的快速普及,给市场带来流动性的同时,也增加了操纵或扰乱交易秩序的隐蔽性和复杂性,影响普通投资者申报交易。但无论是面对传统的违规行为,还是新型的干扰市场行为,交易所采取的措施大部分是名誉处分措施。即使是规定了罚款措施的商品期货交易所,也不例外。面对这种几乎无违规成本的处分,期货市场参与者往往不会给予过多重视,交易所自律监管措施产生的实际效果可能并不理想。

(二)惩罚性违约金处分措施的实效性

首先,由于违约金是一种违约责任,而违约责任通常是一种严格责任,即通常无须证明对方的过错情况下,只要具备相应的行为模式或者后果便可以要求对方承担这一责任。交易所将业务规则中相关规定置于契约性文件中,市场参与者在违规的同时自然构成违约。这无疑有助于免除交易所严苛的过错证明责任,减少监管的成本,提高监管的效率。其次,由于违约金是一种基于合意建立起来的处分措施,在被监管者对此提出异议时,除非有法定的豁免事由并且依法举证,否则很难推翻这一处分措施的决定。最后,由于惩罚性违约金直接加大了被监管者的违规成本,在现有的市场环境下和制度体制中,相对名誉罚和资格罚,也最有实际效果。

(三)惩罚性违约金制度有助于形成全方位多层次监管体系

惩罚性违约金属于期货交易所的自律监管措施,而中国证监会对期货公司和其他市场参与者的监管是一种行政监管,二者在权力基础、行使方式、作用范围方面都存在极大的差异。期货交易所的自律监管属于一线监管,具有接近市场、熟悉市场的天然优势,它是违规行为的第一层防线。在采取的措施方面,自律监管属于柔性监管,主要通过自治性协议或者相关合同达到监管目的,相对行政监管而言,被监管者也更容易接受自律监管。证监会的行政监管具有刚性监管的性质,处罚力度远远大于自律监管,其所形成的威慑作用也大于后者,但是行政监管,尤其是行政罚款具有严格的适用条款和程序性要求,这造成了查处程序的冗长和惩治结果的严重滞后性,而自律监管在监管的便捷性和时效性,可以对违规行为及时起到预防和遏制其进一步蔓延。当然,确立惩罚性违约金并不是取代证监会的行政监管,而恰恰是对后者的有益补充,有助于我国期货市场形成全方位、多层次的监管体系,以实现一种无缝监管的理想状态。

四、域外期货交易所罚款与违约金制度实践概况

目前，将罚款、违约金等“金钱罚”作为一项重要的自律监管措施是世界上各个期货交易所的通行做法。例如，如美国芝加哥商品交易所、伦敦金融交易所、东京商品交易所等在交易规则中将罚款作为一项重要的处罚措施进行了规定。中国台湾期货交易所则在业务规则确立了违约金制度。罚款、违约金，二者虽然名称不同，但就境外实践而言，二者都是期货交易所对期货交易活动中的相关当事人依据业务规则和协议给予的处分。下面从适用对象、适用范围以及适用程序等角度，简单介绍境外期货交易所罚款与违约金制度的基本情况。

第一，适用对象。尽管美国各交易所自律处罚的范围不尽相同，但罚款主要适用于会员单位。伦敦金属交易所、东京商品交易所具体情况，同美国类似。不过，由于境外交易所会员的种类更多、涵盖的范围更为广泛，以芝加哥商品交易所为例，会员包括个人会员、一般法人会员、电子法人会员、结算会员。实际上，交易所可以处以罚款的对象范围很广，几乎涵盖了各类市场参与者。

第二，适用范围。各个期货交易所规定的方式不大一样，有的是集中列举，有的是散见于各个规则。总体而言，适用范围较为广泛。以东京商品交易所为例，罚款的适用情形，既包括会员以不合理的方式干预市场交易的执行，也包括会员未积极配合交易所的调查工作等。

第三，适用程序。以芝加哥商品交易所为例，对罚款的做出程序、当事人是否有权申请复议，交易规则都作出了明确规定。在“规则执行”一章第402条部分，要求罚款必须由商业行为委员会指定的小组作出，规则对小组成员的构成作出了规定。〔3〕 此外，对于超过25,000美元的罚款，当事人可以申请复议。〔4〕 香港期交所规则对于罚款的实施，也作出了严格的规定。就非严重违规而言，仅由指定监察部职员审理并作出决定。若违规将会或可能导致一名交易所参与者须

---

〔3〕 *CME Rulebook*, 402A. Jurisdiction and General Provisions. The BCC shall act through a Panel("BCC Panel") comprised of a Hearing Panel Chair, two exchange members or employees of member firms and two non-members. At least one of the exchange members or employees of member firms must be from the designated contract market where the case originated.

〔4〕 *CME Rulebook*, 403D. Appeal of Administrative Fines. Appeals of administrative fines in excess of $25,000, imposed pursuant to Rule 852, shall be heard by a panel comprised of a co-chairman and three members of the CHRC. The panel's decision shall be final.

支付超过25,000港元的罚款,则由纪律委员会审理裁定。

五、期货交易所惩罚性违约金监管制度的实施建议

(一)推动《期货法》立法,夯实惩罚性违约金的法规基础

期货交易所自律管理是市场治理结构中的重要一环,以惩罚性违约金为例的"金钱罚"是交易所自律监管措施的重要组成部分。一般来说,交易所章程、业务规则以及其他契约性文件是其处罚权的重要来源,但在目前期货市场一线监管端口前移的背景下,上述权力的行使也离不开法律、法规等规范性文件对交易所上述自律监管权的确认。为了更好地发挥交易所自律监管优势,利用好惩罚性违约金对违规市场参与者的惩戒作用,亟须从以下两个方面完善相关制度设计。第一,推动《期货法》立法,进一步明确交易所自律监管地位,确认交易所的自律监管权。第二,在《期货交易所管理办法》修订时,进一步细化确权规定,明确交易所有权使用惩罚性违约金来制裁期货市场的违规、违约者,夯实惩罚性违约金的法规基础。

(二)与司法机关保持沟通,争取司法政策支持

从证券市场实践来看,对于交易所自律管理行为,法院基本上秉承有限介入这一原则,重点审查程序正当性,从目的正当性、行为依据合法性两个角度综合评价交易所的自律监管行为。就期货市场而言,目前涉及期货交易所自律管理的案件相对较少,但司法介入也基本上贯彻谨慎干预原则。总体而言,对于交易所专业的自律监管行为,法院基本上予以尊重和认可。不过,为了防范法律风险,交易所有必要加强与司法机关的沟通,阐明交易所适用惩罚性违约金的目的,即为了维护整个期货市场的秩序,保护投资者利益。此外,交易所可以结合自律监管中出现的新情况、新问题,推动最高院修改或出台与期货市场相关的司法解释,争取司法政策支持。

(三)妥善处理好与证监会行政监管的衔接

惩罚性违约金作为自律监管措施的一种,与证监会的行政监管处于相互配合、相互补充的关系,只是二者所处的层次不同而已。从应然的角度来看,一国期货市场监管体系应当是一个层次分明的监管体系。具体而言,既要有自律监管,也要有行政监管,两者从不同层面对整个期货市场进行相互衔接的监管,对违规行为形成多道防线。但从我国目前适用情形来看,违规与违法在内容上存在高度重合。以会员或者客户影响期货交易价格这一行为为例,交易规则中的表述与《条例》第70条的几乎一致。因此,在违规、违约的同时,很容易同时构成违法,这样会导致

惩罚性违约金几乎无用武之地。因此,为了更好地发挥自律监管优势,建议结合监管实际,进一步完善交易所相关业务规则,将业务规则中的违规与行政法的违法情形适当区分开来,协调好期货交易所自律处罚与证监会行政处罚的关系。

(四)提升惩罚性违约金等处罚措施实施的规范性

惩罚性违约金等处罚措施直接涉及市场参与者的财产权益,因此,在具体实施时,应注意不断提升自律监管行为的规范性。[5] 首先,在业务规则层面,不断完善具体规则设计,切实提高规则的透明度,明确惩罚性违约金的适用依据、适用对象、适用情形等。在具体实施过程中,为了确保处分措施适用的公正性,增强被监管者对这一处分措施的认可性,除了继续贯彻"查审分离"原则外,建议继续完善交易所内部申诉程序。具体而言,一是引入准司法程序,交易所在作出纪律处分决定前组织听证程序,并允许当事人在法定期限内对处理决定提出异议;二是对通过听证程序作出的裁决,被监管者可以要求交易所内部建立的复审委员会进行复审,或者提交独立仲裁机构进行仲裁。

附件一:

表1 我国期货交易所罚款与惩罚性违约金监管制度对比

交易所	制度内容
上海期货交易所	罚款的适用依据:期货交易所章程、交易规则及其他有关规定。 罚款适用对象:会员、客户、指定交割仓库、期货保证金存管银行及期货市场其他参与者。 罚款的适用范围: 期货公司会员违反经纪业务资格管理规定; 期货公司会员违反经纪业务管理规定; 会员违反交易结算管理规定; 会员违反交易所结算管理规定; 期货市场参与者违反交易管理规定; 其他。 罚款的支付标准: 0.1万元~1万元;1万元~5万元;5万元以下;1万元~10万元;5万元~20万元;10万元~50万元;违法所得10万元以上,违规所得1倍以上5倍以下罚款等

[5] 参见颜文俊:《关于交易所罚款权的相关法律问题分析》,载《福建警察学院学报》2015年第2期。

续表

交易所	制度内容
郑州商品交易所	罚款的适用依据:同上海期货交易所。 罚款适用对象:会员、境外经纪机构、做市商、客户、出市代表、结算交割员、交割仓库及其直接负责的主管人员和其他直接责任人员、期货保证金指定存管银行、期货市场其他参与者。 罚款的适用范围: 期货公司会员违反经纪业务资格管理规定; 期货公司会员违反经纪业务管理规定; 做市商违反交易编码管理相关规定; 会员违反交易结算管理规定; 期货市场参与者违反期货业务管理规定; 其他。 罚款的支付标准: 0.1 万元~1 万元;1 万元~5 万元;5 万元以下;1 万元~10 万元;1 万元~20 万元;5 万元~25 万元;10 万元~50 万元;违规所得 10 万元以上,可并处违规所得 1 倍以上,3 倍以下或 5 倍以下罚款等
大连商品交易所	罚款的适用依据:同上海期货交易所。 罚款的适用对象:会员、境外经纪机构、做市商、客户、指定交割仓库、出市代表、结算交割员、期货市场其他参与者。 罚款的适用范围: 期货公司会员违反经纪业务资格管理规定; 期货公司会员违反经纪业务管理规定; 会员违反结算管理规定; 会员、做市商或客户违反持仓管理规定; 期货市场参与者违反交易管理规定; 其他。 罚款的支付标准: 0.1 万元~1 万元;1 万元~10 万元;1 万元~20 万元;5 万元~25 万元;10 万元~50 万元;10 万元~100 万元;违规所得 5 万元以上,并处违规所得 1 倍以上 3 倍以下罚款;违规所得 10 万元以上的,并处违规所得 3 倍以上 5 倍以下罚款等

续表

交易所	制度内容
中国金融期货交易所	惩罚性违约金的适用依据:法律、行政法规、规章、业务规则、相关协议。 惩罚性违约金的适用对象:会员、客户、期货保证金存管银行、信息服务机构、期货市场其他参与者。 惩罚性违约金的适用范围: 会员或客户违反交易管理规定同时构成违约; 会员欺诈客户同时构成违约; 会员或客户影响期货交易价格同时构成违约; 会员违反交易管理规定同时构成违约; 会员或者客户违反风险控制管理规定; 其他。 惩罚性违约金的支付标准: 没有违规所得或者违规所得不满 10 万元的,支付 50 万元以下惩罚性违约金; 违规所得 10 万元以上,支付违规所得 1 倍以上 5 倍以下惩罚性违约金

表 2　中国台湾期货交易所的违约金制度

违约金适用对象	违约金适用范围	违约金支付标准	适用依据
结算会员	结算会员未能于交易所规定时间内,缴纳结算保证金	新台币 30 万元以下	业务规则第 102 条
期货商结算会员	期货商违反业务规则第 19 条之一,第 20 条第 1 项、第 3 项,第 21 条第 1 项、第 3 项,第 24 条第 1 项,第 25 条,第 26 条,第 36 条第 4 项,第 44 条,第 44 条之一,第 44 条之三第 4 项、第 5 项,第 44 条之五,第 44 条之六,第 44 条之九第 6 项,第 44 条之十二第 2 项,第 45 条,第 46 条,第 46 条之一,第 46 条之二,第 47 条,第 47 条之一,第 48 条,第 48 条之二,第 49 条之二,第 54 条第 4 项,第 57 条之一,第 62 条第 1 项,第 64 条第 1 项,第 72 条之一之规定者 结算会员违反业务规则第 82 条准用第 20 条第 1 项、第 3 项,第 21 条第 1 项,第 26 条之规定者	新台币 1 万元以上 5 万元以下;限期未改正,按日加罚 1 万元	业务规则第 126 条

续表

违约金适用对象	违约金适用范围	违约金支付标准	适用依据
期货商结算会员	期货商违反业务规则第19条,第27条,第49条,第49条之一第1项、第2项,第53条第2项、第3项及第5项、第53条之一第1项、第2项,第56条第1项、第3项,第57条第1项,第57条之二,第61条第1项,第63条,第65条,第69条,第72条之二及未依第125条第1项第1款及第3款所订定之期限补正或改善者 结算会员违反业务规则第76条第1项第6款,第93条第4项、第5项,第82条准用第27条之规定者	新台币10万元以上30万元以下;限期未改正的,按日加罚3万元;半年内再次违规,50万元以下;且在检查过程中申报或说明不实,60万元以下	业务规则第127条

附件二:境外期货交易所罚款或违约金监管的具体做法

表3　美国芝加哥商品交易所罚款制度

违规类型	依据	罚款金额	实施程序
违反芝加哥商品交易所相关规则	交易规则 402. A. 402. B. 403. D	不超过 500万美元	处罚决定由交易所的商业行为委员会作出,决定的作出应经由一个听证程序,听证委员会由两名交易所会员(或会员职工)和2名其他人员组成。对于超过25,000美元的处罚决定,当事人可以申请复议

表 4　伦敦金属交易所罚款制度

违规情形	依据	罚款金额
会员不当行为： 不遵守交易所着装规定； 不遵守交易所食品/饮料规定； 公开喊价时咀嚼； 在交易区内出售或者展示非伦敦金属交易所(London Metal Exchange,LME)产品； 使用犯规或滥用语言； 在交易区内读报刊或杂志等。 不可接受的行为：例如怠惰行为，过激行为和醉酒行为； 坐在交易区内(除非是在处理交易指令或者使用每个会员展台提供的座位)； 任何时间在交易所吸烟； 除非是在会员展台内，否则不得使用电话(在交易区内禁止使用电话)； 正在进行交易或官方价格正在宣布时，噪声过大； 交易所不时通过行政通知向会员通知的任何其他不当行为	交易规则第 11.5.1 条	第一次违反：最高 500 英镑； 第二次违反：最高 1000 英镑； 第三次违反；最高 2000 英镑； 第四次违反：最高 4000 英镑
会员可能干扰交易活动的行为或者导致交易秩序紊乱、损害交易所的行为： 未遵守交易所的安全程序或滥用 LME 身份证明； 滥用访问规则； 骚扰交易所员工； 任何其他不当行为	交易规则第 11.5.2 条	第一次违反；最高 1000 英镑； 第二次违反：最高 2000 英镑； 第三次违反；最高 4000 英镑； 第四次违反；最高 8000 英镑

表 5　东京商品交易所罚款制度

违规情形	依据	罚款金额
会员将自己的身份信息借给他人用于市场交易	交易规则第 130 条 1.(2)	1 亿日元以下
会员以不合理的方式大幅度干扰市场交易的执行，或者无正当理由阻止其他成员的交易	交易规则第 130 条 1.(3)	1 亿日元以下

续表

违规情形	依据	罚款金额
会员向交易所虚假申报净资产金额	交易规则第130条1.(5)	1亿日元以下
会员未积极配合交易所的调查工作,无正当理由拒绝出席交易所要求参加的会议,故意回避调查,或提供虚假报告以及其他材料	交易规则第130条1.(6)	1亿日元以下
会员不遵守交易所的指示或交易所决定的事项,或者没有正当理由避免遵守此类事宜	交易规则第130条1.(7)	1亿日元以下
会员行为违反公平合理交易原则,威胁或者损害交易所或其会员的声誉	交易规则第130条1.(8)	1亿日元以下
除上述情形外,会员违反法律、法规、交易所章程、交易规则、经纪规则、争议解决规定或交易所规定的其他情形	交易规则第130条1.(9)	1亿日元以下

【域外法制】

期货及衍生品法律评论
第二卷，第 185 ~205 页

美国期货市场限仓制度研究

周鹏举*

摘要：2013 年，中国证监会陆续推出一系列资本市场法典文献翻译成果，由此开启了我国资本市场系统研究国外成熟资本市场立法经验的先河，对于我国资本市场有效借鉴境外资本市场相关经验，积极推动我国资本市场国际化、法治化、市场化进程具有重要意义。白驹过隙、光阴似箭，转眼间 5 年一晃而过，美国期货市场限仓相关制度或多或少地发生了一些变动，本文结合美国期货市场持仓限制相关规则更新内容，对美国期货市场限仓制度进行相关研究分析，试图进一步厘清美国期货市场限仓制度最新发展概况，为我国期货市场持续借鉴境外期货市场成熟立法经验尽一份绵薄之力。

关键词：限仓　豁免　持仓合并计算

一、美国期货市场持仓限制制度

（一）联邦限仓（Position limits）规则

根据《联邦监管法规汇编》（2018 年 4 月 24 日）第 17 卷第 1 章第 150.2 节相关规定，任何人单独或与他人共同保有期货或期权合约的净多或净空持仓数量不得超出下列标准（见表 1）：

* 郑州商品交易所法律合规部员工。

表 1 投机持仓限仓标准(Speculative Position Limits)[1] 单位:手

合约限仓数量(Limits by number of contracts)			
合约(Contract)	交割月(Spot month)[2]	单月(Single month)[3]	所有月份(All months)[4]
芝加哥期货交易所(Chicago Board of Trade)			
玉米合约和迷你玉米合约(Corn and Mini-Corn)[5]	600	33,000	33,000
燕麦合约(Oats)	600	2000	2000
大豆合约和迷你大豆合约(Soybeans)	600	15,000	15,000
小麦合约和迷你小麦合约(Wheat and Mini-Wheat)	600	12,000	12,000
豆油合约(Soybean Oil)	540	8000	8000
豆粕合约(Soybean Meal)	720	6500	6500
明尼阿波利斯谷物交易所(Minneapolis Grain Exchange)			
硬红春小麦合约(Hard Red Spring Wheat)	600	12,000	12,000

[1] 76 FR 71684, Nov. 18, 2011.

[2] 《联邦监管法规汇编》(2018 年 4 月 24 日)第 17 卷第 1 章第 150 节规定:Spot month means the futures contract next to expire during that period of time beginning at the close of trading on the trading day preceding the first day on which delivery notices can be issued to the clearing organization of a contract market。

[3] 《联邦监管法规汇编》(2018 年 4 月 24 日)第 17 卷第 1 章第 150 节规定:Single month means each separate futures trading month, other than the spot month future。

[4] 《联邦监管法规汇编》(2018 年 4 月 24 日)第 17 卷第 1 章第 150 节规定:All-months means the sum of all futures trading months including the spot month future。

[5] 《联邦监管法规汇编》(2018 年 4 月 24 日)第 17 卷第 1 章第 150 节规定:For purposes of compliance with these limits, positions in the regular sized and mini-sized contracts shall be aggregated。

续表

合约限仓数量(Limits by number of contracts)			
合约(Contract)	交割月 (Spot month)	单月 (Single month)	所有月份 (All months)
美国洲际期货交易所(ICE Futures U. S.)			
二号棉合约(Cotton No. 2)	300	5000	5000
堪萨斯城期货交易所(Kansas City Board of Trade)			
硬冬小麦合约(Hard Winter Wheat)	600	12, 000	12, 000

鉴于过度投机(Excessive Speculation)通常容易引发不合理的或缺乏基本面支撑的价格波动,为保护期货市场免受过度投机之害,美国《商品交易法》(The Commodity Exchange Act)授权商品期货交易委员会(U. S. Commodity Futures Trading Commission,CFTC)制定期货市场投机持仓限仓规则。

根据《商品交易法》Section 5(d)部分之核心原则 5 的规定,指定合约市场(Designated Contract Markets)(此处即我国的期货交易所)应当针对投机交易者制定投机持仓限仓(Speculative Position Limits)规则或者对持仓核算(合并计算)(Position Accountability)规则,以便在必要且恰当时,尤其是在交割月,能够有效防控市场操纵或流动性不足(Market Manipulation Or Congestion)的潜在风险。

就投机持仓限仓监管机制而言,应当重点关注 3 项基本要素,它们分别表现为:

(1)限仓标准(额度)[The Size(or levels)of the Limits Themselves];

(2)限仓豁免(The Exemptions From The Limits)情形(如套期保值持仓);

(3)为有效执行限仓规则而采取的将相关账户持仓予以合并计算的措施。

《美国法典汇编》第七卷 6a(a)部分规定,在践行未来交割义务的商品交易中为特殊目的而过度投机,可能引发难以预计的、不合理的或欠缺基本面支撑的价格波动。美国《商品交易法》Section 4a(a)部分规定,为化解、排除或防范《美国法典汇编》第七卷 6a(a)部分规定的上述风险,商品期货交易委员会有权制定限仓规则,以便限制投机交易量或限制交割月合约上投机持仓量。

在美国,大部分实物交割合约以及多数金融期货和期权合约均适用投机持仓限仓规则。根据《联邦监管法规汇编》第 17 章第 150.2 节相关规定,商品期货交易委员会有权对7个品种的期货合约设定投机持仓限仓标准（The Limits Are Determined By the Commission），[6]这7个品种分别是玉米（Corn）、燕麦（Oats）、小麦（Wheat）、大豆（Soybeans）、豆油（Soybean Oil）、豆粕（Soybean Meal）和棉花（Cotton），上述限仓标准设定在联邦监管规则中（Set Out in Federal Regulations）。上述7个品种以外的品种，其投机持仓限仓标准均由期货交易所自行设定。例如，根据芝加哥商业交易所（Chicago Mercantile Exchange，CME）于2018年12月7日更新的限仓情况统计表，[7]该交易所目前共对诸如活牛、架子牛、现金结算黄油期货合约等628种期货（期权）合约设定了投机持仓限仓标准。根据芝加哥期货交易所（Chicago Board of Trade，CBOT）于2018年1月4日更新的限仓情况统计表，[8]该交易所目前共对诸如澳大利亚小麦FOB（普氏）、黑海小麦、彭博商品指数期货合约等268种期货（期权）合约设定了投机持仓限仓标准。根据纽约商业交易所（New York Mercantile Exchange，NYMEX）于2019年1月3日更新的限仓情况统计表，[9]该交易所目前共对诸如可可、咖啡、棉花、11号糖期货合约等1137种期货（期权）合约设定了投机持仓限仓标准。根据美国洲际期货交易所[ICE（Intercontinental Exchange）Futures U. S.]于2018年7月30日和10月23日更新的限仓情况统计表，[10]该交易所目前共对诸如油菜、可可、棉花、咖啡期货合约等1183种期货（期权）合约设定了投机持仓限仓标准。

依据核心原则，商品期货交易委员会在期货交易所设定投机持仓限仓标准事宜上制定了"可接纳惯例"（Acceptable Practices）规则；该规则规定，对进行实物交割的期货品种设置交割月限仓标准，应当建立在对可供交割量以及交割月流动性历史数据等进行分析的基础上。受联邦监管制度规制的7种商品，其收

---

〔6〕 For several markets（corn，oats，wheat，soybeans，soybean oil，soybean meal，and cotton），the limits are determined by the Commission and set out in Federal regulations（CFTC Regulation 150. 2，17 CFR 150. 2）. For other markets，the limits are determined by the exchanges.

〔7〕 CME，available at：https：//www. cmegroup. com/rulebook/rulebook-harmonization. html，position-limits-cme，June 19，2019.

〔8〕 CME，available at：https：//www. cmegroup. com/rulebook/rulebook-harmonization. html，position-limits-cbot，June 19，2019.

〔9〕 CME，available at：https：//www. cmegroup. com/rulebook/rulebook-harmonization. html，position-limits-nymex，June 19，2019.

〔10〕 ICE，available at：https：//www. theice. com/search? q = position% 20limits & site = the ICE% 7CIntercontinental Exchange & client = ice_frontend_html & proxystyle sheet = ice_frontend_html & output = xml_no_dtd & filter = 0 & getfields = * & num = 10，IFUS_Position_Limits_Accountability_and_Reportable_Levels_for_Non-Energy_Products，IFUS_Energy_Position_Limit_Accountability_and_Reportable_Levels，June 19，2019.

获年度第一个交割月情况(见表2):

表2 设置联邦法定限仓规则的7个品种交割月统计

序号	商品(Commodity)	交割月(Beginning delivery month)
1	玉米(Corn)	12月(December)
2	棉花(Cotton)	10月(October)
3	燕麦(Oats)	7月(July)
4	大豆(Soybeans)	9月(September)
5	豆粕(Soybean Meal)	10月(October)
6	豆油(Soybean Oil)	10月(October)
7	春小麦[Wheat(Spring)]	9月(September)
8	冬小麦[Wheat(Winter)]	7月(July)

市场参与者违反期货交易所设定的投机持仓限仓标准的,由期货交易所对其采取自律监管纪律惩戒措施(Exchange Disciplinary Action)。而市场参与者一旦违反经商品期货交易委员会批准的期货交易所投机持仓限仓标准,则由商品期货交易委员会对其采取行政监管执法惩治措施(Enforcement Action by the Commission)。

就进行实物交割的期货品种而言,交割月投机限仓标准通常设定得更严格。[11] 鉴于异常大的持仓量或无序的交易活动易于引发价格的大幅波动,因此,在交割月设置更严格的投机限仓标准对于防控相关风险、更好地满足实际交割需求而言无疑是非常重要的举措。

通常,就不存在市场操纵风险或市场操纵风险非常低的期货品种而言,投机限仓规则并非不可或缺规则。因此,对于那些市场流动性充足且基础现货市场发育成熟的主要外汇期货和其他金融期货品种来说,投机限仓并不是必要的风险管控措施。对于那些持仓量巨大、每日交易量很高、现货市场发育成熟的金融工具合约、无形商品合约和有形商品合约来说,期货交易所可能会制定持仓核算(合并计算)(Position Accountability)规则以取代投机持仓限仓规则。

(二)联邦豁免限仓(Exemptions)规则

根据《联邦监管法规汇编》(2018年4月24日)第17卷第1章第150.3节相

---

[11] 《联邦监管法规汇编》(2018年4月24日)第17卷第1章第150节规定:Speculative limits in physical delivery markets are generally set at a more strict level during the spot month (the month when the futures contract matures and becomes deliverable)。

关规定,下列持仓豁免适用限仓规则:

(1)善意(真实)套期保值持仓(Bona Fide Hedging Transactions);

(2)价差持仓或套利持仓(Spread or Arbitrage Positions)。

任何人申请豁免适用持仓限制规则,必须按照要求提供相关信息。根据《联邦监管法规汇编》第10章第19节规定,豁免适用限仓规则的申请报告必须按月提交或者按照商品期货交易委员会相关要求提交。对于限仓标准由商品期货交易委员会设定的7个期货品种,如果期货持仓或期权持仓超出投机持仓限仓标准,则套期保值者必须向商品期货交易委员会提交豁免适用限仓规则的申请报告。任何交易者申请豁免适用限仓规则,必须按照商品期货交易委员会、商品期货交易委员会执法部门总监、商品期货交易委员会执法部门总监指定工作人员相关要求,向商品期货交易委员会或商品期货交易委员会执法部门提供相关信息。这类信息包括申请人持仓信息或受申请人控制的持仓的信息,根据豁免申请已经开展的交易信息,能够支撑豁免申请的期货持仓、期权持仓或现货市场持仓信息,能够支撑豁免申请的相关业务关系信息。豁免适用限仓规则的申请报告记载交易者在现货市场的持仓情况,该报告被用于审查交易者是否拥有充分的现货风险敞口,以便为其合法保有获批豁免适用限仓规则的相关期货持仓或期权持仓提供充分的依据和正当性。

对于市场参与者提出的善意(真实)套期保值(Bona Fide Hedging)限仓豁免申请,商品交易委员会和各家期货交易所有权决定是否对其豁免适用限仓规则。根据商品期货交易委员会监管规则1.3(z)部分[联邦监管法规汇编第17章第1.3(z)节]相关规定,任何交易或持仓都不能被归类为善意(真实)套期保值(Bona Fide Hedging)持仓,除非它们的目的是为对冲与商业性现货交易有关的价格风险,套期保值仓位的开仓与平仓均应以平稳有序的方式进行且应符合恰当的商业惯例。

对于价差持仓、跨式持仓、套利持仓(Spreads、Straddles、Arbitrage Positions)或者其他与限仓规则立法目的相一致的持仓,期货交易所也可能同意豁免适用限仓规则。商品交易委员会的"可接受惯例"规则规定,期货交易所应当建立相应流程以便交易者申请豁免适用限仓规则。

商品交易委员会将定期审查每家期货交易所如何开展豁免适用限仓规则的工作,审查期货交易所如何监督交易者遵守其限仓规则,审查期货交易所通常采取哪些类型的自律监管措施(如警告、罚款、暂停交易等)(Warnings、Fines、Trading Suspensions, etc.),对违反限仓规则或违反豁免规则的行为进行惩戒。

（三）联邦持仓合并计算（Aggregation of Positions）规则

根据《联邦监管法规汇编》（2018 年 4 月 24 日）第 17 卷第 1 章第 150.4 节相关规定，持仓合并（加总）计算规则相关内容概况如下：

1. 下列持仓合并计算：

（1）任何人通过委托授权或其他方式（by Power of Attorney or Otherwise），能够直接或间接控制其交易的相关账户的所有持仓，与该客户所有持仓，应当视作单一客户持仓，必须合并计算。

（2）任何人通过委托授权或其他方式，直接或间接地持有 10%（含）以上所有权或股权（10 percent or greater ownership or equity interest）的相关账户的所有持仓，与该客户所有持仓，应当视作单一客户持仓，必须合并计算。

（3）具备实质一致性交易策略（Substantially Identical Trading Strategies）特征的持仓，必须合并计算。

2. 下列持仓不进行合并计算：

（1）有限合伙人、有限责任成员、股东或其他类似的基金份额持有人，通过委托授权或其他方式，直接或间接持有基金账户 10%（含）以上所有权或股权（10 percent or greater ownership or equity interest）的相关账户的所有已经被要求合并计算的持仓，无须再与该基金账户持仓合并计算。但是，有下列情形之一的，相关持仓还须合并计算：

①上述客户同时是该基金的基金管理人。

②上述客户同时是该基金的基金管理人的本部机构或附属机构，但是有下列情形之一的，相关持仓无须再合并计算：

A. 该基金的基金管理人已制定并执行了相关书面流程，该流程禁止上述客户了解、获取或接收与该基金交易或持仓相关的数据；

B. 上述客户对于基金的交易决策，并不享有直接的、日常的监督权或控制权；

C. 上述客户作为该基金的基金管理人的本部机构，仅仅保留对基金管理人最低限度的控制权，以便履行其作为本部机构的相应职责，并且践行其监管基金交易活动的必要义务；

D. 基金管理人为代表单一客户或一组客户利益而遵守了限仓规则的相应要求。

③上述客户，通过委托授权或其他方式（by Power Of Attorney Or Otherwise），直接或间接地持有该商品基金账户 25%（含）以上所有权或股权（25 percent or greater ownership or equity interest in a commodity pool），且该商品基金

的基金管理人根据相关规定被豁免于向商品期货交易委员会登记注册。

(2)任何人在一家被拥有实体持有10%(含)以上所有权或股权的,只要满足下列条件之一的,则无须将该客户相关账户的所有持仓与该被拥有实体相关账户的所有持仓合并计算;然而,其前提条件是该客户在该被拥有实体所享有的前述权益并非该客户在上述有关基金账户中所享有的相关权益。

①该客户与被拥有实体间互相并不知晓各自的交易决策。

②该客户与被拥有实体间分别使用各自单独开发的、独立的交易系统开展交易。

③该客户已制定并执行了相关书面流程,该流程禁止该客户与被拥有实体间相互了解、获取或接收与各自交易相关的数据。为保持该客户与被拥有实体各自经营活动的独立性,该流程应当包含保障交易数据安全的措施,应当要求该客户与被拥有实体分设独立的营业场所。

④该客户与被拥有实体间控制交易决策的雇员互不相同。

⑤该客户与被拥有实体间的风险管理系统各不相同,其各自的风险管理系统不允许在其各自控制交易决策的雇员间分享交易信息或交易策略。

(3)期货经纪商账户内持仓,无须合并计算。满足下列条件之一的,期货经纪商或期货经纪商附属机构账户内持仓,无须合并计算:

①客户而非期货经纪商或其附属机构在上述账户享有交易决策权;

②期货经纪商或其附属机构在上述账户仅保留最低限度的控制权,以便履行其勤勉尽责地监督上述账户交易的必要义务;

③可自由支配账户中的每项决策都是独立作出的,客户交易程序中的每项交易决策也都是独立作出的,这些交易决策全都独立于期货经纪商或其附属机构持有、拥有10%(含)以上的金融权益或控制权的其他账户的所有交易决策;

④期货经纪商或其附属机构遵守本节持仓合并计算规则而保有的其他持仓。

(4)独立账户控制人账户内持仓,无须合并计算。根据150.1(e)相关规定,合格实体无须将其持仓与该合格实体客户持仓或授权独立账户控制人持仓合并计算;但是,根据150.2节相关规定,对须履行实物交割义务的交割月商品期货合约来说,合格实体仍须将其持仓与该合格实体客户持仓或授权独立账户控制人持仓合并计算,而且独立账户控制人所持有或控制的持仓不能超出150.2节规定的限仓标准。

如果独立账户控制人与合格实体或另一独立账户控制人间存在关联关系,则这些存在关联关系的实体间必须满足下列任一条件,其间持仓才无须合并计算：

①已制定并执行书面流程，该书面流程旨在阻止上述存在关联关系的实体间相互了解、获取或接收与各自交易相关的数据。为保持该上述存在关联关系的实体各自经营活动的独立性，该流程应当包含保障交易数据安全的措施，应当要求上述存在关联关系的实体分设独立的营业场所；此外，该书面流程还可以规定信息披露义务，该等披露义务对于试图保持必要控制能力以便履行其管理相应持仓和相关账户的信义义务而言是合理必要的，而且这对于其践行勤勉尽责地监督为其利益而开展交易的义务而言也是必要的。

②上述存在关联关系的实体分别使用各自单独开发的、独立的交易系统开展交易。

③上述存在关联关系的实体分别独立地开展相关交易系统的市场营销活动。

④上述存在关联关系的实体，按照美国《联邦监管法规汇编》(2018 年 4 月 24 日)第 17 卷第 1 章第 4.24 节或第 4.34 节规定的标准，使用各自独立的披露文件募集资金以开展相关交易。

(5)因参与证券承销活动产生的持仓，在特定条件下，无须合并计算。客户持仓与被拥有实体持仓无须合并计算；但其前提条件是，该客户对被拥有实体所享有的所有权或股权是基于对某些证券享有所有权而产生，且该客户正是因为参与发行人或承销商的发行或承销活动，通过认购全部或部分证券或者获取全部或部分未售出配额才对这些证券取得所有权的。

(6)自营经纪商与其拥有所有权或股权的被拥有实体间的持仓，在特定条件下，无须合并计算。在美国证券交易委员会注册登记的自营经纪商或在外国监管机构通过适用与在美国证券交易委员会注册登记类似的登记程序而注册登记的经纪自营商，与其拥有所有权或股权的被拥有实体间的持仓无须合并计算；不合并计算的特定条件是，该自营经纪商对该被拥有实体所享有的所有权或股权是基于其自营经纪商身份而在正常业务活动中获取所有权的证券而产生的，而且该自营经纪商确实并不了解该被拥有实体的交易决策。

(7)信息分享受到法律限制的持仓，在特定条件下，无须合并计算。客户持仓与被拥有实体持仓，在特定条件下无须合并计算；但其前提条件是，在该客户与被拥有实体间互相分享与持仓合并计算有关的交易和持仓方面信息将产生一种合理风险，而该风险就是任何一方当事人都将因此而违反所在州的州法或联邦法律或外国法律或限仓监管制度。

3. 客户申请其相关持仓被豁免适用合并计算规则的，应当按照相关要求向商品期货交易委员会或期货交易所提交相关表格和申请文件,由商品期货交易委员会或期货交易所依据相关受理范围根据有关情况作出是否同意其豁免申请的决定。

(四)联邦规则修订概况

1. 联邦层面法定限仓标准有所变动。对比《美国期监会规章》收录的持仓限额(见表3)与《联邦监管法规汇编》(2018年4月24日)第17卷第1章第150.2节规定的限仓标准(见表1)可以发现,联邦层面法定限仓标准发生了不少变动。(1)虽然适用法定限仓标准的7种期货合约品种未发生变化,但是其单月限仓标准全部发生了变化,单月限仓数字全部有所上调,所有月份限仓数字大多有所上调;(2)美国洲际期货交易所(ICE Futures U.S.)取代了纽约期货交易所(New York Board of Trade)成为二号棉合约的上市交易所。

表3 投机持仓限仓标准(Speculative Position Limits)〔12〕 单位:手

合约限仓数量			
合约(Contract)	现货月	单月	所有月
芝加哥期货交易所(Chicago Board of Trade)			
玉米和小玉米(Corn and Mini-Corn)	600	13,500	22,000
燕麦(Oats)	600	1400	2000
大豆和小型大豆(Soybeans and Mini-Soybeans)	600	6500	10,000
小麦和小型小麦(Wheat and Mini-Wheat)	600	5000	6500
豆油(Soybean Oil)	540	5000	6500
豆粕(Soybean Meal)	720	5000	6500
明尼阿波利斯谷物交易所(Minneapolis Grain Exchange)			
硬红春小麦(Hard Red Spring Wheat)	600	5000	6500
纽约期货交易所(New York Board of Trade)			
二号棉花(Cotton No.2)	300	3500	5000
堪萨斯城期货交易所(Kansas City Board of Trade)			
硬冬小麦(Hard Winter Wheat)	600	5000	6500

2. 豁免规则与持仓合并计算规则均有较大变动。(1)《美国期监会规章》收

〔12〕 参见《美国期监会规章(中英文对照本)》(第3册),第406~409页。

录的豁免规则(以下简称旧版规则)中独立账户人及对关联实体豁免的附加要求等规定,[13]于《联邦监管法规汇编》(2018年4月24日)第17卷第1章第150.3节(以下简称2018版规则)规定中有所变动,并不再规定在第150.3节豁免规则部分,而是调整到第150.4节持仓合并计算规则。(2)2018版规则仅保留了"善意(真实)套期保值持仓和价差持仓或套利持仓"两大类豁免适用限仓规则的情形。2018版规则大幅扩充了第150.4节持仓合并计算规则的类型化规定;旧版规则仅规定了("账户所有权""有限合伙人、股东或者其他商品基金参与者的所有权""期货经纪商的交易控制权")3种类型的持仓合并计算规则;[14]2018版规则先规定了3类("有控制权的持仓""享有10%以上权益的持仓"以及"具有交易行为实质一致性的持仓")应当合并计算的情形,紧接着规定了7种可豁免合并计算(不恰当地讲,也就是"相关持仓并非受同一个脑袋操控")的情形,而且管理模式更精细化、复杂化,如豁免情形中嵌套着不豁免情形、不豁免情形中又嵌套着可豁免情形,适用范围更广,针对性更强,可操作性更强。

(五)美国期货交易所限仓制度

1.芝加哥商业交易所限仓制度。芝加哥商业交易所(Chicago Mercantile Exchange,CME)《业务规则书》[15]第5章第559节(CME RULEBOOK CHAPTER 5.559)规定的限仓制度,具体规定如下:第559节"限仓和豁免"(POSITION LIMITS AND EXEMPTIONS),限仓标准适用于规定了投机持仓限仓标准的那些期货合约;投机持仓限仓标准规定在第5章末尾部分的解释条款,这些解释条款包含《投机持仓限仓标准、持仓核算(合并计算)和持仓可报告标准(额度)表》(the Position Limit,Position Accountability and Reportable Level Table)。

行为人想要豁免适用限仓规则,必须向市场监察部门(Market Regulation Department)提交交易所规定的申请表格。为了能够豁免适用限仓规则,行为人必须:(1)提供申请豁免适用限仓规则的有关陈述,包括申请豁免是否是为了保有符合商品交易委员会监管规则第1.3节规定的善意(真实)套期保值持仓(Bona Fide Hedging Positions)、风险管理持仓(Risk Management Positions)或者套利持仓(arbitrage/spread positions);(2)提供与申请豁免持仓相对应的基础资产风险敞口方面完整和准确的解释说明;(3)承诺,一旦市场监察部门提出相关要求,则立即按要求提供关于申请人财务状况的信息和文件;(4)承诺遵守由市场

〔13〕 参见《美国期监会规章(中英文对照本)》(第3册),第408~409页。

〔14〕 同上书,第410~414页。

〔15〕 CEM,available at:https://www.cmegroup.com/market-regulation/rulebook.html,June 30,2019.

监察部门设定的与豁免相关的所有术语(Terms)、条件(Conditions)或限制(Limitations);(5)同意市场监察部门可以基于一定理由随时修改或取消(Modify or Revoke)豁免决定;(6)承诺以平稳有序的方式建仓(Initiate Iositions)和平仓(Liquidate Positions);(7)承诺遵守交易所的所有规则;(8)承诺只要最近一次提交申请的相关信息发生了实质性变更(Material Change),则立即向市场监察部门提交补充说明。

行为人打算超出限仓标准(包括超出以前已获准豁免的限仓标准)保有仓位的,必须按要求提交申请,并且,只能在获取市场监察部门批准之后才能超出限仓标准保有相关仓位。然而,行为人超出限仓标准建立豁免持仓,并且按规定在超出限仓标准后5个工作日内向市场监察部门提交了申请的,并不违反本规则;但是,市场监察部门要求行为人在第5个工作日之前提交申请的情形除外。申请人和清算会员在超出限仓标准的持仓未被平仓之前的期间内,将被视作违反了投机持仓限仓规则,超出限仓标准的持仓将不被视作豁免的持仓。

市场监察部门应当根据申请以及任何被要求提交的补充说明信息,决定是否批准豁免适用投机持仓限仓标准。根据市场监察部门认为有关联的相关因素,市场监管部门可以决定批准、拒绝、限制任何豁免申请,或者要求任何豁免申请必须满足特定条件;这些因素包括但不限于,申请人的业务需求和财务状况,以及结合申请豁免时的市场情况相关持仓是否能够以平稳有序的方式建仓和平仓。

第559条规则的任何规定均不应以任何方式限制交易所采取应急措施的权利;均不应以任何方式限制市场监察部门随时审查任一行为人持有或控制的仓位的权利;均不应以任何方式限制市场监察部门随时要求任一行为人将其持有或控制的仓位减仓,以便不超出《投机持仓限仓标准、持仓核算(合并计算)和持仓可报告标准(额度)表》设定的限仓标准。

获取市场监察部门书面授权从而可以超出限仓标准持仓的行为人,必须在自最近一次申请获得批准之日起不超过1年的时限内,每年提交1次最新的申请;未能按要求提交最新的申请的,其可以超出限仓标准持仓的豁免授权将不再有效。

(1)第559. A条"善意(真实)套期保值持仓"(559. A. Bona Fide Hedging Positions)。市场监察部门对于符合商品交易委员会监管规则第1.3节规定的善意(真实)套期保值持仓,可以批准其豁免适用投机持仓限仓标准。被批准的善意(真实)套期保值者,可以免于适用要求减仓或限制交易的应急指令。

(2)第559. B条"风险管理持仓"(559. B. Risk Management Positions)。市场

监察部门可以批准对风险管理持仓免于适用投机持仓限仓标准。为有效执行本规则立法目的,风险管理持仓是指期货持仓和期权持仓,这些持仓被实体或实体的附属机构所持有或为其利益而持有,实体或实体的附属机构通常在标的现货市场或有关联的现货市场或有关联的场外市场买入、卖出或持有相关仓位;相对期货持仓和期权持仓规模来说,标的市场具有较高的流动性且具有在期货市场(期权市场)与标的市场之间提供紧密联系的套利机会。与场外市场的指数持仓相关的豁免,可以包括相应的基于商品指数的期货和基于商品指数的期权,以及/或者在编制该指数过程中构成其要素的单个商品期货和单个商品期权。

(3)第559. C条"套利持仓"(559. C. Arbitrage and Spread Positions)。市场监察部门可以批准对套利持仓、同一期货品种不同交割月份期货合约间套利持仓、跨期货品种套利持仓以及适格期权(期权)或期权套利持仓(期货套利持仓),免于适用投机持仓限仓标准。

(4)第559. D条"持仓合并计算"(559. D. Aggregation of Positions)。为执行《投机持仓限仓标准、持仓核算(合并计算)和持仓可报告标准(额度)表》设定的限仓标准,任一行为人,通过授权委托或其他方式,直接或间接控制其交易或持有10%(含)以上所有权或股权权益的账户内的所有持仓,与该行为人持有的仓位和实施的交易,必须合并计算。为合并计算持仓,任一行为人控制其交易或持有10%(含)以上所有权或股权权益的账户内的所有持仓,以及两个(含)以上行为人依据明示或默示的协议(默契)而保有的持仓或所有权或股权权益和由其实施或被其控制的交易,应当被视作单个行为人持有的仓位或实施(控制)的交易。任一行为人,通过授权委托或其他方式,在一个以上账户或基金,使用实质相同的交易策略而持有的仓位或控制的相关持仓交易,应当依据商品期货交易委员会监管规则150.4(a)(2)部分相关规定,将其所有相关持仓进行合并计算。

(5)第559. E条"豁免持仓合并计算"(559. E. Exemptions from Aggregation)。对交易所设定投机持仓限仓标准的所有品种的持仓合并计算进行豁免,必须遵守商品期货交易委员会监管规则150.4(b)相关规定。任一行为人,依据商品期货交易委员会监管规则150.4(b)(1)(ii)、(b)(2)、(b)(3)、(b)(4)或(b)(7)相关规定,申请豁免适用交易所设定投机持仓限仓标准的,必须向市场监察部门提交通知,该通知应当包括:(1)对能够支撑豁免适用持仓合并计算规则的相关情形进行陈述;(2)由该实体的高级管理人员或负责人确认,其已完全满足设定在商品期货交易委员会持仓合并计算豁免规则中的有关条件。依据第559. E条相关规定,任一行为人,根据市场监察部门有关要求申请豁免适用持仓合并计算规则的,必须提供能够证明其符合豁免适用持仓合并计算规则相关要求的任何被要求提供的信息。市场监察部门在其自由裁量权限范围内,对于未能遵守第559.E条相关规定的行为人,完全有权调整、中止、终止或以其他方式修改行为人的持仓合并计算豁免额度。依据第559.E条相关规定,任何通知中的有关信息发生实质性变化的,行为人必须及时向市场监察部门提交更新通知或修改通知,对实质性变化作出详细说明。

(6)第559.F条"违规行为"(559.F. Violations)。行为人有违反投机持仓限仓标准和获批豁免额度标准行为的,按照第562条相关规定予以处理。

2.美国其他重要期货交易所限仓制度概况。芝加哥期货交易所(Chicago Board of Trade,CBOT)《业务规则书》[16]第5章第559条(CME RULEBOOK CHAPTER 5.559)规定的限仓制度,与上述芝加哥商业交易所《业务规则书》第5章第559条完全一致。纽约商业交易所(New York Mercantile Exchange,NYMEX)《业务规则书》[17]第5章第559条(CME RULEBOOK CHAPTER 5.559)规定的限仓制度,除以下内容外,与上述芝加哥商业交易所《业务规则书》第5章第559条基本一致:第559.F条"最后交易日金融天然气合约限定条件"(559.F. Conditional Limit in NYMEX Last Day Financial Natural Gas Contracts)。对于最后交易日金融天然气合约,在投机持仓限仓标准适用期间,市场监察部门可以将附条件的限仓标准扩至纽约商业交易所实物天然气合约[NYMEX Physical Natural Gas Contracts(NG)]5000手。任一参与者申请上述豁免额度的,必须承诺:(1)不得在纽约商业交易所实物天然气合约最后3个交易日内持有仓位;(2)向交易所提供与亨利配送中心(the Henry Hub)相关的所有持仓的完整信息;(3)交易所要求提供的其他信息或文件。

美国洲际期货交易所[ICE(Intercontinental Exchange)Futures U.S.]限仓制度,主要规定在第6章(Chapter 6)监管要求(Regulatory Requirements)[18]中"可报告持仓和投机持仓限仓"(Reportable Positions And Speculation Position Limits)部分的第6.11条"不受限制的应急权"(6.11 Emergency Powers Not Limited)、第6.12条"持仓合并计算"(6.12 Aggregation of Positions)、第6.13条"限仓和持仓核算(合并计算)标准执行"(6.13 Enforcement of Position Limits and Position Accountability Levels)、第6.14条"交易所获取持仓信息的渠道"(6.14 Exchange

〔16〕 CEM,available at:https://www.cmegroup.com/market-regulation/rulebook.html,June 30,2019.

〔17〕 Ibid.

〔18〕 ICE RULEBOOK,available at:https://www.theice.com/futures-us/regulation,June 30,2019.

Access to Position Information)、第6.15条“可报告持仓和每日报告”(6.15 Reportable Positions and Daily Reports)和第6.29条“豁免”(6.29 Exemptions)。虽然在业务规则立法体例、具体表述等方面,与芝加哥商业交易所有所差异,但其在投机持仓限仓规则、豁免规则以及持仓核算(合并计算)等规则方面重要的、原则性和操作性规定的实质性内容大致相同。

二、美国期货市场限仓制度的启示

(一)限仓标准分层设定及限仓标准设定权限划分模式思考

研究美国期货市场上述限仓制度后,发现其限仓制度主要分为两个层级,也即联邦层面制度和期货交易所层面制度。其一,美国商品期货交易委员会近10年来仅对7个品种商品期货合约设定了联邦层面法定限仓标准。作为美国期货市场监管机构的商品期货交易委员会,虽有权对期货合约设定限仓标准,但多年来,其该权限也仅限于对7个品种的商品期货合约适用,而且该7个品种全部为农产品。其二,上述7个品种以外其他期货品种,则全部由各期货交易所自行设定其限仓标准(Exchange-set Position Limits)。该7个品种中,历史悠久的芝加哥期货交易所上市品种最多,占了6个(玉米合约和迷你玉米合约、燕麦合约、大豆合约和迷你大豆合约、小麦合约和迷你小麦合约、豆油合约、豆粕合约)。明尼阿波利斯谷物交易所占1个(硬红春小麦合约),美国洲际期货交易所占1个(二号棉合约),堪萨斯城期货交易所占1个(硬冬小麦合约)。与郑州商品交易所现有上市品种关系较为密切的有2个,分别是小麦和二号棉。与大连商品交易所现有上市品种关系较为密切的有4个,分别是玉米、大豆、豆粕、豆油。燕麦期货合约尚未在我国期货市场上市。

美国期货市场联邦层面或者说法定层面的限仓标准主要针对7大类传统农产品适用,其他品种限仓标准则一概由各期货交易所自行设定。与该情形比较类似的是,美国联邦宪法对联邦与各州权力的划分情况。也即,美国联邦宪法未授予美利坚合众国、也未禁止各州行使的权力,均由各州各自保留,或由人民予以保留。[19] 我国期货法在立法过程中,期货法草案曾规定,我国期货品种限仓

---

〔19〕 The Bill of Rights. Article[X](Amendment 10 - Reserved Powers):The powers not delegated tothe United States by the Constitution, nor prohibited by it to the States, are reserved to the States respectively, or to the people.

标准的设定权全部收归监管机构行使,而期货交易所则可以在监管机构设定的标准范围内设定限仓标准。基于对美国期货市场限仓制度的有关研究情况,美国商品期货交易委员会并非“一刀切”地对所有上市期货品种均行使其设定限仓标准的权力。根据美国联邦监管规则相关规定,多年来,商品期货交易委员会仅对7种期货合约行使了限仓标准设定权。因此,由监管机构不加区分地对所有品种设定限仓标准的立法模式,可能并不一定是最好的限仓标准设定权限划分模式。我们认为,较符合国情的限仓标准设定权限划分模式,是充分尊重我国期货市场发展现状,将全部限仓标准交由较贴近市场、较了解市场发展实际与现实需求的期货交易所自行设置。退而求其次,就下一顺位的限仓标准设定权限划分模式而言,如果监管机构要对期货品种设定限仓标准的话,则建议尽可能地考虑仅对部分品种设定限仓标准;至于对哪些品种设定法定限仓标准,则可以考虑参照美国期货市场适用联邦层面法定限仓标准的期货品种仅限于农产品的情况,而仅将限仓标准设定权限限定于部分农产品,或考虑仅对极度关涉国计民生、社会公共利益或国家安全的几个重要品种设定法定限仓标准,而对此之外的品种,则仍由各期货交易所保留对其设定限仓标准的自律管理权限。

(二)实际控制关系账户管理工作的启示

对比上述两国持仓合并计算规则,可以发现两国持仓合并计算规则的立法宗旨与原则大致相同,但具体立法思路和立法技术却存在较大差异。总体上,两国均认为,如果相关账户间具有实际控制关系或密切的交易关联(通俗地讲,相关持仓或交易均受制于同一个脑袋),则相关持仓均应被合并计算且适用单一客户的投机持仓限仓标准。

1. 两国在具体立法思路和立法技术等方面的差异则表现为。其一,在持仓合并计算制度立法思路方面,两国立法模式不同。(1)美国实行“先堵后疏”的立法模式。也即,美国期货市场持仓合并计算规则的立法思路表现为,先规定哪些情形下相关持仓须合并计算,哪些例外情形下相关持仓合并计算可以予以豁免。客户想要豁免适用持仓合并计算制度的,则必须向美国商品期货交易委员或期货交易所提交豁免申请。(2)我国则施行“主动申报+强制认定”立法模式。也即,先规定实际控制概念,并列举构成实际控制关系的若干情形,然后要求客户对比相关规定,自认为符合实际控制关系情形的,则应主动申报其间实际控制关系。而客户不主动申报但期货交易所在日常监管过程中发现客户间具有实际控制关系的,则提示客户主动申报实际控制关系;客户如不主动申报,则期货交易所再结合收集掌握的相关证据对相关客户强制认定其间具有实际控制关系并将相关账户视作单一账户,合并被强制认定账户名下所有持仓,适用单一客户限仓标准。在强制认定后,将对相关客户隐瞒实际控制关系,违反期货交易所相关业务规则的行为,处以自律监管措施或纪律处分等自律管理惩戒措施。[20]其二,在立法技术方面,两国持仓合并计算制度具体规定不同。(1)美国立法模式,不拘泥于定义,规定较细致、全面,实用性相对较强。美国期货市场执行的持仓合并计算(Aggregation Of Positions)规则,如英美判例法之典型特征,不过分注重界定有关诸如实际控制等概念,而是将重点放在实际工作中哪些情况下应当将有关持仓合并计算以及相关豁免情形,以便有效贯彻执行限仓制度立法本意。经过多年积累,美国持仓合并计算规则相对成熟、完善。总体而言,美国模式下,以下3类情形下的持仓通常要将其视作单一客户持仓并将其全部合并计算。第一类,具有实际控制关系的持仓须合并计算。第二类,客户拥有10%以上权益(所有权或股权)账户名下持仓,与该客户持仓,原则上应当进行合并计算(但是能证明各自独立实施交易的除外);而客户拥有25%以上权益(所有权或股权)账户(管理人被豁免于向商品期货交易委员会注册)名下持仓,与该客户持仓,必须进行合并计算(且没有设置例外情形)。第三类,相互间具有交易行为实质一致性(Substantially Identical)的持仓,必须合并计算。同时,如果客户能够证明其符合某些法定情形,也即通常能证明相关持仓或交易各自独立操作实施、互不分享信息、互不了解交易或持仓情况、各自交易系统或风控系统完全独立等情形,则上述持仓合并计算规则也存在豁免适用的可能性。(2)中国立法模式,类型相对简单,实用性相对较弱。我国期货市场在证监会统一组织协调下,制定有各自管理实际控制关系账户的相关自律管理规则,[21]且相关规则核心内容基本一

[20] 《郑州商品交易所实际控制关系账户管理办法》(2018年10月23日第六届理事会第十二次会议修订,2018年11月9日〔2018〕66号发布,自2018年11月9日起施行)第12条规定,在交易所询问、调查及认定过程中对于存在以下情形的非期货公司会员、客户,根据情况分别作出以下自律监管措施;情节严重的,交易所将依据《郑州商品交易所违规处理办法》有关规定进行处理:(一)不回复或不如实回复交易所询问、隐瞒事实真相或者故意回避的,交易所可以采取约见谈话、书面警示、限制出金、限制开仓等措施;(二)不如实报备实际控制关系,经交易所询问后报备的非期货公司会员、客户,交易所可以采取口头警示、要求提交书面说明等措施;(三)不如实报备实际控制关系、不回复或不如实回复交易所询问,经交易所调查认定为具有实际控制关系的非期货公司会员、客户,交易所可以采取约见谈话、书面警示、限制出金、限制开仓等措施。

[21] 详见《大连商品交易所实际控制关系账户管理办法》(大商所发〔2018〕219号)《郑州商品交易所实际控制关系账户管理办法》(〔2018〕66号发布)《上海期货交易所实际控制关系账户管理办法》(2018年9月6日发布)《中国金融期货交易所实际控制关系账户报备指引(试行)》(自2011年3月14日起实施)。

致。就我国期货市场而言,我们的实际控制关系账户管理,〔22〕较偏重对实际控制关系人概念及构成实际控制关系的当事人间特殊关系的界定。相比美国模式,我国持仓合并计算规则相对简单,类型也较为单一,主要围绕实际控制人概念和对实际控制关系的界定,相当于美国模式下第一类须合并计算持仓的认定情形。而与美国模式下的第二类情形相类似的认定情形,我国期货市场相关规则尚处于缺位状态。与美国模式下的第三类情形类似的认定情形,在《郑州商品交易所实际控制关系账户管理办法》第5条第7项中已有所体现“(七)行为人与他人交易行为具有一致性且存在一方向另一方提供期货交易资金的,或者行为人与他人交易行为具有一致性且双方交易终端信息一致的”;但是,交易行为一致性特征在郑州商品交易所(以下简称郑商所)业务规则中仅属于嵌套于认定客户间具有实际控制关系的一项具体的、下位阶的认定情形,并非与实际控制关系这第一类情形并列的、同位阶的单独一类认定情形,而且其还必须结合“存在一方向另一方提供期货交易资金”或“双方交易终端信息一致”条件才能适用。

2. 我国持仓合并计算规则(实际控制关系账户管理规则)存在的不足。

(1)各家期货交易所对实际控制关系账户管理规则的理解与适用并不完全一致。目前,因我国期货市场现存最高层级的立法《期货交易管理条例》并未像美国《商品交易所法》那样,将部分品种的法定限仓标准设定权赋予证监会。因此,目前我国享有持仓合并计算规则(实际控制关系账户管理规则)制定权的主

---

〔22〕《郑州商品交易所实际控制关系账户管理办法》(2018年10月23日第六届理事会第十二次会议修订,2018年11月9日〔2018〕66号发布,自2018年11月9日起施行)第4条规定,实际控制是指行为人(包括个人、单位)对他人(包括个人、单位)期货账户具有管理、使用、收益或者处分等权限,从而对他人交易决策拥有决定权或者重大影响的行为或者事实。其第5条规定,根据实质重于形式的原则,具有下列情形之一的,应当认定行为人对他人期货账户的交易具有实际控制关系:(1)行为人作为他人的控股股东,即行为人的出资额占他人资本总额50%以上或者其持有的股份占他人股本总额50%以上的股东,出资额或者持有股份的比例虽然不足50%,但依其出资额或者持有的股份所享有的表决权已足以对股东会、股东大会的决议产生重大影响的股东;(2)行为人作为他人的开户授权人、指定下单人、资金调拨人、结算单确认人或者其他形式的委托代理人;(3)行为人作为他人的法定代表人、主要合伙人、董事、监事、高级管理人员等,或者行为人与他人的法定代表人、主要合伙人、董事、监事、高级管理人员等一致的;(4)行为人与他人之间存在配偶关系;(5)行为人与他人之间存在父母、子女、兄弟姐妹等关系,且对他人期货账户的日常交易决策具有决定权或者重大影响;(6)行为人通过投资关系、协议、融资安排或者其他安排,能够对他人期货账户的日常交易决策具有决定权或者重大影响;(7)行为人与他人交易行为具有一致性且存在一方向另一方提供期货交易资金的,或者行为人与他人交易行为具有一致性且双方交易终端信息一致的;(8)行为人对两个或者多个他人期货账户的日常交易决策具有决定权或者重大影响;(9)中国证监会规定或者交易所认定的其他情形。

体只有1类,就是我国现存的4家期货交易所。4家期货交易所的实际控制关系账户管理业务规则,除了郑商所基于工作实际而自行增补的上述第5条第7项内容有别于其他3家之外,4家规则核心内容基本一致。虽然4家期货交易所的实际控制关系账户管理业务规则核心内容基本一致,但4家期货交易所对实际控制关系账户管理规则的理解与适用却并不完全相同。实践中,除郑商所外的3家交易所通常只在客户主动承认存在实际控制关系的情形下,才将其并入一个实际控制关系账户组并对其持仓进行合并计算。在实际控制关系账户管理方面,特定情形下,郑商所对客户间具有实际控制关系的情形进行强制认定。也就是说,即使客户不主动承认其间存在实际控制关系,只要郑商所认为其符合实际控制关系认定规则、交易行为具有一定程度关联性,则为防控潜在风险计,在特定条件下,郑商所可能会对客户间实际控制关系进行强制认定,将其并入一个实际控制关系账户组并对其持仓进行合并计算。我们应当认识到,客户间无论主动申报存在实际控制关系,还是被强制认定存在实际控制关系,则其所有持仓必须合并计算且只能适用单一客户投机持仓标准。因此,对客户来说,实际控制关系认定事关其切身利益与持仓权益,非常敏感,实际控制关系账户管理工作很容易被牵涉进利益纠结的纷争旋涡。而期货交易所作为一线自律管理组织,其收集、获取能够证明客户间具有实际控制关系证据的能力通常相当有限,从而使该项工作可能存在一定的法律诉讼风险。因此,目前,多数期货交易所对强制认定实际控制关系持相对保守的态度,该规则实际执行效果不甚理想。鉴于目前期货市场自律管理组织证明客户间实际控股关系具有一定难度,我们可以考虑参考美国模式,尝试完善现行实际控制关系账户管理规则,不再将精力都放在不易证明的实际控制关系方面,将当事人间具有交易行为实质一致性的情形单独列为与实际控制关系同位阶的持仓合并计算情形;并探索参考美国将客户拥有10%以上权益账户名下持仓原则上与该客户持仓合并计算等规定,制定符合我国国情的类似认定情形。如可以考虑原则上将客户拥有10%以上权益账户名下持仓与该客户持仓合并计算,但同时规定有若干例外情形;而客户拥有25%以上权益账户名下持仓与该客户持仓必须合并计算且不设置例外情形。当然,在具体权益比例的确定方面,还应多方调研,并充分结合我国国情慎重确定。

(2)我国实际控制关系账户认定规则中"实质重于形式的原则"存在争议,值得再行斟酌其修改的必要性。首先,将该原则直接移植到实际控制关系账户管理工作存在思虑不周之嫌。据了解,"实质重于形式的原则"[23](Substance Over Form Principle)是《国际会计准则》的一项会计核算基本原则,是指为保证会计信息的真实性就必须根据交易和事项的实质和经济现实,实事求是地去核算,而不能仅根据它们的外在法律形式进行核算和反映。[24] 从其上述会计领域含义看,该原则应该是会计领域不尊重法律、欠缺法治思维的典型实例。该原则在税法领域已广受争议,备受诟病,直接将会计核算上的所谓原则应用于期货市场,实在有思虑不周之嫌。其次,"实质重于形式的原则",单从证据法的角度,也很难站得住脚。《民事诉讼法(2017 修正)》第 63 条第 2 款规定,证据必须查证属实,才能作为认定事实的根据。《刑事诉讼法(2018 修正)》第 50 条第 2 款规定,证据必须经过查证属实,才能作为定案的根据。《行政诉讼法(2017 修正)》第 33 条第 2 款规定,以上证据经法庭审查属实,才能作为认定案件事实的根据。根据我国三大诉讼法上述规定,"实质重于形式的原则"大有罔顾证据价值,尤其是在没有证据的情况下单纯依靠主观感觉来认定事实是否存在的问题。正是因为"实质重于形式的原则"存在上述问题,导致对实际控制关系账户行使自律管理职权的期货交易所对该原则的理解,与客户对该原则的理解往往完全相反。故而,期货交易所通常将其理解为,虽然你们(客户)之间可能形式上并不一定符合规则,但实质上你们具有实际控制关系,所以依据该原则,我可以认定你们之间具有实际控制关系。然而,客户则将其理解为,虽然我们(客户)之间可能形式上符合规则,但实质上我们之间并没有实际控制关系,所以依据该原则,交易所不能认定我们之间具有实际控制关系。因此,"实质重于形式的原则"存在的必要性确实值得再行斟酌。

(3)"主动申报"式实际控制关系账户管理模式,多少有些要求他人"自证其罪"、不从法治发展潮流、有悖人性之嫌,实际执行效果不佳。"主动申报"的实际控制关系账户管理模式,将实际控制关系账户管理工作建立在客户"自证其罪"的基础上,给人一种好像在欺负"老实人"的感觉。经过一段时间摸爬滚打,

---

〔23〕《郑州商品交易所实际控制关系账户管理办法》(2018 年 10 月 23 日第六届理事会第十二次会议修订,2018 年 11 月 9 日〔2018〕66 号发布,自 2018 年 11 月 9 日起施行)第 5 条规定,根据实质重于形式的原则,具有下列情形之一的,应当认定为行为人对他人期货账户的交易具有实际控制关系:(1)行为人作为他人的控股股东,即行为人的出资额占他人资本总额 50% 以上或者其持有的股份占他人股本总额 50% 以上的股东,出资额或者持有股份的比例虽然不足 50%,但依其出资额或者持有的股份所享有的表决权已足以对股东会、股东大会的决议产生重大影响的股东……

〔24〕参见《浅谈实质重于形式原则的运用》,载行知部落网:https://www.xzbu.com/8/view-12231072.htm,最后访问日期:2018 年 7 月 1 日。

客户可能会逐渐意识到,可能不申报好像也没什么“问题”、申报则“束手束脚”,可能导致已经申报的客户感觉“吃了亏”,而尚未申报的客户则“犹豫再三、踌躇不前”。我国实际控制关系账户管理模式呈现的特殊“性状”,导致实践中客户主动申报的积极性不高,或者即使有申报也对市场监管工作裨益不大,相关规则执行效果不甚理想。相比之下,美国“先堵后疏”的立法模式,适用范围更广,针对性更强,可操作性更强;而且,美国期货交易所业务发展实践中,正孕育着以持仓核算(合并计算)规则取代投机持仓限仓规则的发展趋势。但是,我们还得立足国情与现阶段我国期货市场发展实际情况,对现有模式进行修改完善,可以考虑不再要求主动申报,但客户在交易所认定其具备持仓合并计算情形之前,主动申报的,可以免除自律监管措施或纪律处分措施;或者在现有的实际控制关系账户管理业务规则基础上,增加相关认定情形,探索制定“持仓合并计算管理办法”,修改完善异常交易行为管理办法有关规定。

(4)风险管理持仓管理模式,可考虑再做研究。根据美国主要期货交易所相关限仓规则,风险管理持仓,经期货交易所市场监察部门批准,可以免于适用投机持仓限仓标准或持仓核算(合并计算)标准。由此,美国期货市场,可以豁免适用限仓规则的情形大致可以分为3类,第一类是套期保值持仓,第二类是套利持仓,第三类是风险管理持仓。风险管理持仓是被一类法律主体或其附属机构持有的期货持仓和期权持仓,法律主体通常在标的现货市场(有关联的现货市场或有关联的场外市场)买入、卖出或持有相关仓位;风险管理持仓具有在期货市场(期权市场)与标的市场之间提供套利机会的作用和价值。因此,根据以上美国期货交易所对风险持仓概念的界定,风险管理持仓是一类特殊的套利持仓,且与套期保值持仓类似,但又不能被认定为套期保值持仓;该类持仓作为可以在期货市场(期权市场)与标的现货市场(有关联的现货市场或有关联的场外市场)间开展套利交易的,可以豁免适用限仓规则的特殊持仓。至于该类限仓豁免情形,对客户有效管理风险,依法合规保有与其相关风险敞口相匹配的期货持仓(期权持仓)具有何种价值和意义,我们可以考虑对此类对风险管理持仓再做研究。

期货及衍生品法律评论
第二卷,第206~213页

美国证券期货“吹哨人”制度变革及其启示

陈建伟*

摘要:2010年,为有效应对市场乱象,《多德-弗兰克法案》(Dodd-Frank Act)设立证券期货“吹哨人”(Whistleblower)制度,鼓励掌握证券期货违法活动原始信息(Original Information)的个人(“吹哨人”)向美国证券交易委员会(U. S. Securities and Exchange Commission, SEC)和商品期货交易委员会(U. S. Commodity Futures Trading Commission, CFTC)检举,由监管部门在满足特定条件的前提下,对检举人支付奖金,并对其提供保护。该制度对打击并震慑证券期货违法活动、维护市场正常交易秩序发挥了积极作用。2017年、2018年,CFTC、SEC先后对各自的检举规则做出修改,进一步完善证券期货违法行为举报程序和奖励认定,强化对检举人的反报复保护。本文重点介绍美国证券期货“吹哨人”制度的核心规则与最新变革,以资参考。

关键词:“吹哨人”制度　激励机制　保护机制

一、“吹哨人”制度缘起

“吹哨人”,即检举人,与之相关的法律制度在美国法上渊源悠久,核心内容主要包括两部分:激励机制和保护机制。激励机制最早表现为罚没款分成——所谓的“奎潭法则”(Qui Tam

---

* 中国金融期货交易所研究院研究员,法学博士、注册会计师。

Laws),一般采取从政府针对违法活动的执法行动所获罚金中给予检举人分成的方式,对检举人进行物质奖励,最早的成文法例见于1863年《虚诈给付请求法案》(False Claims Act)。保护机制核心是反报复制度,主要法律安排是普通法上的错误解雇诉讼(Wrongful Termination/Discharge),即检举人若遭到雇主解雇、降职、降薪等报复,可以以错误解雇为由提起私人诉讼并要求侵权赔偿,其成文法化相对较晚,专门法律为1989年的《"吹哨人"保护法案》(Whistleblower Protection Act)。[1]

美国证券期货"吹哨人"制度,是检举人法律制度在证券期货领域的特别安排。2002年,为应对安然丑闻、打击财务造假,美国制定《萨班斯-奥克斯利法案》(Sarbanes-Oxley Act),出台保护财务欺诈检举人的专门条款,这成为美国证券领域首部为证券违法活动检举人提供反报复保护的法律。2010年美国金融改革中出台的《多德-弗兰克法案》,全面构建起证券期货"吹哨人"制度。其中,第922条对《1934年证券交易法》(Securities Exchange Act of 1934)进行了修订,增加了名为"证券吹哨人激励与保护"的第21F条;第748条对《商品交易法》(Commodity Exchange Act)进行了修订,增加了名为"商品吹哨人激励与保护"的第23条,为证券期货市场设定了完备的检举规则。

二、证券期货"吹哨人"制度核心规则[2]

美国证券期货"吹哨人"制度,并不简单等同于普通的违法举报制度,其包含一系列复杂细致的标准和机制,涵盖"吹哨人"认定、授奖、保护等整个流程。

(一)"吹哨人"认定及授奖标准

1. 适格主体

"吹哨人"是指按照监管机构的规则或规章所确定的方式、程序,单独或共同向SEC、CFTC提供与违反证券期货法律法规行为相关信息的个人。揭发检举者必须是自然人,公司或组织不能作为"吹哨人"适格主体。

2. 授奖条件

当满足下列条件时,SEC、CFTC可以向"吹哨人"支付奖金:第一,检举人自

[1] 参见郭雳:《证券违法活动检举人的激励与保护机制——美国的相关实践及启示》,载《江汉论坛》2016年第4期。

[2] Section 748 and Section 922 of the *Dodd-Frank Act*; Section 21F of the *Securities Exchange Act of 1934*; Section 23 of the *Commodity Exchange Act*.

愿向监管机构提供信息,而非受到调查或取证时提供;第二,检举人所提供信息是原始信息;第三,检举人提供的信息使监管机构、司法部门成功地开展了司法或行政执法行动(Related Action);第四,涉及的罚金超过100万美元。

3.原始信息的界定

上述条件中,"原始信息"的认定难度较大,其必须满足如下要素:①信息完全由检举人自身掌握的情况或分析而获取;②监管机构并未从任何其他来源获知的信息,但原始来源(Original Source)是检举人的信息除外;③信息不能完全源自司法审理或行政听证,政府报告、审计、调查,新闻媒体等单一来源,但原始来源是检举人的信息除外。

(二)"吹哨人"激励机制

SEC、CFTC收到检举人奖金申请并认定其符合获得奖金标准后,将向其支付奖金,奖金比例为案件罚金总额的10%~30%,具体比例由监管机构视个案情况决定。

影响奖金比例的因素包括:①信息的重要性;②检举人及其任意法律代理人在所涉司法或行政执法行动中提供协助的程度;③执法行动带来的效益,即对违法行为的震慑作用及对类似检举的激励作用;④SEC、CFTC发布的规则或规章所确定的其他因素等。

只要奖金比例落在10%~30%区间内,SEC、CFTC对该比例的决定就具有终局性,检举人即便对奖励决定不满而提起诉讼,法院也无权更改。除获奖比例外的其他权益可经由诉讼救济。

(三)"吹哨人"保护机制

1.反报复机制

任何雇主不得因任何检举人提供信息、作证、协助调查等情形,对检举人直接或间接作出解雇、降职、停职、威胁、骚扰及其他歧视行为,否则,检举人可以提起反报复诉讼。除检举人外,SEC和CFTC也可就报复行为对雇主提起诉讼。[3]

需要特别说明的是,适格的检举人不一定能获得奖励,因为还需要满足上述一系列实质性条件;但只要检举人有合理的理由相信所提供的信息可能涉及证券期货违法行为,且按照规定的程序举报,均受到反报复条款的保护。

2.保密机制

除少数法定的例外情况外,SEC、CFTC不得披露任何在合理预期下可能导

〔3〕2010年以来,SEC一直保留反报复诉权,并在2014年首次提起了反报复诉讼。相较之下,CFTC在2017年以前并不会提起反报复诉讼,而需检举人自行提起私人诉讼;直到2017年CFTC才修改法令,开始执行反报复诉讼。详见下文"2017年CFTC对期货市场'吹哨人'制度的完善"。

致检举人身份泄露的信息。

检举人也可以选择匿名举报,但须满足如下条件:①检举人指定代理律师协助进行检举,并在提交信息时一并提交代理律师的姓名和联系方式;②遵守关于匿名检举的程序;③领取奖金前必须披露身份并按相关程序进行验证。

三、2017 年 CFTC 对期货市场“吹哨人”制度的完善

CFTC“吹哨人”规则在 2011 年 10 月 24 日正式生效实施,尽管《多德 - 弗兰克法案》第 922 条和第 748 条的表述基本相同,但具体到 SEC 和 CFTC 规则层面,二者在是否禁止双重授奖、是否保留反报复诉权、奖金申请和授予程序等方面仍存在细微区别,影响了检举效果的发挥。据 CFTC 年度报告披露,在 2012 ~ 2016 年 5 个财年间,“吹哨人”办公室(whitle blower office,WBO)通过各种渠道收到的正式检举信息仅 928 份,收到的正式奖金申请仅 172 份,除 2014 财年、2016 财年分别向“吹哨人”发放 24.6 万美元、1155 万美元奖金外,其余年份无奖金发放,实施效果差强人意,尤其是与 SEC“吹哨人”制度实际效果相差甚远。[4]

为弥合这些规则差异,CFTC 在 2017 年对自身检举规则进行了完善,主动向 SEC 规则靠拢,并着重强化对检举人的反报复保护,优化奖金申请审核程序。此次修法的主要内容如下。[5]

第一,反报复和反不正当保密协议。对于报复检举人的雇主,CFTC 有权直接提起诉讼,以在反报复诉权上与 SEC 保持一致。检举人就举报信息与 CFTC 进行沟通,任何人不得干涉,包括但不限于要求或威胁要求检举人签订保密协议或仲裁前置协议等。

第二,放宽检举人适格要求。新规规定,即便其本身不是信息原始来源,为 CFTC 提供了原始信息的检举人也属于适格的受奖者。若检举人在向 CFTC 检举前向特定个人或机构透露了相关信息,仍可在 180 天内向 CFTC 提供检举信息;在作出奖金授予决定时,CFTC 将检举人向特定个人或机构初始披露的日期视同向 CFTC 检举的日期。对于特别重要的信息,可豁免适用部分程序性要求。

第三,规避双重授奖。就同一检举信息,若检举人已经从 SEC 处获得了奖

---

〔4〕 CFTC: Annual Report on the Whistleblower Program and Customer Education Initiatives (2016), available at: *https://www.whistleblower.gov/reports*.

〔5〕 17 C.F.R. § 165, July 31, 2017, available at: *www.ecfr.gov*.

金,CFTC 则不再对其授予奖金,以与 SEC 关于双重奖金的授予规则保持一致,但在其他司法或行政执法中获得奖金的除外。

第四,完善奖金申请审核程序。新规撤销原"吹哨人奖金决定小组",改由专职的申请审核官对奖金申请进行审核。若检举信息被采纳,自 CFTC 发出执法公告或相关诉讼作出最终判决之日起 90 日内,检举人需要向 CFTC 提交奖金申请表。新规还仿效 SEC 增设了申请审核初评环节,即 CFTC 作出最终决定前,审核官会就是否授予奖金预先发布一个初步评估意见书,检举人可就初评意见提出申诉,赋予检举人更充分的维权空间。

修改后的 CFTC"吹哨人"规则已于 2017 年 7 月 31 日生效,自此,CFTC 的"吹哨人"规则与 SEC 基本趋同(见图 1)。CFTC 年度报告显示,2017 ~ 2018 财年 CFTC"吹哨人"制度实施效果出现质的提升,WBO 共收到正式检举信息 1225 份,年均增长达 67%,收到正式奖金申请 194 份,年均增长 44%,并向"吹哨人"合计发放 3007.5 万美元奖金,是此前 5 个财年奖金总额的 2.5 倍。[6]

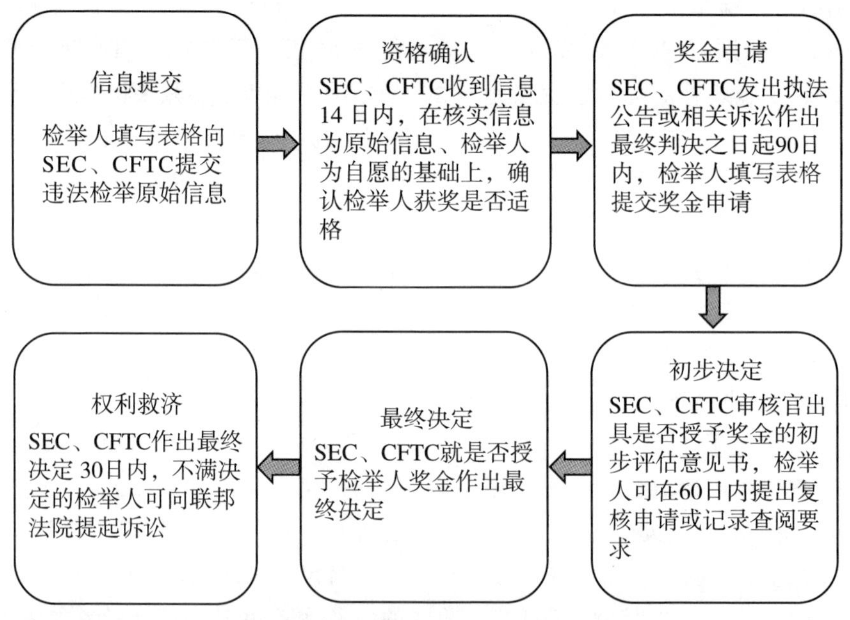

图 1　美国证券期货"吹哨人"检举及授奖流程

资料来源:SEC、CFTC 官网。

[6] CFTC:Annual Report on the Whistleblower Program and Customer Education Initiatives(2018), available at:*https://www.whistleblower.gov/reports*.

四、2018 年 SEC 对证券市场“吹哨人”制度的完善

自 2010 年“吹哨人”制度启动以来，证券市场为提升 SEC 执法效率助益颇多，截至 2018 财年，SEC 借助检举人提供的违法活动信息所作出的罚金已超过 17 亿美元。其中，追缴非法所得超过 9 亿美元，并已累计向检举人支付 3.26 亿美元奖金。[7]

但“吹哨人”制度能否高效运转，不只取决于法律对“吹哨人”的保护力度，也取决于监管体系对检举行为的反应机制和效率。[8] 在“吹哨人”制度助力监管执法的同时，高额的奖金和广泛的检举范围也引致大量不准确或无价值的信息涌入 SEC，过度消耗监管资源，降低了监管效率。

2018 年 6 月 28 日，为妥善解决信息有效筛选问题，进一步优化奖金申请和授予程序，强化检举人保护，SEC 发布公告，就“吹哨人”规则新一轮修改的建议条款公开征求意见。此次 SEC 建议修改的内容主要包括如下内容。[9]

第一，提升信息筛选和奖金申请审核效率。为减轻审核负担，SEC 建议，对于提交错误信息和重复提交无价值信息的个人，SEC 应有权阻止其进一步提交奖金申请；对于连续 3 次提交无价值奖金申请的个人，经 SEC 认定其滥用检举程序后，SEC 应有权永久剥夺其提交奖金申请的权利。除此之外，SEC 建议增设一个奖金申请的简易处置程序，对于特定类型的明显不合理申请，SEC 可以使用该简易程序予以快速否决，以节省监管资源。

第二，扩展奖金授予范围。现行规则下，检举人只有在 SEC 凭借检举信息发起司法或行政执法行动才有可能获得奖励。此次修法 SEC 建议，但凡利用了检举信息，无论是司法部或州检察官作出的刑事案件延迟起诉或未起诉决定，还是 SEC 作出的除司法或行政执法决定以外的其他调解协议，均可作为授奖依据，扩展奖金授予范围，以充分保护检举人积极性。

---

〔7〕 SEC：Annual Report to Congress on the Whistleblower Program（2018），available at：*www. sec. gov/whistleblower.*

〔8〕 Anthony Heyes & Sandeep Kapur，“An Economic Model of Whistle-Blower Policy”，*The Journal of Law，Economics，& Organization*，Vol. 25，No. 1.

〔9〕 Proposed Rule：Amendments to the Commission's Whistleblower Program Rules（83 FR 34702），available at：*https://www. federalregister. gov/documents/*2018/07/20/2018 – 14411/*whistleblower-program-rules.*

第三,统一"吹哨人"定义。现行规则下,公司内部检举报告体系与 SEC"吹哨人"制度是两套并行的检举条线,既相对独立又相互辅助;但受到反报复条款保护的"吹哨人"仅被定义为向 SEC 提供违法活动信息的检举人,却未涵盖公司内部检举人。该定义后被最高法院(Digital Realty Trust, Inc. v. Somers)裁定无效。[10] 此次修法 SEC 建议,统一奖励程序、保密要求和反报复保护等条款下的"吹哨人"定义,以修正最高法院所指出的"吹哨人"范围界定瑕疵。

第四,赋予 SEC 更多自由裁量权。从历史数据来看,检举人获得奖励的情况呈现"两极分化"的局面,多数奖励(超过 60%)的奖金额度不超过 200 万美元,但获奖最多的 3 个检举人奖金累计数额却占了检举人奖金总额的 4 成。SEC 建议,在奖金比例确定上应允许 SEC 拥有更多自由裁量权,对于获奖数额可能显著微小的检举人,SEC 可适当调增其奖金比例(但不超过法定最高 30% 比例),以更好地激励潜在检举人的积极性;反之,对于获奖数额可能显著巨大的检举人,SEC 可适当降低其奖金比例(但不低于法定最低 10% 比例),以避免超出必要激励的限度。

五、对我国证券期货举报制度的借鉴意义

总体来看,"吹哨人"制度以政府与私人部门合作的形式,开启了个人参与金融监管的新路径,有效弥补了监管缺口,提升了监管效率。[11] 美国证券期货"吹哨人"制度在不断自我完善的过程中,突出强化了 3 个核心原则:一是规则设定周密严谨,授奖条件、审核流程、检举人权益救济、信息筛选等相关规定较为细致,可操作性强;二是经济激励力度较大,案件处罚金额越大,对检举人的奖励金额就越大,不仅奖额上不封顶,还不断拓宽适格主体和授奖依据的范围;三是反报复机制不断增强,监管机构均享有反报复诉讼诉权,对各种形式的打击报复进行震慑和回击,充分保护检举人权益。

为广泛调动社会监督力量、加大对违法违规活动的打击力度,近年来我国证券期货监管也设置了证券期货"吹哨人"制度的举报制度:相关规则发轫于 2001

[10] SEC Proposes Whistleblower Rule Amendments, available at: *https://www. sec. gov/news/press-release/*2018 - 120.

[11] 参见仇晓光、杨硕:《证券举报人制度:价值源流、规则构成与启示》,载《社会科学战线》2016 年第 11 期。

年6月的《中国证券监督管理委员会关于有奖举报证券期货诈骗和非法证券期货交易行为的通告》，但受限于市场发展阶段，当时规定过于原则、简略；2014年6月，中国证监会又出台《证券期货违法违规行为举报工作暂行规定》（以下简称《暂行规定》），中国版证券期货“吹哨人”制度才真正确立。不过，我国证券期货违法违规行为举报制度仍存在一些不足。

第一，在激励规则方面，《暂行规定》的核心条款为“经调查属实，已依法作出行政处罚且罚没款金额在10万元以上的，按罚没款金额的1%对举报人进行奖励……奖励金额不超过10万元”，且明确规定举报奖励限于实名举报，经济激励力度较弱，难以充分调动知情人的检举积极性。

第二，在保护规则方面，《暂行规定》原则性规定“举报工作应遵循秉公执法，严格保密，保护举报人合法权益的原则”，“打击报复举报人……依法承担法律责任”，反报复机制设定还比较粗简，执行性不强，不足以打消检举人的后顾之忧。

第三，此外，《暂行规定》在监管机构自由裁量、举报人申诉维权、反报复诉讼等制度安排上尚有空白和漏洞，程序性要求较为宽泛模糊，其完备性、翔实度亟待整体提升。

随着我国资本市场规模不断扩大，证券期货市场违法违规活动激增，中国证监会稽查执法情况可侧面反映这一态势：2015年中国证监会共审理案件273件，对767个机构和个人作出行政处罚决定或予行政处罚事先告知，同比增长超过100%；2016年启动违法违规调查551件，新增立案案件302件（比前3年平均数量增长23%），新增涉外案件178件（同比增长24%）；2017年新启动调查478件，新增立案案件312件，其中，重大案件90件，同比增长一倍；2018年全年作出行政处罚决定310件，同比增长38.39%，罚没款金额106.41亿元，同比增长42.28%。[12] 尽管证监会始终保持高压打击态势、全面提升稽查执法综合效能，但各类特大、复杂、新型违法违规案件依然频发。

我国证券期货监管素以行政手段为主，私人监督尚未成为重要辅助力量，但面对各类层出不穷的违法违规活动，有限的稽查执法力量难免力有不逮。美国“吹哨人”制度行之有效的成熟做法值得我国监管机构借鉴，以不断完善我国证券期货举报制度，依靠规则激励和制度保障积极引导私人力量有序参与公共监管，维护资本市场正常秩序和良好环境。

---

〔12〕 资料来源：证监会官网：http：www.csrc.gov.cn。

期货及衍生品法律评论
第二卷，第 214 ~229 页

商品期货交易委员会打击扰乱性行为的权力

刘春彦* 译

概要：美国商品期货交易委员会（U. S. Commodity Futures Trading Commission，CFTC，以下简称委员会）发布此解释性指南和政策声明（以下简称解释性声明），以提供对有关《多德－弗兰克华尔街改革和消费者保护法案》（以下简称《多德－弗兰克法案》）第 747 条的指南，该法案禁止《商品交易法》（Commodity Exchange Act，CEA）中新的第 4c（a）（5）条下规定的扰乱性交易、做法或行为。针对新的 CEA 第 4c（a）（5）条规定，解释性声明将为市场参与者和公众提供法定禁止的适用范围和指南。

生效日期：解释性声明将于 2013 年 5 月 28 日生效。

I. 法定和监管当局

2010 年 7 月 21 日，奥巴马总统签署了《多德－弗兰克华尔街改革和消费者保护法案》[1]（《多德－弗兰克法案》）。[2]

---

* 同济大学教授。

联邦公报 第 78 卷 102 号公告 引证号 3038－AD96。

〔1〕《多德－弗兰克法案》：Public Law 111－203，124 Stat. 1376（2010）。

〔2〕根据《多德－弗兰克法案》第 701 条，第 7 条可以被引述为《2010 年华尔街透明度和责任法案》。

《多德－弗兰克法案》第7条修正了《商品交易法》,[3] 为互换和证券互换建立了新的全面监管框架。该立法的制定是为了通过以下方式,以降低风险、提高透明度并提升金融体系内的市场诚信:(1)规定对互换交易商和主要互换参与者进行注册和全面监管;(2)实行针对标准化衍生产品的清算和交易执行要求;(3)建立健全的簿记和实时报告制度;(4)提高委员会的规则制定和执法机构的地位,尤其在涉及受委员会监管的所有注册实体和中介机构时。

《多德－弗兰克法案》第747条修改了CEA第4c(a)条("禁止的交易"),增加了一个标题为"扰乱性行为"的新条款。新的CEA第4c(a)(5)条规定,任何人从事任何以下涉及或受注册实体规则限制的交易、做法或行为是非法的——(A)违反买入报价或卖出报价;(B)表明在收市期间故意无视或漠视交易的有序执行;(C)"幌骗"、具有"幌骗"的特质,或通常被业界冠以该名称(在执行报价前意图取消买入报价或卖出报价的买入报价或卖出报价)。

《多德－弗兰克法案》第747条还对CEA第4c条第(a)款进行了修改,授权委员会根据CEA新增第4c(a)(6)条的授权颁布这样的"依其判断确属合理必要的规则与规章,禁止'其中列举的'交易行为以及任何其他扰乱公平公正交易的交易行为"。[4]

委员会发布的解释性声明向市场参与者和公众提供指南,说明其打算如何实施CEA第4c(a)(5)条规定的法定禁止。公众有能力展现出其能够理解这些政策应用的事实和情况。

II. 拟议的反扰乱指令

2011年3月18日,委员会发布了拟议的解释性指令(以下简称拟议的指令),为CEA第4c(a)(5)条的3项新法规提供了解释性指南建议。[5] 在拟议的

---

[3] 7 U.S.C.1及以下各条。

[4] 7 U.S.C.4(a)(6)。目前,委员会仅就此处讨论的扰乱性交易、做法或行为提供解释性指南。根据CEA第4c(a)(6)条,委员会不排除后续颁布的规则和条例。委员会还指出,新的CEA第4c(a)(5)条是自我实现的。

[5] 76 FR 14943(2011年3月18日)。2010年11月2日,委员会发布了《拟议规则制定的公告》(Advance Notice of Proposed Rulemaking, ANPR),要求就《多德－弗兰克法案》第747条发表公众意见。75 U.S.C.67301(2010年11月2日)。ANPR成为华盛顿特区委员会工作人员于2010年12月2日举行的圆桌会议的基础。委员会随后于2011年3月18日终止了ANPR。76 FR 14826(2011年3月18日)。

指令中,委员会指出,CEA 第 4c(a)(5)条适用于包括指定合约市场(designed contact market,DCMs)和互换执行设施(swap exchange faculity,SEFs)在内的注册实体的交易、做法或行为。[6] 拟议的指令还规定,CEA 第 4c(a)(5)条不适用于 DCM 或 SEF 规则下的大宗交易、双边谈判的互换交易或期货转现货(Exchange for Related Position,EFRPs)交易。[7]

关于 CEA 第 4c(a)(5)(A)条禁止违反买入报价和卖出报价,拟议的指令指出,禁止任何人以高于最低可用卖出报价的价格买入合约,和/或以低于最高可用买入报价的价格卖出合约。[8] 无论这种行为意图如何,都会扰乱公平公正交易的市场基础。委员会进一步提出,CEA 第 4c(a)(5)(A)条规定的行为本身就是一种犯罪,委员会无须证明违反买入报价或卖出报价的人有意干扰公平公正交易。[9]

在拟议的指令中,委员会还表示,CEA 第 4c(a)(5)(A)条适用于任何交易环境。在该交易环境中,一个人控制与他们交易方向相反的买入报价和卖出报价,包括使用无须预先确定匹配算法的自动化交易系统。[10] 委员会进一步解释,如果某人没有违反买入报价或卖出报价——例如,某人正在使用订单匹配算法,则 CEA 第 4c(a)(5)(A)条不适用。[11] 委员会还建议,当个人正在根据交易执行设施的规则执行一系列交易以买入或卖出订单簿上所有可用买入报价或卖出报价时,CEA 第 4c(a)(5)(A)条不适用。[12]

针对 CEA 第 4c(a)(5)(B)条关于收市期间有序执行的规定,委员会将该条款解释为要求市场参与者必须至少漠视 CEA 第 4c(a)(5)(B)条的违规行为。[13] 拟议的指令指出,意外的,甚至是疏忽的交易不是委员会根据 CEA 第 4c(a)(5)(B)条确定侵权行为的充分依据。拟议的指令还将收市期间一般地定义为:在合约或交易中,根据该注册实体的规则确定结算价格的时间。[14]

拟议的指令还解释,虽然 CEA 第 4c(a)(5)(B)条包含在收市期间内进行的任何影响交易有序执行的交易、做法或行为,但收市期间外的扰乱性行为也可能

---

〔6〕 76 FR 14945 页。委员会还表示,即使互换数据存储库是注册实体,交易也不会受到 CEA 第 4c(a)(5)条的约束,因为它向互换数据存储库报告。

〔7〕 76 FR 14946 页。

〔8〕 同上。

〔9〕 同上。

〔10〕 同上。

〔11〕 同上。

〔12〕 同上。

〔13〕 同上。

〔14〕 同上。

成为调查潜在违反 CEA 第 4c(a)(5)(B)条的违规行为的基础。[15] 第 4c(a)(5)(B)条违规行为也可能包括已执行的订单以及市场参与者为破坏公平公正交易而提交的买入报价和卖出报价。[16]

在确定某人是否违反 CEA 第 4c(a)(5)(B)条时,委员会建议评估从事该交易、做法或行为的人所处的事实和情况。[17] 委员会提议,使用现行的有序概念、以有序的方式来评估在收市之前和收市期间交易是否执行或订单是否提交。[18] 拟议的指令还强调,市场参与者应评估市场状况,并考虑其交易、做法和行为将如何影响收市期间的有序交易。[19]

关于 CEA 第 4c(a)(5)(C)条,拟议的指令表明,市场参与者必须在某种程度上意图违反"幌骗"的规定。[20] 漠视的交易、做法或行为不会违反 CEA 第 4c(a)(5)(C)条;相反,一个人必须打算在执行报价前取消买入报价或卖出报价才违反"幌骗"的规定。[21] 此外,如果将下单、修改或取消订单作为合法、善意地完成交易的一部分提交,则不会被视为"幌骗"。[22] 虽然拟议的指令没有豁免 CEA 第 4c(a)(5)(C)条下的部分执行(fills)订单行为,但合法、诚信地取消已发出的订单不会违反 CEA 第 4c(a)(5)(C)条。[23] 与委员会在 CEA 第 4c(a)(5)(B)条拟议的方法类似,委员会建议在区分合法交易和"幌骗"行为时要评估事实和情况。[24]

根据拟议的指令,CEA 第 4c(a)(5)(C)条涵盖了所有注册实体的买入报价和卖出报价活动,包括开盘前或交易所控制下的交易暂停期间的所有买入报价和卖出报价。拟议的指令还提供了 3 个非穷尽的"幌骗"行为的情形。[25] 委员会进一步提议,CEA 第 4c(a)(5)(C)条包括不可执行的市场信息传输(market communications),如卖出报价请求和其他授权的交易前信息传输。[26] 最后,委

〔15〕 76 FR 14946 页。
〔16〕 同上。
〔17〕 同上。
〔18〕 同上。
〔19〕 同上。
〔20〕 同上。
〔21〕 同上。
〔22〕 同上。
〔23〕 同上。
〔24〕 同上。
〔25〕 76 FR 14946 页,拟议的指令描述了"幌骗",包括以下内容:(i)为使注册实体的报价系统超载而提交或取消出价或报价;(ii)为推迟其他人交易的执行而提交或取消出价或报价;(iii)为制造虚假市场深度而提交或取消多个出价或报价。
〔26〕 76 FR 14946 页。

员会提议,违反 CEA 第 4c(a)(5)(C)条并不要求采取一种活动模式,即使是单一的交易行为也会破坏公平公正交易。[27]

委员会对拟议的指令所有方面征询意见,评论期截至 2011 年 5 月 17 日。针对拟议的指令,委员会收到来自行业成员、行业协会、交易所和其他公众的 16 条意见。[28] 在起草本解释性声明时,委员会还审议了为回应 SEF 拟议规则制定通知(Notice of Proposed Rule Making)而提交的 ANPR、2010 年 12 月 2 日的圆桌讨论以及与《多德 - 弗兰克法案》第 747 条有关的意见。[29]

III. 拟议指令的评论

A. CEA 第 4c(a)(5)条的一般适用

1. 评论

为回应拟议的指令,一些评论者要求额外的指南,并建议需要进一步明确委员会如何解释和适用新的 CEA 第 4c(a)(5)条。[30] 一些评论者支持新的 CEA 第 4c(a)(5)条中的法定要求,禁止列举的交易行为,并防止扰乱公平公正交易。[31] 其他评论者指出,委员会应认识到交易所之间相辅相成的作用,并继续依靠交易所的自律组织(Self-Regulatory Organization,SRO)权力来识别和追究对交易所市场具有操纵性或不利影响的交易行为。[32] 有评论者还要求,应当将 CEA 第 4c(a)(5)条下的违规行为仅仅限制在具有订单簿功能的 DCMs 或 SEFs

---

〔27〕 76 FR 14946 页。

〔28〕 附录 3 包含对拟议的指令进行回应的评论者名单。

〔29〕 76 FR 1214(2011 年 1 月 7 日)。

〔30〕 参见期货业协会(Futures Industry Association,FIA)在其提出的意见第 2 页指出:"拟议的指令在向市场参与者提供指南方面做得还不够";洲际交易所(Inter Continental Exchange,ICE)在其提出的意见第 2 页指出:"关于委员会对第 747 条(A)至(C)段的解释和指南,需要更加明确"。

〔31〕 参见 ISDA 第 2 页("ISDA 支持委员会努力通过发布关于第 5 款中提出的三种法定扰乱行为参数的指南,以促进在注册实体上进行的公平公正的交易");ICE 在其提出的意见第 2 页指出:"ICE 继续支持委员会努力促进开放和竞争市场,同时提高阻止扰乱合法交易和有序市场的不正当交易行为的能力";巴纳德在其提出的意见第 2 页指出:"我欢迎并支持您提出的解释性指令。它为反扰乱行为局提供了明确性,并在基于规则和基于原则的监管之间取得了适当的平衡。"

〔32〕 参见 ICE 在其提出的意见第 5 页指出:"ICE 敬请建议委员会继续依赖交易所 SRO 的权力来识别和追究被认为操纵或危害交易所市场的交易行为,包括具有幌骗特征的行为";FIA 在其提出的意见第 7 页:"协会认为第 747 条下的任何规则制定都必须强化委员会和交易所之间独特而相辅相成的作用";以及商品市场理事会(Commodity Markets Council,CMC)在其提出的意见第 2 页指出:"SRO 和委员会历史上曾发挥过独特的但很大程度上相辅相成的作用。"

上的交易平台。[33] 最后，一些评论者要求委员会将操纵意图的要求纳入其新的打击扰乱性行为权力，以确保 CEA 第 4c(a)(5) 条中的禁令不会错抓与拟议的禁止行为无法区分的合法交易行为。[34]

2. 委员会指南

委员会赞成评论者要求关于 CEA 第 4c(a)(5) 条的额外指南，并发布此解释性声明，以阐明委员会如何解释及如何试图适用 CEA 第 4c(a)(5) 条的 3 个法定条款。关于交易所在确保公平公正市场方面的地位，委员会同意评论者的意见，即交易所在防止 CEA 第 4c(a)(5) 条所禁止的扰乱性行为以及确保在委员会监管的市场内公平公正交易方面发挥着重要的作用。

委员会拒绝评论者要求将 CEA 第 4c(a)(5) 条解释为仅适用于具备订单簿功能的交易平台或场所。根据 CEA 第 4c(a)(5) 条的法律用语，委员会将 CEA 第 4c(a)(5) 条解释为适用于任何在注册实体[35] (如 DCM 或 SEF) 上进行的交易、做法或行为。[36] 根据具体事实和情况，CEA 第 4c(a)(5) 条下的违规行为也可能发生在与订单簿截然不同的交易平台或场所内，即使这些平台或场所可能具有类似的功能。

委员会也拒绝了评论者要求将操纵意图要求纳入 CEA 第 4c(a)(5) 条禁令。委员会将 CEA 第 4c(a)(5) 条中的禁止解释为与《多德 - 弗兰克法案》第 753 条中的反操纵规定不同的法定条款；委员会不将 CEA 第 4c(a)(5) 条下的违规行为解释为包括任何操纵意图要求。将这一操纵意图要求囊括进法条与法律用语的用意相反。

委员会并不试图将 CEA 第 4c(a)(5) 条适用于根据委员会规章第 1.38 条进行交易的大宗商品或期货转现货交易 (Exchange for Related Position, EFRP)。

除了针对 CEA 第 4c(a)(5) 条的这些一般评论之外，评论者还就 3 个新的法

---

〔33〕 参见 ISDA 在其提出的意见第 2 页指出："尽管第 5 条声明其适用于所有'注册实体'——互换执行设施(SEFs)和指定合约市场(DCMs)——但其一开始就应明确地将订单簿交易设施仅仅限定在委员会拟议的规定 17 CFR 37.9(a)(1)(i)(C)条关于订单簿的定义之下。"

〔34〕 参见 FIA 在其提出的意见第 5 页指出："不幸的是，打击扰乱行为的机构错抓了许多合法的交易行为，这些交易行为没有操纵意图这一要求，客观上无法与拟议的禁止行为区分。"

〔35〕 CEA 第 1a(40) 条将"注册实体"定义为"(A) 根据第 5 条被指定为合约市场的商品交易所；(B) 根据第 5b 条注册的衍生品清算组织；(C) 根据第 5f 条被指定为合约市场的商品交易所；(D) 根据第 5h 条注册的互换执行设施；(E) 根据第 21 条注册的互换数据库；(F) 合同执行或交易所在的任何电子交易设施，关于由委员会确定为重大价格发现合约额合约"。7 U. S. C. 1a(40)。

〔36〕 委员会确认交易不会单单受到 CEA 第 4c(a)(5) 条的约束，因为它在互换数据库中被报告，即使互换数据库是注册实体。

定条款提出了意见,这些条款在以下各节中进行讨论。

B. 违反买入报价和卖出报价

1. 对拟议解释性指令的评论

评论者要求委员会修改其解释,即 CEA 第 4c(a)(5)(A)条的违规行为本身就是犯罪行为,并且将某人必须意图破坏公平公正交易这一要求纳入其中。[37] 评论者指出,委员会将违反买入报价或卖出报价解释为本身就是犯罪行为,这一解释与交易所规则相冲突。[38] 其他评论者要求委员会针对 CEA 第 4c(a)(5)(A)条采用"明确"意图或"极其漠视"标准。[39] 拟议的指令的评论者还要求就 CEA 第 4c(a)(5)(A)条如何适用于在 SEF 上的互换交易提供指南。[40] 特别是,评论者指出,终端用户在选择对手方时应该具有自由裁量权,评论者也要求委员会说明在进行 SEF 交易时市场参与者是否应当考虑额外的非价格因素。[41] 评论者还要求就 CEA 第 4c(a)(5)(A)条的禁止是否适用于未清算互换的买入报价和卖出报价提供指南。[42] 评论者还表示,为了 CEA 第 4c(a)(5)(A)条的目的,具有不同清算目的的互换不应被认为是可进行比较的。

有评论者进一步征询 CEA 第 4c(a)(5)(A)条是否要求市场参与者在特定 SEF 上的不同交易系统或平台上以最优价格进行交易,例如,SEF 的订单簿和报价请求系统(Request-for-quote System,RFQ)。有评论者还要求说明 CEA 第 4c(a)(5)(A)条如何适用于 SEFs 的报价请求系统以及报价请求是否必须与 SEF

---

〔37〕 商业能源公司工作小组(Working group of Commercial Energy Firm,Working Group)在其提出的意见第 3 页指出:"Working Group 强烈建议委员会将新的 CEA 第 4c(a)(5)(A)条解释为要求有扰乱市场的意图。"

〔38〕 CME 在其提出的意见第 4 页指出:"与委员会的主张相反,这种广义解释与交易所规则不一致,只是禁止市场参与者故意违反出价和报价。"

〔39〕 参见《掉期执行设施》第 3 页指出:"委员会应说明,只有故意或极其漠视地违反透明出价或报价的行为才会违反此禁令。"

〔40〕 FIA 在其提出的意见第 4 页指出:"协会建议委员会进一步说明。一个示例是对互换执行设施的适用";BF 在其提出的意见第 14 页指出:"我们进一步建议 CFTC 确认,在 SEF 中央订单簿之外执行的交易不会被视为在 CEA 第 4c(a)(5)(A)条下'违反规定的出价或报价',无论他们的价格层次如何。"

〔41〕 Coalition 公司在其提出的意见第 4 页指出:"阻止终端用户在其交易对手方选择中行使自由裁量权的这一解释可能迫使终端用户在给定交易中确定最合适的互换对手方时做出次优决策。"

〔42〕 Market Axess 公司在其提出的意见第 14 页指出:"最终的指令应明确 CFTC 对新的 CEA 第 4c(a)(5)(A)条的解释不适用于未清算互换。"

的订单簿或中央电子屏幕互动。[43] 一位评论者表示,拟议的指令将有效地对跨某一 SEF 上的交易系统或平台执行互换交易的市场参与者施加"交易直通"(Trade Through)要求。[44] 评论者进一步要求委员会确认最终的订单不会在多个 SEFs 之间导致最佳执行要求。[45]

一位评论者也同意拟议的指令中这样的陈述,即 CEA 第 4c(a)(5)(A)条不应适用于正在"吃掉订单簿上所有订单"(buying the board)以及执行一系列交易的个人,个人这样做是为了根据交易执行设施的规则执行一系列交易以买入或卖出订单簿上所有可用买入报价或卖出报价。[46]

2. 委员会指南

委员会拒绝将 CEA 第 4c(a)(5)(A)条解释为仅适用于意图破坏公平公正交易的个人这一请求。委员会将 CEA 第 4c(a)(5)(A)条下的行为解释为其本身就是犯罪行为。国会在 CEA 第 4c(a)(5)(A)条中没有像 CEA 第 4c(a)(5)(B)条和第 4c(a)(5)(C)条那样将意图的要求包含进来。因此,委员会并未将 CEA 第 4c(a)(5)(A)条解释为要求委员会证明某人违反了买入报价和卖出报价是故意为之(例如,某人的行为是为了扰乱公平公正交易或意图违反买入报价和卖出报价)。与禁止故意违反买入报价和卖出报价的某些交易所规则不同,CEA 第 4c(a)(5)(A)条的法律用语不包含类似的"意图"要求。[47] 虽然委员会提起强制措施与否的决定取决于事实和情况,但委员会并不打算行使自由裁量权,例如,对完全出于偶然地违反 CEA 第 4c(a)(5)(A)条进行一次性交易的个人作出强制措施。此外,这种意外违规是否会导致其他违反 CEA 或委员会规定的行为取决于具体的事实和情况。

一般而言,委员会将 CEA 第 4c(a)(5)(A)条解释为在某人不利用自动匹

---

[43] Market Axess 公司在其提出的意见第 3 页指出:"我们要求委员会在其最终的解释性指令中确认,当该合约可以通过由 SEF 提供的另一种被允许的执行方法(诸如订单簿或中央电子屏幕)以更好的价格买卖时,在 SEF 的报价请求系统上买卖合约不会违反出价或报价。"

[44] GFI 公司在其提出的意见第 2 页指出:"GFI 认为,拟议的解释将有效地对利用不是严格意义上的自动化交易方法的 SEFs 施加交易直通规则,《多德-弗兰克法案》没有这样的要求,CEA 的目的也不是深化这一要求。"

[45] Working Group 在其提出的意见第 3 页指出:"Working Group 支持委员会的声明,第 4c(a)(5)(A)条并未制定任何形式的跨多个交易平台和市场的最佳执行标准;相反,一个人不违反买入报价或卖出报价的义务仅限于他或她在特定时间利用的特定交易场所,Working Group 也强烈建议在任何最终的解释性指令中采取这一对新的 CEA 第 4c(a)(5)(A)条的解释。"

[46] CME 在其提出的意见第 3 页指出:"我们也同意委员会的决定,即本条不适用于正在吃掉订单簿上所有订单的个人。"

[47] 例如,纽约商品交易所规则第 514. A. 3 条;明尼阿波利斯谷物交易所第 731.00 条。

配最佳买入报价和卖出报价的交易算法的交易环境下的操作。关于 SEFs,委员会将 CEA 第 4c(a)(5)(A)条解释为仅在某人使用 SEF 的“订单簿”时适用,而不是在某人使用 SEF 的其他执行方法时(如与订单簿一同使用的 RFQ 系统)。委员会认识到,当交易或执行流动性更差的互换时(这些互换更有可能在 SEF 的 RFQ 系统上进行交易,或以不同的方法执行),市场参与者可能会考虑价格之外的一些因素。但是,随着 SEFs 和互换市场的发展,委员会可能会在未来重新审视这些问题。委员会同意评论者在确定如何最佳地执行交易时,非清算互换交易的各对手方可能会考虑价格以外的因素,诸如交易对手方的风险。[48] 因此,委员会将 CEA 第 4c(a)(5)(A)条解释为该条不适用于非清算互换交易,即使这些交易是在注册实体上或通过注册实体进行的。在此类互换交易中,交易对手方的信用考量因素是选择要接受哪一买入报价或卖出报价的重要组成部分。

委员会也同意评论者的意见:在 SEF 或 DCM 上的某些平台内交易已经清算的互换时,各方可能会考虑清算的因素,如使用特定清算所。[49] 委员会将 CEA 第 4c(a)(5)(A)条的禁止解释为该条不适用于将在不同清算所清算的互换买入报价或卖出报价,因为每个清算所可能有不同的成本、风险和实质性的清算特征。[50] 例如,清算所的选择可能会影响一方的未偿付风险敞口净额及总额,这可能会导致不同的融资资本和成本。此外,互换的定价也可能包含其他潜在因素,例如,清算会员或清算所的可用信贷额、保证金安排或交易后市场风险。

因此,委员会将 CEA 第 4(c)(a)(5)(A)条解释为,在前述的情形下,禁止某人在注册实体上以高于该合约卖出报价的最低可用价格买入合约,或者在注册实体上以低于该合约买入报价的最高可用价格卖出合约。这种行为,无论其意图如何,都会通过破坏委员会监管下的市场的价格发现功能,破坏公平公正交易。通过采取一种政策,即市场参与者无法以不能准确反映此类合约最佳价格的价格执行交易,这一解释性声明进一步深化了 CEA 确保价格发现过程完整性的目的。这一做法,确保传播给市场使用者以及公众的价格体现了准确反映正

---

〔48〕 例如,Coalition 公司在其提出的意见第 3 页指出:“为了解将第 4c(a)(5)(A)条适用于在设施外执行的非清算交易的影响,我们必须了解公司财务主管有怎样的信托义务来优化众多因素——不仅仅是特定衍生品的交易价格——以实现最有利执行”。

〔49〕 如前述,委员会将新的 CEA 第 4c(a)(5)(A)条解释为,该条适用于在同一个 SEF 的订单簿上交易的任何已清算的互换,无论此已清算的互换是否符合新的 CEA 第 2(h)条的强制交易执行要求。

〔50〕 例如,GFI 在其提出的意见第 2 页指出:“由于在同一 SEF 上执行交易的市场参与者可以在不同的清算所清算他们的交易,因此在 SEF 上执行交易时他们必须能够灵活地考虑除价格之外的因素。”

常供需力量的真实价格。

委员会进一步认识到,在任何特定时间,诸如特定 SEF 的交易环境中的最佳价格可能与二级的、不同的 SEF 的不同交易环境中的最佳价格不同。因此,委员会不将 CEA 第 4c(a)(5)(A)条解释为跨多个注册实体(包括 SEFs 或 DCMs)建立任何类型的最佳执行标准;相反,委员会将某人不违反买入报价或卖出报价的义务解释为仅适用于在特定时间利用的特定注册实体。[51]

委员会不将 CEA 第 4c(a)(5)(A)条解释为该条适用于正在根据交易执行设施的规则执行一系列交易以买入或卖出订单簿上所有可用买入报价或卖出报价的个人。与上述大宗交易和期货转现货("EFRPs")的处理类似,委员会预计,在没有其他事实和情况时,"买下大盘"交易不会违反 CEA 第 4c(a)(5)条或破坏公平公正交易。

C. 无视收市期间交易的有序执行

1. 对拟议解释性指令的评论

评论者支持委员会拟议的指南,即意外或疏忽行为不违反新的 CEA 第 4c(a)(5)(B)条。[52] 关于 CEA 第 4c(a)(5)(B)条下违规行为要求的故意(Scienter),评论者要求委员会至少规定"极其漠然"的故意要件。[53] 评论者也表示,操纵的意图是违反 CEA 第 4(c)(a)(5)(B)条的要件,并且,这些禁止应限于诸如"冲击"(Banging)或"做尾盘"(Marking the Close)等的操纵行为。[54]

评论者要求委员会进一步说明 CEA 第 4c(a)(5)(B)条中使用的"收市期

---

〔51〕 某人不违反出价或报价的义务仅限于其在特定时间所使用的特定 SEF 或 DCM,且不会扩展到跨多个 SEFs 或 DCMs,或特定的同一个 SEF 或 DCM 内的不同交易系统或平台之间。例如,在同一个 DCM 或同一个 SEF 中的"订单簿"以及与订单簿连同的 RFQ 系统内的一个交易池和任一电子交易平台。但是,随着互换和 SEF 市场的发展,委员会可能会在其他委员会的规定中重新审视这些问题。例如,委员会可以考虑,在交易互换时某人不违反买入报价或卖出报价的义务是否应扩展到跨多个 SEFs 或 DCMs 或跨某一特定 SEF 的不同交易系统或平台,包括 CEA 第 4c(a)(5)(A)条的禁令是否应适用于市场参与者可通过一个交易平台接入多个 SEFs 这一情况。

〔52〕 CME 在其提出的意见第 4 页指出:"我们建议委员会说明,与第 747 条的简明语言相一致,意外或疏忽行为并不违反(B)款。"

〔53〕 "我们认为,委员会应在其最终的指令中规定,违反(B)款要求表现出故意——即该人明知、故意或极其漠然地实施被禁止的行为。"

〔54〕 FIA 在其提出的意见第 5 页指出:"委员会应说明传统上认可的市场操纵类型,如冲击、'做尾盘'和操纵定价窗口都属于第 4c(a)(5)(B)条……此外,委员会应说明违反第 4c(a)(5)(B)条要求具有操纵的意图"。

间”一词的含义。[55] 有评论者表示,与期货不同,某些互换,如使用指数定价的实物产品,没有明确的收市期间。[56] 一些评论者不同意委员会的观点,禁止交易无序执行应延伸到在收市期间之外发生的行为。[57]

评论者也要求委员会进一步说明 CEA 第 4c(a)(5)(B)条中规定的“有序执行”一词的含义。[58] 评论者指出,委员会不应对哪些类型的交易、做法或行为违反 CEA 第 4c(a)(5)(B)条进行事后(*post hoc*)评估。[59] 评论者也声明,由于证券市场与委员会监管下的市场之间存在重大差异,委员会依赖证券法的判例所形成的有序等概念是存在问题的。[60] 评论者进一步表示,要求市场参与者在交易前评估市场状况与委员会关于 CEA 第 4c(a)(5)(B)条中不会错抓合法交易行为的主张存在冲突。[61] 评论者也指出,在当今高度自动化的交易环境下,要求市场参与者在输入每个订单之前评估市场状况是不切实际的。[62]

---

〔55〕 BGA 在其提出的意见第 3 页指出:“BGA 忧虑的是,委员会没有提供关于有序执行、‘扰乱性行为’或‘收市期间’的充分说明。”CME 在其提出的意见第 5 页指出:“我们理解委员会无法准确定义有序执行的参数,并且‘收市期间某些执行是否有序’必须根据事实和情况整体上进行推断。事实上,我们在回应 ANPR 的评论信中指出,有序执行只能在当时考虑的特定工具、市场状况和参与者情况的背景下进行评估。”

〔56〕 BGA 在其提出的意见第 3 页指出:“委员会似乎正在改变‘与使用指数或价格基准进行定价的实物产品相关的收市期间定义。这些产品没有明确的收市期间;因此,对它们应用收市期间’是不恰当的。”

〔57〕 CME 在其提出的意见第 6 页指出:“目前尚不清楚收市期间以外的交易做法或行为怎样说明在收市期间故意或恣意无视交易的有序执行。”

〔58〕 BGA 在其提出的意见第 3 页指出:“BGA 忧虑的是,委员会没有提供关于有序执行、‘扰乱行为’或‘收市期间’的充分说明”;CME 在其提出的意见第 5 页指出:“我们理解委员会无法准确定义有序执行的参数以及在结束期间某些执行是否有序必须从事实和情况的总体推断。事实上,我们在评论中回应 ANPR 的信函,有序执行只能在有关时间的特定工具、市场状况和参与者情况下进行评估。”

〔59〕 基金管理协会(Managed Funds Association,MFA)在其提出的意见第 4 页指出:“‘有序’这一术语的定义不仅含糊不清,而且具有主观性,并允许对什么构成违规行为、扰乱行为进行事后判断”;FIA 在其提出的意见第 5 页指出:“市场参与者不应该担心他们的交易活动可能成为事后分析的对象,这将某一交易或一系列交易打上‘扰乱性’标签。”

〔60〕 CME 在其提出的意见第 6~7 页指出:“鉴于存在于各个市场和监管结构中的这样那样的重大差异,以及市场的根本目的,我们提醒委员会不要将基于证券市场的概念引入到衍生品市场中来。”

〔61〕 CME 在其提出的意见第 6~7 页指出:要求参与者评估市场状况并考虑他们的交易将如何影响在收市期间的有序执行,“这一要求与委员会主张该条不会错抓合法的交易行为不一致,对那些善意的交易者来说也不是一桩交易。”

〔62〕 例如,CME 在其提出的意见第 4 页指出:“鉴于如今的高度自动化环境以及可以制造、消耗和撤回流动性的毫秒级速度,在输入每个订单之前要求进行此类分析是不切实际的,也很难假定市场参与者总能准确评估市场状态或预判市场影响,特别是当天波动性通常最剧烈的收市期间,在这一期间内相比价格,执行确定性可能是更实质性的考虑。”

2. 委员会指南

委员会将国会在CEA第4c(a)(5)(B)条中列入故意要求解读为意外,甚至疏忽的交易、做法或行为不足以作为委员会根据CEA第4c(a)(5)(B)条认定违规行为的充分依据。委员会将CEA第4c(a)(5)(B)条解释为,要求市场参与者为违反CEA第4c(a)(5)(B)条至少作出漠视行为。[63] 委员会拒绝将CEA第4c(a)(5)(B)条解释为,该条包括极度漠视的标准或操纵的意图要求,因为这一修改将改变法规规定的故意标准,该标准禁止"故意或者漠视收市期间有序交易的行为"。[64] 漠视是一个成熟的故意标准,长期以来被定义为"背离一般注意的行为,很难相信行为人不知道自己在做什么"。[65] 根据商品交易法和证券法长久以来的判例,委员会打算将这一众所周知的对漠视的定义适用于CEA第4c(a)(5)(B)条。具有操纵意图的人,例如,试图"冲击"或"做尾盘"的人也可能打算在收市期间扰乱交易的有序执行,但是认定操纵意图并不是认定违反CEA第4c(a)(5)(B)条的先决条件。

委员会将CEA第4c(a)(5)(B)条中的禁止解释为,该条适用于收市期间进行的任何交易、做法或行为,这些交易、做法或行为表明故意无视或漠视收市期间交易的有序执行。委员会将收市期间一般地定义为,在合约或交易中根据诸如DCM或SEF的交易设施规则来确定结算价格的一段时间。收市期间可以包括确定当日结算价的时间段、期货合约的到期日以及,用实物期货的现货市场交易价格确定期货合约、期权或互换(由CEA定义)的结算价格的任何时间段。关于互换,委员会将其解释为,如果由DCM或SEF来确定该特定互换相关的结算

---

〔63〕 Hammond v. Smith Barney, Harris Upham & Company, Inc. , [1990 - 1992 Transfer Binder] Comm. Fut. L. Rep. (CCH)[第24,617段](CFTC1990年3月1日)(故意的认定要求证明被告"有意或漠视其根据该法所承担的义务"而作出所谓的不法行为);Drexel Burnham Lambert, Inc. v. CFTC, 850 F. 2d 742,748(DC Cir. 1988)[法院认为,漠视足以达到故意的要求,并且漠视的行为是一种如此缺少注意的行为,"以至于很难相信(行为人)不知道自己在做什么"](First Commodity Corp. v. CFTC, 676 F. 2d 1,7(1st Cir. 1982))。

〔64〕 7 U. S. C. 4c(a)(5)(B)。

〔65〕 Sundstrand Corp. v. Sun Chem. Corp, 553 F. 2d 1033,1045(7th Cir. 1977);434 U. S. 875(1977)(法院认为,根据SEC规则第10b-5条,漠视意味着"极端背离了一般注意标准,并且存在误导买方或卖方的危险,要么被告知道这一事实,要么这一事实如此很明显,以至于行为人必定意识到它的后果")(文中引用评论故引文省略);SEC v. Platforms Wireless Int'l Corp, 617 F. 3d 1072, 1093 - 94(9th Cir. 2010)("[SEC规则第10b-5条下的]故意要求仔细考虑下的恣意或有意识的恣意,并且[]包括反映被告的实际心态的主观调查")(文中引用评论故引文省略)。参见委员会于2011年7月14日发布的最终规则(关于采用或试图采用操纵和欺骗设备的禁令以及价格操纵的禁令),76 FR,2011年7月14日。

或定价时间,则互换应符合第4c(a)(5)(B)条的规定。[66] 此外,委员会的政策是,收市期间之外的行为也可能扰乱收市期间交易的有序执行,因此,根据CEA第4c(a)(5)(B)条和任何其他可适用条文,其也可能构成违规行为的基础。例如,CEA第4c(a)(5)(B)条下的违规行为可能发生在某个市场参与人在收市期间之前的一段时间内,市场参与人累积了产品或合约的大量头寸,同时在该产品或类似产品的明确收市期间,意图扰乱(或漠视)交易的有序执行。

委员会将CEA第4c(a)(5)(B)条的违规行为解释为,不仅包括市场参与者已执行的在收市期间扰乱交易的有序执行的订单,还包括市场参与者提交的任何在收市期间扰乱交易有序执行的买入报价和卖出报价。例如,某人提交的买入报价和卖出报价,即使它们不是由其他市场参与者执行,也可能通过向市场发送虚假信号扰乱收市期间的有序交易,从而在收市期间影响市场参与者的交易行为。因此,意图在执行前取消买入报价或卖出报价的人所提交的买入报价和卖出报价可能违反CEA第4c(a)(5)(B)条——关于收市期间扰乱有序交易,以及CEA第4c(a)(5)(C)条——“幌骗”。

与其他基于故意而违反CEA的行为类似,委员会打算在确定某人是否违反CEA第4c(a)(5)(B)条时考虑所有相关事实和情况。委员会认识到,对“有序执行”的评估应基于当事人进行相关交易、做法或行为时的全部事实和情况——例如,委员会打算考虑该人知道或应当知道的内容,以及他或她在进行争议行为时可获取的信息。例如,CEA第4c(a)(5)(B)条的违规行为不会简单的因为某人在收市期间执行了对合约结算价产生重大影响的订单而成立;相反,该人的行为还必须表明其在收市期间故意无视或漠视有序交易的执行。

虽然委员会认识到证券市场与委员会监管下的市场之间存在差异,但两个市场中有序市场应如何运行的基本概念是相似的。鉴于这两个市场之间的差异,委员会将接受司法判例的指引,但不会受其控制,这些司法判例适用的是由法院确立的证券市场的有序市场概念。为此,委员会的政策是,有序市场的特征可能包括:诸如连续价格之间合理的关系、价格变化与交易量之间的强相关性、未显著降低流动性的波动率水平、诸如实物期货或金融工具等衍生品的价格与

---

[66] 委员会不同意评论者的观点,使用指数或基准价定价的实物产品没有明确的收市期间。对于使用指数定价的实物产品,报价机构可以在特定时间窗口内使用交易价格来计算价格指数。市场参与者在这些时间窗口内扰乱交易的能力与其在DCM或SEF定义下的收市期间内扰乱交易的能力是相同的。

标的之间的准确关系,以及近月合约和远月合约之间合理的价差等参数。[67] 例如,以故意无视或漠视导致衍生品与标的期货价格之间的价格关系产生分歧的方式,或以导致近月合约和远月合约之间的价差产生分歧的方式,以这两种方法进行交易这可能违反法律法规。

最后,委员会建议市场参与者评估市场状况,并考虑其交易做法和行为将如何影响收市期间交易的有序执行。市场参与者应当在买入报价、卖出报价或执行订单之前评估市场状况,因为这将有助于防止市场参与者在委员会监管下的市场内进行扰乱公平公正交易的交易、做法或行为。

D. “幌骗”

1. 对拟议解释性指令的评论

评论者要求委员会就 CEA 第 4c(a)(5)(C)条中规定的“幌骗”的定义提供额外的指南。[68] 评论者指出,任何违规行为都不应该被错抓为合法的交易行为。例如,为了将“幌骗”从合法交易行为中区分开来,有评论者认为,任何违反 CEA 第 4c(a)(5)(C)条的人也必须意图误导市场参与者,并为幌骗实体的利益而进行欺骗。[69] 评论者进一步要求,在任何时间段内,如果买入报价或卖出报价有被市场打压或抬高的风险,那么,此类交易活动应豁免于被归为“幌骗”的违规行为。[70] 评论者表达了类似的观点,即部分执行的订单也应豁免于“幌骗”的定义。[71] 最后,一位评论者表示,CEA 第 4c(a)(5)(C)条的违规行为应当仅适用于订单簿设施。[72]

2. 委员会指南

委员会将 CEA 第 4c(a)(5)(C)条规定的违规行为解释为,要求市场参与者

---

〔67〕 当下,虽然市场专家在证券市场中具有独特的作用,但在证券市场适用的有序市场这一经济学概念可能有助于指南委员会在委员会监管下的市场分析有序交易。

〔68〕 ICE 在其提出的意见第 4 页指出:“委员会应提供额外的指南,说明哪些特定类型的不正当交易行为或活动将被一般地定性为幌骗和具有‘幌骗’的特征。”

〔69〕 CME 在其提出的意见第 4 页指出:“应当由第 747(C)条规范的幌骗,与合法取消其他未执行或部分执行订单,这两者的区别点在于,幌骗涉及的是为了误导市场参与者并为幌骗实体的利益而进行欺骗的,进而输入非真实订单的意图。”

〔70〕 BGA 在其提出的意见第 4 页指出:“BGA 建议委员会说明,在任何时间段内,如果出价或叫价有被市场打压或抬高的风险,那么此类交易活动应当被认定为合法,而不是幌骗。”

〔71〕 FIA 在其提出的意见第 6 页指出:“交易员参与合法的交易行为,无意中被第 747 条的‘幌骗’定义所错抓。例如,交易者可能输入大于必要订单的指令以确保满足其对冲或交割需求,一旦需求被满足,他们可能会取消部分原始订单。”

〔72〕 ISDA 在其提出的意见第 4 页指出:“整个拟议的指南讨论的幌骗是交易所术语,仅在交易所环境下进行表面的适用。再次,我们认为,如果适用与所有环境,此时应仅适用于订单簿设施。”

以某种程度的意图或故意行事,或以超出漠视行为的方式进行 CEA 第 4c(a)(5)(C)条禁止的“幌骗”交易行为。由于 CEA 第 4c(a)(5)(C)条要求某人打算在执行报价前取消买入报价或卖出报价,委员会不会将漠视的交易、做法或行为理解为构成“幌骗”的违规行为。[73] 此外,委员会解释,如果在执行报价前取消买入报价或卖出报价时,某人的意图是将此作为合法、善意的完成交易的一部分,因而作出该行为,那么这就不是“幌骗”的违规行为。因此,委员会将该条法规解释为,合法、善意的订单取消或修改(例如,部分执行或合适的止损订单)不会违反 CEA 第 4c(a)(5)(C)条。然而,委员会并未将部分执行解释为自动豁免于被归为“幌骗”进而违反 CEA 第 4c(a)(5)(C)条。

在区分合法交易(如涉及部分执行的交易)和“幌骗”时,委员会打算评估市场背景、个人的交易活动模式(包括执行订单特征)以及其他相关事实和情况。例如,如果某人在买入报价或卖出报价时的意图是在执行报价前取消所有买入报价或卖出报价,而不是试图完成合法交易,那么,无论此买入报价或卖出报价是否随后被部分执行,该行为仍可能违反 CEA 第 4c(a)(5)(C)条。

委员会解释并打算将 CEA 第 4c(a)(5)(C)条适用于在包括 DCMs 和 SEFs 在内的所有注册实体上交易的所有产品的所有买入报价或卖出报价活动。委员会进一步将 CEA 第 4c(a)(5)(C)条解释为,包括在开市前期间或其他由交易所控制的交易暂停期间的所有买入报价和卖出报价。如前所述,委员会并未将 CEA 第 4c(a)(5)(C)条解释为将“幌骗”的违规行为仅限制在交易平台和只具有订单簿功能的交易场所。“幌骗”可能发生在任何交易平台或场所。在这些交易平台和场所内,一个市场参与者具有两种能力:(a)向市场参与者发送可执行的买入报价和卖出报价;(b)对待成交订单进行交易。

委员会提供了 4 个非穷尽的情形,说明市场参与者进行“幌骗”行为的可能情况,[74] 包括:(i)为使注册实体的报价系统超载而提交或取消买入报价或卖出报价;(ii)为推迟其他人交易的执行而提交或取消买入报价或卖出报价;(iii)为制造虚假市场深度而提交或取消多个买入报价或卖出报价;(iv)意图制造人为的上涨或下跌的价格波动而提交或取消买入报价或卖出报价。委员会也不打算将“幌骗”规定适用于覆盖诸如授权的交易前信息传输的市场信息传输。

---

[73] 与 CEA 第 4c(a)(5)(B)条规定的违规行为类似,委员会不会将 CEA 第 4c(a)(5)(C)条解释为涉及意外或疏忽的交易、做法或行为。

[74] 76 FR at 14947。

与其他基于故意的违规行为一样，通过评估每个具体案件的所有事实和情况，包括一个人的交易行为和模式，委员会打算以此区分合法的交易和"幌骗"。委员会并未将 CEA 第 4c(a)(5)(C)条规定的违规行为解释为要求采取某种活动模式；委员会解释 CEA 第 4c(a)(5)(C)条，即使是单一的交易活动也可能违反 CEA 第 4c(a)(5)(C)条，前提是该活动是带有被禁止的意图的。

2013 年 5 月 20 日，委员会在华盛顿特区发布。

克里斯托弗·J. 柯克帕特里克，

委员会副秘书。[*31897]

反扰乱行为局附录—委员会投票统计；委员陈述；圆桌会议参与人及评论者列表

附录 1——委员会投票统计

就此事，主席根斯勒和委员索默斯、奇尔顿、奥马利亚以及维琴投了同意票。没有委员投反对票。

附录 2——主席加里·根斯勒的陈述

我支持关于互换执行设施和指定合约市场上扰乱行为的解释性指南和政策声明。作为市场改革的一部分，国会明确禁止某些在 CFTC 注册实体(如互换执行设施和指定合约市场)上被认定为扰乱公平公正交易的交易行为。

这些规定很重要，因为 CFTC 的核心使命是保护市场免受滥用和扰乱行为的破坏，尤其是那些妨碍关键的价格发现功能的行为。

关于违反法律的行为范围和交易做法，解释性指南和政策声明向市场参与者提供了额外的指南。例如，委员会解释《多德－弗兰克华尔街改革和消费者保护法案》的第 747 条，将其适用于任何在注册的 SEFs 或 DCMs 上进行的交易、做法或行为。

指南解决了委员会收到的回应提案，包括圆桌讨论在内的评论。

附录 3——为回应《扰乱交易行为拟议的解释性指令》提交评论信的团体(略)

期货及衍生品法律评论
第二卷,第 230 ~248 页

利用重大未公开信息进行期货交易的性质、程度和影响(上)

(美国期货交易委员会,1984 年)

李　铭* 译

第一章　研究概述

在 1982 年对美国商品期货交易委员会(U. S. Commodity Futures Trading Commission,CFTC)进行再授权期间,美国国会将拥有重大的、非公开信息的人员进行商品期货合约交易的可能性作为一个需要全面审查和分析的问题。在表达这一担忧时,美国国会授权 CFTC 研究拥有重大的、通常不被公众所知的有关当前或未来现货或期货交易信息的人员(这些人员不是当事人)在具有代表性的期货市场上进行交易的性质、范围和影响。[1982 年《期货交易法》第 236 条,96 Stat. 2294,2325(1983)]

研究范围

本研究中,CFTC 广泛地审查了"内幕交易"专栏下可能涉及重大的、非公开信息的各种类型的交易。[1] 这些类型的

* 中国社会科学院经济研究所博士后科研流动站在站博士后。

大连商品交易所监察部王娟、上海期货交易所监察部朱哲颖为本文的翻译提供了重要帮助。

[1] 简洁起见,本报告中可能不时使用"内幕交易"这一术语来指代拥有重大的、非公开信息时的交易。然而,使用内幕交易这一术语时,并不与证券用语中的概念具有相同的含义。有关证券法下内幕交易条款的讨论,请参见附录 1 – A。

交易包括由以下4类人员进行的交易:(1)因为其工作关系而取得信息的政府职员;(2)自律组织中因其监管活动而取得信息的职员,包括职员和部门管理人员;(3)作为代理人为公众在受监管的期货交易市场进行交易而取得非公开信息的个人;(4)其他人,包括在现货和期货市场进行交易的公司职员。

第一章包括了国会对本研究授权的更详细的讨论及本研究建议的总结。第二章讨论了期货交易的功能及与这些市场相关的信息类型。第三章总结了第二章的讨论以描述和阐明在期货市场上基于重大、非公开的信息的可能的交易的性质。第四章讨论了这些交易可能产生的影响。第五章介绍了可能获得重大的、非公开信息的人员进行期货交易的数据。第六章提供了CFTC对这些问题的结论与建议。附录包含额外的讨论,以支持文中包含的分析。

对本研究的国会授权

作为CFTC于1982年再授权的一部分,国会要求对期货市场的内幕交易进行详细分析。为了理解该授权,考察该规定的立法历史是十分必要的。(其他国会的有关期货市场内幕交易的参考资料参见附件1－B)

1982年《期货交易法》第236条给《商品交易法》(以下简称法案)添加了新的第23(b)条,7 U. S. C. §26(b),该条规定:

(b)(1)CFTC应进行费用至多不超过200,000美元的研究:(A)拥有重大的、通常不被公众所知的有关当前或未来现货或期货交易信息的人员(这些人员不是当事人)在具有代表性的期货市场上进行交易的性质、范围和影响,以及(B)CFTC防止市场和客户滥用其拥有的非公开信息的权力的适当性。

(2)CFTC应尽可能地使用其便于使用的数据以进行本研究。CFTC应不晚于1984年9月30日向众议院农业委员会和参议院农业、营养及林业委员会提交描述本研究结果并包括立法建议的报告。

当条款被通过后,该条款代表了协商委员会在考虑H. R. 5447时作出的妥协。[See H. R. Rep. No. 964,97th cong. ,2d Sess. 45－46(1982)]

在众议院,爱荷华州的众议员尼尔·史密斯提出了一个即席修正案,在《商品交易法》中增加新的第8(d)条:

第B.(d)(1)条在本子条使用的"内幕人"是指在商品交易中,可以接触到通常不被公众所知的,关于现在或将来的期、现货交易或期货头寸信息的个人,其不是交易或头寸的当事人,该交易或头寸的数额大于等于CFTC按照本法第41条列明的指定报告的标准。

(2)在任何合约市场,内幕人不应拥有、控制任何该商品的协议或期货交割的协议,对任何该商品的协议或期货交割的协议拥有利益,或达成任何该商品的协议或期货交割的协议。

[128 Cong. Rec. H7521(Sept. 23,1982)]通过将内幕人的定义限制到可以接触到交易信息的个人,而不是交易的当事人,众议员史密斯的修正案承认套期保值的必要性。不像证券法中的"披露或戒绝"规则,众议员史密斯的修正案不会给内幕人公开披露内幕信息后进行交易的选项。

众议员史密斯指出,虽然对公司职员来说,在这种情形下进行场内交易确实是"利益冲突","但是一些公司并不禁止这种行为"。前述众议员德拉格萨最初在众议院反对众议员史密斯的修正案,声称修正案的主题会在法律授权的期货与期权业代理商的研究中涵盖。[前述 At H7522. 参见 7 U. S. C. § 26(a).]但是,众议员德拉格萨同意将修正案送往会议以使与会者有机会改善条款的措辞。众议员丹·格里克曼同样发表了不用意见,建议将"重大性"加入到内幕信息的定义中。(128 Cong. Rec. H7522.)修正案在众议院被审核通过。

在参议院,参议员沃特尔·哈德森代表参议员约翰·梅彻提出了需要内幕交易研究的修正案:

第32(a)条 CFTC 应进行研究以确认(1)受《商品交易法》规制的合约市场的期货合约的内幕交易范围,及(2)该交易是否,或可能(在合理预期的情形下)与下列情形相关——(A)过度的投机或对期货市场进行操纵或不当控制,或(B)与相关的商品价格的确立相关的不当活动。CFTC 应完成该研究并将研究结果在本法案生效后的6个月内汇报给众议院农业委员会和参议院农业、营养及林业委员会。

(b)在本条(a)子条使用的"内幕交易",是指可以接触到重大的、通常公众不可接触到的关于任何商品的现在或将来的现货或期货的交易活动或头寸的信息的个人(该个人不是上述活动的当事人)所为的交易,该交易或头寸的数额大于等于由 CFTC 根据《商品交易法》第41条设定的报告标准。

128 Cong. Rec. S13103(Oct. 1,1982)。虽然信息必须重大的要求被加入参议院的版本,该修正案对内幕交易的定义与众议员史密斯的修正案大致相同。前述,众议院未经过辩论通过了该修正案。如前述。

在协商委员会的会议上,众议员史密斯解释道,他对期货内幕交易的担心主要集中在活牛合约,因为据说不活跃市场允许内幕人影响价格。众议员格里克曼解释了他对参议院条款的偏好,并没有提及活牛市场,因为他害怕措辞过于具体可能会创设出"一个全新的诉由但却不知道问题所在"。

在会议期间,参议院版本经修改后被接受。会议报告解释了下列新的内幕交易研究规定:会议替代性地规定了 CFTC 应在不超过200,000美元的费用下,对在有代表性的期货市场上拥有有关现货或期货交易的,但通常不被公众所知的、重大信息的人进行交易的性质、范围和作用进行研究,以及对授权 CFTC 防止市场和客户因其拥有非公开信息而引起的滥用权力的适当性进行研究。在可能的范围内,CFTC 应使用现成的数据。CFTC 应不晚于 1984 年 9 月 30 日向众议院农业委员会和参议院农业、营养及林业委员会提交有关研究结果并包括立法建议的报告。如果 CFTC 发现有关于内幕交易的问题,与会者打算让 CFTC 在其当前的授权下立即采取适当行动处理该情况。[H. R. Rep. No. 964,97th Cong. ,2d Sess. 46(1982).]

本研究和建议的总结

在履行其授权研究期货市场"内幕交易"的过程中,CFTC 作出了帮助限定研究范围的结论。

第一,有关在证券法下确立内幕交易的法律要求的传统观念在期货市场只能有限适用。例如,法院制定的用来证明违反《1934 年证券交易法》第 10(b)条和 SEC 规章第 10b-5 条(很多证券市场的内幕交易违法行为都是基于这些规定)的要素是以信托义务和欺诈为前提的。证券"内幕人"通常被认为对证券发行人、购买人或出售者负有信托义务。信托义务引发披露重大内幕信息或戒绝交易的义务。(参见附件 1-A 的证券法概念的讨论)

期货交易不创设相应的信托关系,虽然,如同在之后章节讨论的,信托关系因期货经纪活动建立。相应地,如果内幕交易的术语被假定在期货市场与证券市场带有相同的关系,内幕交易的术语会变得引人误解。

第二,虽然影响期货市场的信息确实通常不是公司特定的,正如在证券市场的一般情形,本研究指出数种类型的重大的、非公开的信息可能存在于期货市场。

第三,在 CFTC 的管辖权范围内,期货市场与期权市场在本研究里没有区别。在商品期权市场进行交易引发的问题与期货市场引发的问题相类似。相应地,本研究不会单独讨论在商品期权市场上的基于重大的、非公开的信息的交易。

第四,本研究不处理在现货或期货市场了解其自己头寸的人进行的交易。任何人获得自己财产信息的价值的能力是商业企业的传统特权。因为期货市场是衍生的、风险转移的市场,这会击溃市场的基本经济功能——风险对冲——以质疑基于了解一个人自己的头寸的交易是否是可允许的。相应地,与国会授权相符合,基于一个人拥有的现货或期货市场的头寸的交易可以被豁免于任何内幕信息的讨论。

在本研究拓展分析的基础上,CFTC 遵照 1982 年《期货交易法》第 236 条的规定,评估了"CFTC 防止市场和客户因拥有重大、非公开的信息而引起的滥用的权力的适当性"。至于政府职员,CFTC 现行法的规定已经足够用来防止政府职员对因政府工作而取得的与期货市场的重大、非公开信息的滥用。但是,CFTC 将会把本研究对其他分享或产生与期货市场相关的非公开信息的机构公开,并在不可预见的问题出现时与这些机构通力合作。

至于期货自律组织的职员,CFTC 指出很多这种组织已经意识到会伴随职员在期货市场上的交易而产生的潜在问题,并已经相应地采取了对该交易的各种限制措施。然而,为了确保继续遵守与该交易相关的基本准则,CFTC 拟提议要求所有的期货自律组织采用达到关于其职员和相关结算机构进行交易的特定标准的规则。

CFTC 也意识到期货自律组织采取措施以降低该自律组织的管理层不当使用通过自律审议获得的非公开信息可能性。但随着通过期货交易国际联动机制的建立而出现更长交易时间,CFTC 拟提议要求交易所限制自律组织的管理层成员进行交易,直到管理层的决定公开宣布。

更进一步,在期货市场内幕交易产生的客户和市场的滥用的可能类型中,CFTC 特别关注当场内经纪人或其他受托人在知道其代为提交的客户订单的同时,进行自有账户交易("双重交易"行为)带来的潜在危害。虽然除了其他事情以外,CFTC 和交易所规则要求场内经纪人在自有账户交易前执行客户的订单,但是,很多交易所的交易重建系统都有缺陷,这就对及时有效地执行这些规则造成了困难。因此,CFTC 拟提议要求每个交易所为了快速准确的交易重建而设立一个交易排序系统的规则。作为其立法的一部分,CFTC 将会考虑禁止双重交易的好处。

最后,本研究中的分析大部分聚焦于与作为期货合约标的商品现货公司的董事、高级管理人员、职员或发布影响市场的报告的公司的职员进行的内幕交易的潜在程度和影响。本研究指出了商品现货公司有关人员在期货市场上收集内幕信息等固有问题。但基于本研究的分析并考虑到内幕交易证据不充分等问题,CFTC 不推荐国会进行立法上的改变。CFTC 将继续关注潜在的市场滥用行为,并准备根据未来 CFTC 的调查结果向国会提出合理建议。

第二章　期货市场及其相关信息的功能

期货市场概述

对期货市场功能,与其相关的信息的类型以及可能拥有相关信息的群体的讨论,为分析拥有内幕信息的人进行的期货交易的性质、影响和范围的分析提供了有用的背景。本章提供了可供分析期货交易中重大信息类型的背景和框架。

期货市场的运行

在指定的交易所交易的商品期货合约是标准化的协议,该协议使合约方负有在未来特定的时间交付或收取特定数量和等级的商品,或基于特定的现货价格结束合约的义务。该合约的基本经济目的是给现货市场的商业用户提供对冲和价格基础功能。由于合约不是用来销售真正的商品,合约方通常通过在合约到期前通过抵销交易来结算其期货头寸消除其合约义务。〔2〕

期货合约的价格通过在特定交易区域(通常被称为交易所)的指定合约市场的交易场所的卖方和买方公开竞价确定。当在交易所作出的出价或报价被接受,合约便达成。同意交付商品的一方当事人被称为“空头”。同意接受商品的另一方被称为“多头”。只要交易被执行,由交易所特定会员组成的结算机构承担起对交易对手方的法律责任,而结算机构的会员则承担了所有期货头寸安全结算的连带责任。

在期货交易所内,有两类交易者与众不同——场内交易员和场内经纪人。场内交易员仅为其自有账户买卖期货合约。场内经纪人为其客户的账户买卖期货合约;一些场内经纪人拥有或出租交易席位并赚取经纪费用,其他场内经纪人是拥有交易席位的公司的付费职员。既为其自有账户进行交易也为客户提供经纪服务的场内经纪人被称为“双重交易员”。

只有交易所的会员可以在交易所场内进行期货交易。不是交易所会员而因此不能入场交易的公众客户要通过其经纪人发出订单。通常,客户的订单按照以下程序完成:(1)公众客户(被称为相关人)向期货经纪商(Futures Commission Merchant,FCM),即经纪人,下订单;(2)相关人向在交易所场内的FCM工作人员发送订单;然后(3)场内的FCM工作人员将该订单交给执行该交易的场内经纪人。一些情况下,期货市场的参与者直接联系在交易所场内的工作人员,由后者将订单转给场内经纪人。公众客户可以据此进行对冲、投机或套利等交易。

期货市场的参与者

期货市场通过提供低成本的对冲工具来帮助管理价格风险。在操作上,对冲涉及将期货头寸当作有形商品(如玉米、铜、原油)或金融工具(如债务工具、货币、股指)迟延交易的临时替代品。通过期货对冲是保护现货市场免受不利的

〔2〕 通过抵销交易的合约结算是在相同的期货合约市场上通过卖出与多头相同数量的期货合约或买入与空头相同数量的期货合约。

价格变动的一种手段。对冲提供了适当的价格保护,使现货和期货价格趋于一致变动或彼此保持本质上可预计的关系。

期货市场也提供投机的方法。投机者通过承担对冲者试图减少或消除的风险而实现经济功能。尽管期货市场的对冲者寻求保护以避免现货市场价格的不利变动,投机者意图承担期货价格变动的风险以期通过正确预测到该变动实现获利。通过这种方式,投机者提供了市场流动性,使期货市场的卖方可以找到有意的买方,买方找到有意的卖方。

期货市场上第三种交易活动是套利。它是为了纠正某些现货和期货市场之间可预测的价格关系中的暂时扭曲。通过这些方法,套利者和传播者试图通过同时在市场上卖出其认为价格过高的合约并买入其认为价格过低的合约来从明显的价格失真获利。这种活动调整了市场间的和市场内的供求状况,因此引起相关市场上的价格变动。

虽然对冲、投机和套利也发生在现货市场,但期货市场的违约担保机制和标准化合约设计可以降低违约风险、寻找交易对手方等交易成本,期货市场也因此成为鼓励和促进这些活动的高流动性市场。

期货市场的信息角色

某些高流动性的期货市场还展现出强大的价格发现功能,尤其在缺少流动性的、分散的现货市场。信息在期货市场上可以通过交易者的买卖报价进行交流。交易者对商品的买卖报价反映出他对该商品相对价值和期望价格的信息。不同的交易者参与期货市场,每个人对期货合约的需求(供给),以其买价(卖价)为信号,进而改变了总体需求(供给)和期货市场价格的平衡。在新信息出现前就持有期货头寸的人,可能会随着商品期货价格的涨跌而经历损失或收益,而商品期货价格的涨跌则是来自新信息所产生的交易。这种收益或损失向期现货市场的参与者提供了信息价值的信号。

通过集合大量的关于商品价格未来的水平和变动性,期货市场提供了一系列的通过竞争确定的近期和远期价格信息,这些信息对需要在基础性现货市场的不确定情况下作出交易决定的过程有重要贡献。另外,某些商品的期货价格被广泛地用作这些商品的现货市场远期合约的定价基础。

期货市场有价值信息的种类

3种主要的信息种类在期货交易中有价值——有关期货交易环境的信息、期现货市场的交易数据及现货市场的基本信息。

期货交易环境

第一种信息涉及期货交易环境的改变。期货交易发生在由交易所、结算所或 CFTC 各种市场规则和监管规则定义的制度环境里。这种环境的改变——比如,调整保证金水平和仅限结算的交易限制——可以影响某些期货合约的价格,因此,在这些变化公布之前了解到即将发生的改变很有价值。

交易信息

第二种信息与某个交易者的过去、现在或预期的期现货交易相关。如果市场表现强式有效或半强式有效,[3]有关过去发生的期现货市场交易的信息没有价值,因为此类交易中的信息已经纳入市场价格。关于期货市场的研究并未达成一致,但是若干意见认为期货市场所表现的既非强式有效,亦非半强式有效。这意味着与过去发生的交易相关的信息在期货市场可能存在价值,因为它们尚未被完全地反映在价格中。[4] 此外,CFTC 确立了投机持仓限制,在某种程度上,CFTC 认为投机交易者的净头寸对价格可能有持续性的影响。(45 Fed. Reg. 79831,79832,Dec. 2,1980)

关于现在或预期的期现货市场交易可能表明了那些可能影响期货市场价格的需求或供应的转移,尤其是当交易量巨大的时候。这种交易信息在是新的且尚未反映在市场信息的程度时,它将作为价格变动方向的指示器以证明其价值。

现货市场基本面

第三种与期货交易相关的信息是与期货合约相对应的现货市场的情况。这类信息包括表明新的供给或需求来源的数据,或表明某一特定商品现有供给或需求变化的数据,极端情况下也包括某一商品的实际价格。基础性信息也可能很普遍,关系影响许多商品或宏观经济的因素的变化。

影响市场价格的某一商品的新供应在新开发的意义上通常不是新的。他们通常既非公众的,亦非事先退出市场的私人库存。[5] 决定出售库存通常是公司的内部决策,未经公开讨论或传播。当出售额被认为大到足以影响当前的价格,关于作出这种决策的概率或紧迫性的信息对期货交易者而言就是有价值的。

同样地,如果关于新需求要素的信息被认为是足够重要的以至于能影响价格的话,那么这类信息也将是有价值的。重大的新需求很有可能是商品替代的

---

〔3〕 强式有效和半强式有效是两种经济学概念,代表市场价格对信息的反映。强式有效是指市场价格反映了所有可获得的信息。半强式有效是指市场价格反映了所有公开的可获得的信息。第四章会详细讨论这些概念。See also Eugene F. Fama,"Efficient Capital Markets: A Review of Theory and Empirical Work",*Journal of Finance*,Vol. 25,pp. 383 -417(1970).

〔4〕 表明期货市场既非强式有效,亦非半强式有效的证据见附录4-B中的引用和参考。

〔5〕 新的供应源如新油田的发现,一般在公布信息和投入生产之间都有一个时间差。当时间差使当前根据期货交易进行的供应不受影响时,这种声明对期货市场的价格几乎是没有影响的。

结果。比如,一个大买家以玉米甜味剂替代糖大量买进玉米甜味剂,或市场中加入了类似政府采购代理商的新的主要买方。

现有供求的变化或对现有供求概率的修正通常会影响商品的价格。关于上述变化的信息通常产生于特殊的来源,如政府机构、行业协会或私人预测组织。在商品市场,对这类信息的报道是普遍存在的。例如,美国政府发布农作物评估、牲畜报告和燃料库存报告;一个主要的行业协会公布石油产品的生产和库存数据;若干私人预测组织在政府报告发布前对农作物生产进行评估等。

最纯粹的市场信息是有关某一商品实际价格或预测价格的报告。目前,仅有少数市场会被预测特定商品价值的价格报告影响。尤其是指数期货市场依据价格报告确定其现货结算价格。[6] 私人机构为当下所有的指数交易编制价格报告。目前,所有股票指数期货合约价格报告都是在线计算的,也就是说,指数都是依据最新的交易价格来计算的。

预测一般供求条件变化的政治经济信息可能对期货市场产生影响。最突出的例子是宏观经济报告,如货币供应、国民生产总值、失业率统计等。这些报告可能预示着经济的方向或对货币、商品、服务等的需求,而这会影响价格,尤其是金融工具的价格。

相关信息拥有者

期货交易相关信息同时也划定了获得该信息的主体基础。这些主体主要分为5类:市场监管者、期货市场专业人士、信息生成主体、信息生成主体的职员、其他可能接收到信息的主体。

市场监管者

市场监管者通过其对市场参与者的审查和对期货市场的监管,可以获得与某些期现货交易相关的有价值的专有资料。市场监管者可能是政府官员、全行业自律监管组织的职员、交易所或清算所的董事、高级管理人员或职员。而且,这些监管者可能对市场监管规则的变化作出预判。

期货市场专业人士

参加期货市场交易的个人,如场内经纪人、双重交易员、办事员、业务经理及其他经纪人员,也可以接触到专有交易资料。他们能获得信息是因为他们是那

[6] 一些拟议的期货合约基于政府机构创设并计算的宏观经济指标,其他拟议的宏观经济指数合约基于私人来源的指标。当委员会审核这些合约是否符合《商品交易法》的指定标准时,有价证券价格计算过程的适当性将连同其他有关作为合约现金结算基础的一系列价格的可靠性问题被全面审查。

些希望在期货市场上交易的客户的代理人。

信息生成主体

信息生成主体包括私人、政府及准政府实体。私人实体产生大量的各类信息,包括某公司的现货及期货市场交易数据及有关市场条件的研究信息。这类信息一般被认为是专有资料,因为它们对公司而言是有价值的。关于现货交易的专有资料是通过期货市场进行风险管理的基本要素。此类研究信息提供的数据能帮助相关实体从风险管理中获得利益最大化。此外,一些公司会向自己的客户出售其研究信息,而其他公司则公布其研究结果。因此,这类信息在其价值被信息生成主体利用前或其研究结果公布前,一般都是机密的。

政府及准政府实体也产生有关市场情况、供求状况及某些情况下价格预测的研究信息。但绝大多数情况下,这类信息是不用于商业交易的。

信息生成主体的职员

第四种拥有信息的人员包括信息生成主体中能接触到专有资料的职员、高级管理人员和董事,也包括通过合同能接触到信息生成主体信息或档案材料的人,如律师事务所或会计师事务所的相关人员。这些主体可能获得交易信息和研究信息。

第三方信息获得者

第五种包括所有能从任一前述四种主体获得期货交易相关信息的人员。这类人员包括家人、朋友、商业合作伙伴及那些虽然和信息源没有个人或商业上的关系但却因意外事件或通过自己设计安排而获得信息的人。这类人一般被称为“收到秘密情报者”。

第三章　期货市场中持有重大非公开信息的交易的性质

1982 年《期货交易法》第 236 条要求,除其他原因外,CFTC 应向国会报告个人持有重大非公开信息的期货交易的性质。这一问题最好是根据期货市场中该类交易的实例来分析。阐述该问题前,先对该条款中提到的“重大非公开信息”作简要的论述。

信息的重要性

期货交易中的很多信息,包括与期现货交易、现货市场基本面及期货交易环境相关的信息,都是有价值的。但是,每一种信息预期对价格的影响程度都不一样。重要性这一概念与特定市场中信息的潜在影响相关。

重要性这一概念,从市场整体来看,需要由专家裁定市场中特定信息可能的影响,但是从现有的或潜在的市场参与者来看,并不需要专家的裁定。证券法中普遍被接受的确定重要性的方法是不需要对市场反应作出专家意见的。相反地,它将“任一理性股东有很大可能性认为很重要”的信息定义为重大信息[TSC Industries, Inc. 诉 Northway, Inc. 案,426 U. S. 438,449(1976)]。

非公开信息

第二章描述的各类在期货交易中有价值的信息可能构成非公开信息。该类信息在其进行非选择性传播前都是非公开的。比如,将交易持仓的信息披露给政府或自律监管组织一般而言并不是想要广泛传播该信息,因此,该信息仍是保密信息。此外,因履行信托义务而获得相关信息往往是选择性披露的结果,因此也被认为是非公开信息。比如,期货经纪商应对其从客户处获得的期现货交易信息保密。

即使信息被窃取,只要其没有被广泛传播就保持着非公开性。但是,即使不是自愿发布,只要信息被公布了,就被视为公开了。因此,通过非正当途径获得的信息属于公开信息,还是非公开信息,取决于该信息被传播的程度。

尽管信息的公开化在法律上没有障碍,但是并非所有的交易员都必须平等地分享各种公开信息。例如,在集中交易场所的交易大厅交易的交易员,由于其购买了交易所的会员资格而具有时间和地点上的优势。这个优势包括及时获得买价与卖价,以及更好地了解市场的整体“感觉”及趋势。

另外,特殊的市场参与者由于其利益和资源的作用,能更好地获得特定类型的公共信息。因为特定类型公共信息的研究是昂贵的,事实上,所有的公共信息都是不平等共享的。例如,那些拥有更多财政资源的人可能更及时、更广泛地搜寻公共信息。然而,因为法律没有禁止人们在非选择性发布的信息中共享信息,特定类型信息的不可获得性不会使它们在性质上成为非公开信息。〔7〕

期货市场非公开信息交易的假设案例

有关交易环境的非公开信息交易

自律组织

期货合约的交易在会员管控的集中交易场所进行。交易所和各种交易专业人士也属于一家全行业的自律监管主体——全国期货业协会(National Futures Association, NFA)。NFA负责交易所和专业交易人员的自律监管。这种监管模式可能会为监管期货交易的监管者提供重大非公开信息交易的机会和可能。

〔7〕 由于有获得某些类型的公共信息相关的成本,这些数据通常被信息收集实体视为专有的。在某些情况下,公共信息可能包含在原创研究的基础中或构成原创研究的基础。在这种情况下,研究产品虽然可能包含或基于公共信息,但其性质上可能被视为非公开。

了解监管环境的特殊变化构成重大非公开的信息。例如,交易所的各种管理委员会成员包括在其交易所市场交易的会员。如果一个交易所的董事会仅因为市场阻塞问题决定允许流动性交易(trading for liquation),那在该决议公开之前,那些参与决策的人便具有了一定交易优势。[8] 同样地,交易所的职员、委员会及 NFA 都有可能了解期货市场和现货市场的相关重大信息。

政府监管机构

尽管委员会及其职员也能获得这样的信息,但是,他们被禁止参与期货市场及相关市场的交易。[《商品交易法》第 9(d)条]但是,根据该法第 8 条,委员会因监管或强制执行等目的,可以向特定其他参与者共享市场敏感信息。结果就是,各类州和联邦的执法人员及联邦的其他监管机构可以获得有关期货交易和交易环境的非公开信息。正如本文第六章论述的一样,《商品交易法》也提供了保护措施,以防范其他联邦及州政府机构的职员不当使用这些信息。

有关期现货市场交易的非公开信息交易

政府和自律监管主体

在自律监管的集中交易场所进行的期货合约交易,同样会导致各类监管主体获取特殊的交易信息。例如,委员会可以获得市场参与者现货和期货市场的持仓信息。类似的数据也能被交易所的监管人员及交易所的各种委员会、监管主体和职员等获取。这样的信息甚至同样能被 NFA 获取。

期货市场专业人士

另外,期货市场的制度结构要求公共参与者需通过中介机构(如有权接入市场的交易所会员)参与交易。这样的交易系统为中介机构及其职员提供了利用非公开信息的机会。例如,拥有主力交易意向信息的交易员,也会通过其自有账户进行交易。利用对主力交易的了解,在主力交易进行之前先行通过其自有账户交易,进而等待主力交易影响市场走向。[9] 这种类型的内幕交易蔓延到代理机构的其他所有人员身上,如场内职员(floor clerks)及客户经理等,利用对主力交易趋势的了解,而在主力交易之前从中获利。

信息制造者及其职员

另外,一家参与期货市场交易的公司的职员,可以获取具体的现货和期货交

〔8〕 自律组织管理机构的成员也可能知道即将举行的可能会采取行动的会议。这种信息的潜在重要性较小,很大程度上是因为尚不清楚将采取什么行动(如果有的话)。

〔9〕 正如本研究其他部分所讨论的那样,委员会和交易所制定了禁止场内经纪人在其客户之前进行交易的规则。其困难在于在缺乏适当的交易顺序系统的情况下执行这些规则。

易信息。例如,一家从事期货交易的公司,根据现货市场头寸制定对冲交易的公司内部程序,这会使其职员发现公司的策略,进而可以预测雇主的交易动向。

有关现货市场基本面的非公开信息交易

政府监管信息制造者

大量期货市场相关现货市场的信息源于政府部门。这类信息通常处于保密状态,直到其公布计划生效。例如,围绕美国农业部的报告有严密的安全程序,而报告中的信息可能影响现货和期货市场。另外,由于最近汇编了某些政府宏观经济数据,而金融市场对这些数据比较敏感,安全问题已经得到重视。如果相关职员在发布信息前进入市场,其就会利用随后发布的信息获利,这也常常与重大非公开信息交易同时发生。

期货市场专业人士

作为他人代理人的中介人员可以获取现货市场状况变化及具体交易等非公开信息。例如,为了获知对冲交易者的身份,交易员可能会披露有关现货市场的某些信息,在特殊情况下,这些信息可能会显示市场总体需求或供应的变化。特别是,几个大的商业公司通过同一 FCM 或相关个人表明他们的套期保值需求时,可能会提醒中介机构出售库存、大笔新订单或替代产品。FCM 或其职员可以利用这一信息,在信息公布之前提前交易。然而,正如假设的例子所指出的,似乎有足够的资料表明,期货交易主体的供需变化,通常不会基于单一公司的行为。

信息制造者及其职员

相比之下,具有现货市场业务的特定公司的工作人员,比经纪关系中的人更容易获得有关现货市场的非公开信息。这些信息通常只能提供市场状况的片面情况。然而,如果一家公司在某一现货市场占据主导地位,并知晓某一具体公司现货持仓情况或计划好的行动(如关闭某些加工厂或大量出口订单),则可以基本形成对某一特定商品领域供需变化的合理预测。然而,对于规模比较小的公司来说,对单个现货市场交易的了解不太可能成为衡量整个现货市场的可靠晴雨表。

提供现货市场的相关信息,对于这些公司的业务来说是附带的,而有些公司则是专门从事这些信息的转播。这些公司提供的服务类似于政府向全市场提供信息。通常,如此产生的信息在创造商业价值之前是不会被公开的。[10] 这种私

〔10〕 这些报告中包括相关现货市场的价格报告。例如,在涉及股票指数合约的情况下,指数本身就作为这样的价格报告运作。如果这些报告没有立即传播,当有关现货市场价格变化的信息变得可用时,职员可以根据这些信息建立期货市场头寸,以预测期货价格的变化。委员会在分析这些指数作为现金结算基础的可靠性和可接受性时,在批准股指期货合约时考虑了这个问题。在迄今为止的每份指定合约中,在线传播的指数的价值都会大大降低这种可能性。

下产生的关于现货市场的报告可能是其自然生成的,因此,其被认为是重大非公开信息本身。例如,新闻记者、经济学家及商品交易顾问被广泛关注,因此,至少在短期内,这些人所表达的意见可能对市场产生足够的影响。在这样的案例中,信息制造者自己及其职员或收到记者、经济学家或交易顾问小道消息的人,他们的提前交易就可能构成重大非公开信息交易。

第三方交易

在以上案例中,第三方主体可以通过使用信息的人获得非公开信息。这些人从事非公开信息交易,也有可能是由于这些信息被无意间披露。例如,这些信息被一个不太可能接触到这些信息的路人偶然听到时,这种情况就很可能发生。路人就能利用这种偶然获取的非公开信息进行交易。

涉嫌知悉重大非公开信息的人可以进行期货合约交易的情况

前述关于重大非公开信息交易的本质的讨论仅基于假设案例,但这样的行为也可能发生或确实发生了。虽然目前还没有确凿的证据表明这些机构存在内幕交易行为,而且人们对此类行为是否预示着期货市场的内幕交易存在分歧,但这些例子反映了促使国会授权进行这项研究的担忧。

1972 年向苏联出售小麦

有关 1972 年对苏联出口小麦及其他谷物的事件,一直被认为是内部人员在期货市场上利用商业信息获利的例子。虽然没有实际证据证明其交易与重大非公开信息交易有关,但是这些事实是值得回顾的,因为这个事件经常被引用为解释期货市场是如何发生此类交易的案例。

1972 年 4 月,美国农业部及州的代表访问了苏联,就可能的谷物销售及就该类销售提供资金支持的信贷安排进行了商讨。谈判一直持续到 1972 年 7 月 8 日,此后,美国总统尼克松对外宣布苏联将在今后 3 年内购买美国小麦、玉米、大麦、高粱、黑麦和燕麦等谷物,美国则同意提供 7.5 亿美元的贷款专供苏联之需。从 1972 年 7 月初到 8 月的第一周,苏联的采购商便分别通过美国 6 个主要的谷物出口商购买了总共约 4.34 亿蒲式耳的小麦及至少 2.91 亿蒲式耳的饲料谷物。

小麦交易的规模及其在商业上的重要性对小麦期货交易具有明显的影响。例如,堪萨斯期货交易所 1972 年 7 月小麦期货的交易量是 1972 年 6 月交易量的 3 倍多,接近于 1971 年 7 月的 2 倍。芝加哥商品交易所(Chicago Board of Trade, CBOT)的小麦交易量也出现了暴增,尽管不太明显。从 1972 年 6 月到 7 月小麦期货的交易量增长了近 1 倍,从 7 月到 8 月交易量又增长了 1 倍多。等到年底,两家交易所的交易活动虽有所减少,但是仍高于 1971 年的水平。交易剧增的情况一直延续到1973年,毫无疑问,部分原因是因为小麦库存的减少。此外,从1972年6~7月,7~8月,CBOT小麦期货的每日平均持仓量呈现明显的增长,1972年其他月份及1973年的所有月份每日平均持仓量均超过1972年8月。玉米期货每日平均持仓量的增长相对缓慢些,直到1972年年末才出现。大豆期货1972年4月最高的日持仓量直到12月份才被超越。

小麦价格受到美国向苏联出售小麦的巨大影响。例如,堪萨斯硬红冬小麦的现货价格从1972年6月27日低至每蒲式耳1.44美元,到1972年9月25日上涨为每蒲式耳2.26美元。从1972年11月末硬红冬小麦的现货价格又开始上涨,并于12月29日达到顶峰,每蒲式耳2.78美元。堪萨斯期货交易所相关期货合约也经历了类似的价格变动。

尽管国会听证会就保证金调整对套期保值者的影响、与出口销售相关的运输问题展开了讨论,但关于内幕交易的记录尚不清楚。〔11〕 显然,其并没有采取调查活动,以确认政府职员或出口公司的管理人员是否利用自己的账户,并基于自己了解到的向苏联出口谷物这一信息从事交易。尽管如此,以下几种类型的交易,如果发生,基于本项研究,可能构成内幕交易:

1. 政府职员基于知悉的关于出售协商信息而开展的期货交易;

2. 自律组织的管理人员及职员基于了解到的期货交易信息而开展的期货交易;

3. 期货经纪商基于从客户处了解到的现货或期货交易信息而利用自己账户开展的期货交易;

4. 美国谷物出口商的董事、管理人员、职员利用自己账户开展的期货交易;

5. 通过上述四种类型获取信息进而开展的期货交易。

从很多方面看,1972年苏联从美国大量购买谷物似乎是一种独特的现象,部分原因在于那时候贸易协议的性质。在1984年,苏联又一次从美国购买大量谷物,包括"自6月末起45天内购买了940万吨的玉米和小麦"〔12〕,但这次并没有导致类似1972年那样显著的价格上涨。正如《商业日报》(Journal of Commerce)报道的那样,"在1983~1984的销售年度里,苏联从美国购买了1290万吨的谷物,比去年两个超级大国签署的5年协议要求购买的谷物还多近400万吨"。《商业日报》进一步报道,"尽管如此,针对苏联的谷物销售对谷物价格影响并不

〔11〕 See H. R. Rep. No. 963, 93d Cong., 2d Sess, April 1, 1974.

〔12〕 *Journal of Commerce*, August 16, 1984, p. 1.

大,只是防止了价格暴跌”。[13]

尼尔·史密斯代表在会议委员会讨论1982年《期货交易法》时作证说,内幕交易的问题存在于芝加哥商业交易所活牛期货合约交易中。他声称活牛期货的市场非常小,因此,有些内部人士基于他们对厂商交易信息的了解而开展期货交易,可以影响活牛期货合约价格(关于1982年《期货交易法》的会议委员会会议记录,12月9日,第58~59页)。关于这一点,在1981年2月27日的新闻发布会上,史密斯代表说美国众议院小企业委员会工作人员表示,他们认为“交易系统”(trading system)能与活牛期货合约价格的变化保持100%的适应性。[14] 然而,这个结论并不是没有受到挑战。[15] 此外,史密斯代表提出内部人士与交易系统之间并不存在直接的联系。

1979~1980年白银市场的案例[16]

1979年8月到1980年1月,纽约商品交易所(Commodity Exchange, COMEX)到期白银期货合约的价格经历了一个明显的上涨,从每盎司不到10美元涨至每盎司约50美元,1月17日收于每盎司48.70美元。随后,白银期货合约价格又经历了一个更为显著的下跌过程中,在1980年3月27日每盎司跌到不足11美元。CBOT的到期白银期货合约价格及白银现货市场也出现了类似的价格波动。到1979年年末,每家交易所的管理人员及CFTC的官员都意识到,一些大型交易商持有了大量的白银期货合约和(可供交割)的银条。此外,一些交易商在其持有的大量白银期货合约进行实物交割。这些事实增加了公众对大型白银交易商企图提高白银价格的担心。

在1979年9月,COMEX和CBOT理事会开始通过修改一系列的规则以处理交易商和经纪商潜在的违约及可能出现的可交割白银的短缺问题。COMEX

---

[13] Journal of Commerce, August 16, 1984, p. 1.

[14] 据称,这种交易系统可以预测某些活牛期货合约价格的拐点。价格拐点的预测是基于美国农业部《牲畜和肉类情况》中活牛饲养成本的季度数据,并且会根据《华尔街日报》或其他来源有关600磅肉牛的每日饲养成本和当前45蒲式耳玉米的成本对价格预测进行修正。

[15] 例如,大学研究人员试图研究论证交易系统的结果,但之前都失败了,除了在1978年1月至1981年1月。See Darwin M. Pluhar, Carl Shafer and Thomas L. Sporleder, “Evaluation of Helmuth’s Live Cattle Futures Trading Technique, 1975-82”, Texas A&M University (1983). 部分研究人员,对于活牛期货市场没有表现与预期一样的质疑提出了挑战。See Lennart A. Palme, Jr. and James Graham, “The Systematic Downward Bias in Live Cattle Futures: An Evaluation”, *The Journal of Futures Markets*, Vol. 1, pp. 359-366 (1981); Robert W. Kolb and Gerald D. Gay, “The Performance of Live Cattle Futures as Predictors of Subsequent Spot Prices”, *The Journal of Futures Markets*, Vol. 3, pp. 55-63 (1983).

[16] 这些案例目前正在被CFTC调查。

白银当月合约的投机持仓的客户保证金从每5000盎司2000美元增长至75,000美元。交易所随即采取紧急处置措施，先限制投机持仓的市场规模，然后其交易仅限于平仓。[17]

当交易所理事会对交易所的规则进行修改时，为了作出明智的决定，理事会的成员可能知悉关于市场构成的机密信息。由于理事会的成员经常通过自己的账户或其公司的账户进行交易，一些理事会成员很有可能在理事会的决定正式对外公布之前，基于自己对未公开的规则修改信息的了解进行交易。然而，在此分析期间，两家交易所理事会关于白银交易的决定是在交易时间之前或之后作出的，或交易等到理事会的决定公开之后才开始。

市场影响报告

美国联邦政府和某些私人机构编制的报告向公众传递大量信息。这些报告中有很多会对期货市场价格产生重大影响。由于这些报告潜在的市场影响，因此，在报告发布之前了解报告内容可能是有价值的。通过未经授权的披露（渠道）获得此类信息，并由此拥有了一个基于重大、非公开信息进行交易的机会。

农业部

在农产品期货市场早期，未经授权而使用政府报告以获得信息优势与亟须对此加强安全保护措施之间的关系显而易见。在美国农业部报告正式公布前未经授权而被泄露的一个例子是，1905年美国农业部的官员通过调节报告室的百叶窗向窗外的同伙传递报告内容。[18] 自此以后，美国农业部实施了严密的安全保卫程序以防止此类信息过早泄露。目前，美国农业部的统计数据由当天的报告发布，在报告发布之前，农业部的官员都将被隔离在无窗的区域里。[19] 自从现行制度实施以来，没有再出现过关于信息泄露的报道。

劳工部

由于经济报告会影响金融期货市场，因此，随着该市场的发展，加强保护的需求日益增长。消费者价格指数是此类报告之一，它由美国劳工部劳动统计局统计编制。直到最近，这些每月指数报告在其公开发布前24小时会被分发给总统、经济顾问委员会和一些机构。它也会在8:00披露给新闻记者，但直到9:00

---

〔17〕 参见COMEX及COMEX清算协会：《从1979年9月到1980年3月与白银市场有关的活动年报》，1980年4月14日；以及向美国参议院农业、营养和林业委员会（提交的）《CFTC关于白银市场最新发展的报告》，1980年5月。

〔18〕 Ward Sinclair, "USDA's Cloak-and-Dagger Procedures Safeguard Crop Estimates", *Washington Post*, September 19, 1983, pp. A–11.

〔19〕 Ibid.

记者才可以向外传播。[20]

在这个系统下,据称已经发生了大量的信息泄露,但从未被证实。经过调查之后,劳工部实施了两项重大改变。第一,它通过限制职员及机构接触报告以加强内部控制。第二,披露时间改到东部时间8:30,与期货市场的开市时间保持一致,以降低泄露信息的价值。自从这些改变后,没有再出现过关于信息泄露的报道。

美联储

1983年7月,美联储向国会提交的年中货币政策报告在正式公布前一天就被泄露了。这个报告,也被称为汉弗莱-霍金斯报告,该报告计划在1983年7月20日10:00,由保罗沃尔克主席在众议院银行、金融和城市事务委员会宣读完毕后向公众披露。这份报告于7月19日大约10:00传递到该委员会,而关于该报告内容的通讯社新闻(A wire service story)在当晚就出现了。根据委员会主席的要求,审计总署进行了调查,但并未发现此次未经授权披露的来源。[21] 除此之外,没有再出现过关于美联储委员会政策和信息泄露的报道。

商务部

1982年7月起,5份商务部报告涉嫌被泄露。1982年7月,据称有零售额报告的部分内容被泄露。[22] 领先经济指标据称于1983年1月28日、7月29日和8月31日泄露。此外,1983年10月20日,国民生产总值的初步数据被报告发生了泄露。[23]

商务部工作人员称,泄露可能来自电话窃听或未授权电脑访问。因此,商务部改进了其报告流程。一些信息发布改由一个"锁住"的系统来执行,以使所有记者都会在同一时间收到某个指定时间发布的商务部报告,而在该发布时间前记者们不允许离开房间或使用电话。目前,所有能影响市场的报告都在美国东部时间8:30发布。另外,通过限制职员和机构对报告内容的接触,有关报告事项的内控得到了加强。此后,没有再出现过关于商务部数据泄露的报道。

---

〔20〕 在禁止发布的情况下,尽管记者可以向他们的媒体发送报告信息,但是这些媒体在禁止发布时间结束之前不得向公众传播报告信息。

〔21〕 See United States General Accounting Office, Unauthorized Disclosure of the Federal Reserve Monetary Policy Decision, GAO/GGD-84-40, February 3, 1984.

〔22〕 See Ceci Rogers and Brad Schade, "CME, CBT Trades Hear July Leading Indicators Before 0900 CDT Release", *Commodity News Service*, August 31, 1983, 1135 CDT.

〔23〕 See Jennifer Woomer Dinehart, "Baldrige Threatens To Tighten Security Against Economic Leaks", *Commodity News Service*, October 20, 1983, 1124 CDT.

非官方报告

除了政府机构生成或发布的信息外,一些私人公司产生的信息也会向公众发布。此类信息对期货市场的影响取决于它的公众接受度。公众接受度又很大程度上取决于发布信息的公司或个人的声望,也取决于公众印象中历史上的准确度。〔24〕

目前并未出现关于此类数据的未授权或选择性泄露的报告。不过,公司本身是否能从发布此类信息中获利常被怀疑。比如,1982 年 8 月 17 日,菲布罗·所罗门公司的首席经济学家亨利·考夫曼公开发布了他对利率水平的下跌预期。市场反应表现为 CBOT 和 CME 的利率期货交易行为迅速大幅增加。在发布此消息前,该公司签订了购买价值数百万美元的相关金融工具的期货合约。〔25〕不过,我们无法证明交易行为和信息发布之间存在联系。

〔24〕 向公众发布的非官方报告举例:康纳德·莱斯利谷物及大豆周期性预测,吉尔和达夫发布的可可库存预测,美国石油学会的提炼生产及提炼产品库存的报告。

〔25〕 参见《商品交易中业余投机者面对着手持王牌的专业人员》,载《华尔街日报》1984 年 2 月 16 日,第 1 版。

期货及衍生品法律评论
第二卷,第 249 ~252 页

《期货及衍生品法律评论》征稿启事

《期货及衍生品法律评论》是中国金融期货交易所主办、面向国内外公开连续出版的法学学术出版物。作为国内首本专注于期货及衍生品法律问题的公开出版物,《期货及衍生品法律评论》旨在构建我国期货及衍生品法治建设观点交流平台,推进期货及衍生品法律研究,为推动我国期货法立法,实现期货及衍生品市场的法治化进程提供理论支持。《期货及衍生品法律评论》设置"期货立法""监管研究""业务探讨""市场观察""域外法制"等专题,每卷根据实际情况略有不同。现将征稿事项说明如下:

一、征稿范围

期货及衍生品法理研究及法治发展动态研究,期货及衍生品监管、创新法律研究,期货及衍生品典型法律案例分析,境外相关制度研究等。

二、截稿日期

全年征稿。

三、投稿要求

1. 论文应当具有一定的理论深度和应用性,篇幅 1 万字左右,特别优秀稿件不受此限。稿件一经采用,将尽快通知作者并支付稿酬、寄送样书。对优秀原创作品,稿酬从优。

2. 投稿请发送至以下电子邮箱:wangchao2@ cffex. com. cn 或 shitb@ cffex. com. cn(建议投稿后电话确认)。所有投稿应符合国家著作权规定、公认学术规范和所附编辑体例要求。投稿文档请按如下格式标明,并同时标注于邮件主题上:"作者_文章名_投稿日期",例如,"程红星_期货立法宗旨、调整范围及整体框架研究_2017.10.22"。

3. 本书实行匿名审稿制度,作者投稿时请一律将作者简介(姓名、出生年月、工作单位、学位、职称、研究成果等)、通信方式(地址、邮编、电话、电子信箱等)以及本文是否及为何种课题等内容另页单独注明,正文中请无出现任何个人信息。

4. 凡投寄本书的稿件,请勿一稿多投。投寄本书的稿件 3 个月内未收到编辑委员会用稿反馈的,可自行处理。在编辑委员会编辑稿件期间,如遇到其他出版物拟采用的,请作者及时告知相应的决定,以免造成重复出版。

5. 向本书投稿即视为授权本书将稿件纳入中国学术期刊网络出版总库及CNKI系列数据库以及本所官方网站、微信公众号等,本书支付给作者的稿酬已包含上述数据库著作权使用费,如有异议,请来稿时注明,本书将作适当处理。

6. 联系人:

王　超:021－50160665

施廷博:021－50160614

四、编辑体例

(一)编排体例

1. 标题为宋体小三号字,居中。如有关于本篇文章的说明,注脚注,用上标(＊)。

2. 作者为宋体小四号字,居中,并用上标星号(＊)作为介绍作者脚注的标志,在脚注中注明作者姓名、工作单位、职务、职称(为便于联系,另请作者向《期货及衍生品法律评论》编辑委员会提供通信地址、邮政编码、固定及移动电话、电子邮箱,编辑委员会对此予以保密)。如有两名作者,第二名作者用两枚上标星号(＊＊),依此类推。

3. 摘要、关键词:楷体GB2312小四号字,中文摘要200字以内、关键词3～5个。

4. 正文为宋体小四号字,首行缩进,行距18磅。区分标题和要点,标题层级依次为"一、……""(一)……""1. ……""(1)……",要点层级依次为"1. ……""(1)……""①……",一段之内的要点列举使用"(1)……"。一级标题采用四号宋体加粗;二级标题采用黑体小四号字不加粗;三级标题宋体小四号字,不加粗。引用具体法律文件应加书名号,如《期货交易管理条例》。法条序号(第×条、第×款、第×项)、时间(世纪,年代,年、月、日等)、数量金额等用阿拉伯数字,但直接引用原文的从原文。

(二)格式规范

注释采用脚注,全文连续注码,注码放标点之后,注码符号为"1、2、3…"非引用原文者,注释前加"参见":引用资料非原始出处者,注明"转引自"。字体为宋体小五号。

具体示例如下:

(1)著作类

(独著作品)朱苏力:《送法下乡》,中国政法大学出版社2000年版,第55页。再次引用,如中间无间隔:同上书,第65页。

(合著作品)崔建远、韩世远:《债权保障法律制度研究》,清华大学出版社2004年版,第10页。

(多人合著作品)蔡守秋等:《可持续发展与环境资源法制建设》,中国法制出版社2003年版,第214~216页。

(编辑作品)张文显:《法理学》,法律出版社2004年版,第65~67页。

(2)论文类

(期刊)陈瑞华:《程序性制裁制度的法理学分析》,载《中国法学》2005年第6期。

(论文集)白建军:《犯罪定义学的理论方法与实证刑法学》,载陈兴良主编:《刑事法评论》(第15卷),中国政法大学出版社2004年版,第151~152页。

(学位论文)刘晓华:《私法上的信赖保护原则研究》,山东大学法学院2013年博士学位论文,第30页。

(3)译作类

[德]马克斯·韦伯:《社会科学方法论》,杨富斌译,华夏出版社1999年版,第282页。

(4)报纸类

庚向荣:《说理是司法裁判的生命》,载《法制日报》2013年2月19日,第7版。

(5)古籍类

《明太祖实录》卷二十六。

(6)辞书类

《牛津法律大辞典》,光明日报出版社1988年版,第68页。

(7)网络类

温毅斌:《略论我国民事权利和债论体系的建构》,载北大法律信息网:http://article.chinalawinfo.com/ArticleFullText.aspx?ArticleId=97027,2016年7月26日最后访问。

(8)外文类

从该文中注释惯例。英文注释体例如下:

著作类:

Harold U. Faulkner, *AmericanEconomic History*, New York, Harper & Brothers Publishers, 1960, pp. 23 – 25.

论文类:

Gavin Goh & Andreas R. Iiegler, "Retrospective Remedies in the WTO after

Automotive Leather", *Journal of International Economic Law*, Vol. 6, 2003.

网络类:

"Impact Exchange, Impact Exchange Board Listing Guide: A Board of the Stock Exchange of Mauritius", available athttps://iixglobal. com/wp-content/uploads/2017/04/Impact_Exchange_Listing_Guide - 2017 - 1. pdf, accessed May 4th, 2017.

图书在版编目(CIP)数据

期货及衍生品法律评论. 第二卷 / 胡政总编 ; 曹越主编. -- 北京 : 法律出版社, 2020
ISBN 978-7-5197-4173-0

Ⅰ. ①期… Ⅱ. ①胡… ②曹… Ⅲ. ①期货交易-法律-研究-中国 Ⅳ. ①D922.287.4

中国版本图书馆 CIP 数据核字(2020)第 006546 号

期货及衍生品法律评论(第二卷)
QIHUO JI YANSHENGPIN FALÜ PINGLUN (DI-ER JUAN)

胡　政 总编
曹　越 主编

策划编辑 沈小英
责任编辑 陈　妮　单　洁
装帧设计 李　瞻

出版 法律出版社
总发行 中国法律图书有限公司
经销 新华书店
印刷 固安华明印业有限公司
责任校对 杨锦华
责任印制 吕亚莉

编辑统筹 法治与经济出版分社
开本 710 毫米×1000 毫米　1/16
印张 16.5
字数 304 千
版本 2020 年 4 月第 1 版
印次 2020 年 4 月第 1 次印刷

法律出版社/北京市丰台区莲花池西里 7 号(100073)
网址/www.lawpress.com.cn
投稿邮箱/info@lawpress.com.cn
举报维权邮箱/jbwq@lawpress.com.cn
销售热线/400-660-8393
咨询电话/010-63939796

中国法律图书有限公司/北京市丰台区莲花池西里 7 号(100073)
全国各地中法图分、子公司销售电话:
统一销售客服/400-660-8393/6393
第一法律书店/010-83938432/8433　西安分公司/029-85330678　重庆分公司/023-67453036
上海分公司/021-62071639/1636　深圳分公司/0755-83072995

书号:ISBN 978-7-5197-4173-0　**定价**:76.00 元
(如有缺页或倒装,中国法律图书有限公司负责退换)